"十三五"国家重点出版物出版规划项目

经济科学译丛

《国际经济学：理论与政策》（第十一版）学习指导

保罗·R. 克鲁格曼（Paul R. Krugman）

茅瑞斯·奥伯斯法尔德（Maurice Obstfeld） 著

马克·J. 梅里兹（Marc J. Melitz）

朱含蓄 张 然 译

STUDY GUIDE TO ACCOMPANY

INTERNATIONAL ECONOMICS

THEORY AND POLICY (11e)

中国人民大学出版社
·北京·

总　　序

　　自新中国成立尤其是改革开放 40 多年来，中国经济的发展创造了人类经济史上不曾有过的奇迹。中国由传统落后的农业国变成世界第一大工业国、第二大经济体，中华民族伟大复兴目标的实现将是人类文明史上由盛而衰再由衰而盛的旷世奇迹之一。新的理论来自新的社会经济现象，显然，中国的发展奇迹已经不能用现有理论很好地加以解释，这为中国经济学进行理论创新、构建具有中国特色的经济学创造了一次难得的机遇，为当代学人带来了从事哲学社会科学研究的丰沃土壤与最佳原料，为我们提供了观察和分析这一伟大"试验田"的难得机会，更为进一步繁荣我国哲学社会科学创造了绝佳的历史机遇，从而必将有助于我们建构中国特色哲学社会科学自主知识体系，彰显中国之路、中国之治、中国之理。

　　中国经济学理论的创新需要坚持兼容并蓄、开放包容、相互借鉴的原则。纵观人类历史的漫长进程，各民族创造了具有自身特点和标识的文明，共同构成人类文明绚丽多彩的百花园。各种文明是各民族历史探索和开拓的丰厚积累，深入了解和把握各种文明的悠久历史和丰富内容，让一切文明的精华造福当今、造福人类，也是今天各民族生存和发展的深层指引。

　　"经济科学译丛"于 1995 年春由中国人民大学出版社发起筹备，其入选书目是国内较早引进的国外经济类教材丛书。本套丛书一经推出就立即受到了国内经济学界和读者们的一致好评和普遍欢迎，并持续畅销多年。许多著名经济学家都对本套丛书给予了很高的评价，认为"经济科学译丛"的出版为国内关于经济理论和经济政策的讨论打下了共同研究的基础。近三十年来，"经济科学译丛"共出版了百余种全球范围内经典的经济学图书，为我国经济学教育事业的发展和学术研究的繁荣做出了积极的贡献。近年来，随着我国经济学教育事业的快速发展，国内经济学类引进版图书的品种越来越多，出版和更新的周期也在明显加快。为此，本套丛书也适时更新版本，增加新的内容，以顺应经济学教育发展的大趋势。

　　"经济科学译丛"的入选书目都是世界知名出版机构畅销全球的权威经济学教材，被世界各国和地区的著名大学普遍选用，很多都一版再版，盛行不衰，是紧扣时代脉搏、论述精辟、视野开阔、资料丰富的经典之作。本套丛书的作者皆为经济学界享有盛誉的著名教授，他们对西方经济学的前沿课题都有透彻的把握和理解，在各自的研究领域都做出了突出的贡献。本套丛书的译者大多是国内著名经济学者和优秀中青年学术骨干，他们不仅在长期的教学研究和社会实践中积累了丰富的经验，而且具有较高的翻译水平。

本套丛书从筹备至今，已经过去近三十年，在此，对曾经对本套丛书做出贡献的单位和个人表示衷心感谢：中国留美经济学会的许多学者参与了原著的推荐工作；北京大学、中国人民大学、复旦大学以及中国社会科学院的许多专家教授参与了翻译工作；前任策划编辑梁晶女士为本套译丛的出版做出了重要贡献。

愿本套丛书为中国经济学教育事业的发展继续做出应有的贡献。

中国人民大学出版社

本书使用导引

本书旨在增进读者对《国际经济学：理论与政策》（第十一版）教科书中重要概念的理解。作为补充，本书有助于读者独立、自主地复习各章的主要知识点。本书章节安排与教科书相对应，每章基本包括章节构成、主要内容、关键术语、复习题和教科书中习题的答案等部分。此外，书后还附有本书的复习题答案。

本书的"章节构成"部分提供比教科书更加详细的目录结构，使读者对教科书的知识体系形成更加直观的认识，有利于读者厘清逻辑框架。

本书的"主要内容"部分帮助读者复习教科书中的重点内容，并将该内容与教科书中其他章节的材料联系在一起加以阐述。同时，为强调教科书中提及的理论的现实意义，我们将在本书中把这些理论与现实世界的情况联系起来加以论述。

本书的"关键术语"部分要求读者给出关键术语的定义，以考查读者对关键术语的理解程度。如果读者发现自己难以对某些关键术语给出定义，建议读者重读与该关键术语相关的段落。

本书的"复习题"部分要求读者对一些问题求解，旨在提高读者使用重要数学方法解决经济问题的能力。通常，我们给出的数据和事例来自现实生活，因此，读者除了需要使用数学方法求解外，还要解读答案的现实含义。读者在独立完成这些练习后，可以对照书后的复习题答案检查自己掌握的程度。

本书的"教科书中习题的答案"部分包括教科书中所有习题的详细解答，以便读者更好地检测自身学习效果，有助于强化读者对疑难知识点的掌握。

目　　录

第 4 篇　国际宏观经济政策

第1章 绪　　论

■ **主要内容**

　　本章旨在概述国际经济学的主要内容，同时为读者了解教科书的框架结构提供指导。对于教师而言，若能激发学生学习国际贸易和金融的兴趣，教学则会变得相对容易。报纸头版、杂志封面和电视新闻广播的主要报道，预示了全球经济的相互依存。学生还可以通过购买各种进口商品、观察由国际竞争造成的混乱影响及其自身出国旅行经历，来认识这种依存关系。

　　对国际经济学理论的研究有助于理解影响我们国内和国际环境的许多重要事件。在近代史上，这些事件包括：美国产生巨额经常账户赤字的前因后果；美元在20世纪80年代前半期的急剧升值，随后在80年代后半期的迅速贬值；20世纪80年代的拉丁美洲债务危机和1994年底的墨西哥危机；20世纪80年代末，反对外国竞争同时增加行业保护的压力不断增大，到了20世纪90年代前半期，这些观念进一步得到了广泛支持。于1997年始于东亚并蔓延至全球的金融危机，凸显了各国经济联系的紧密性。理解这些联系的内在逻辑，则显得尤为重要。随后，美国房地产市场崩溃，影响迅速蔓延至全世界，并通过国际资本市场的关联逐渐演变为全球金融危机，这些联系再次被放大。与此同时，全球经济会议期间出现的抗议和日益高涨的保护主义言论加强了逆全球化观点，英国脱欧和最近的美国总统竞选就是典型的例子。教科书中的材料使学生能够了解此类事件发生的经济背景。

教科书第1章中提供的数据表明贸易增长和国际经济日益重要。本章还简要讨论了如下七个主题，具体包括：（1）贸易利得，（2）贸易模式，（3）贸易保护，（4）国际收支平衡，（5）汇率决定，（6）国际政策协调，（7）国际资本市场。学生们将认识到，目前发生的许多政策性辩论都包含于这些主题之中。实际上，利用时事来阐释贯穿全文的重要主题和论点，往往会使启发更加富有成效。

第 **1** 篇

国际贸易理论

第2章 世界贸易概览

主要内容

在读者学习一系列用以解释国家间跨境贸易的原因和贸易利得的理论模型（第3～12章）之前，第2章主要讨论当今的世界贸易模式。本章的核心是介绍引力模型这一实证分析模型。引力模型的构建基于以下事实：（1）一国倾向于与其周边的经济体进行贸易；（2）国家间的贸易量与贸易国经济规模成比例。在物理公式中，物体间引力的大小与物体质量和物体间的距离成比例。由于该模型的描述与这一表述类似，因此被称为引力模型。引力模型的基本形式为：$T_{ij} = A \times Y_i \times Y_j / D_{ij}$。该模型的内在逻辑如下：经济规模大的国家有更多的资金用于购买进口产品，同时也具有生产更多产品用于出口的能力。这意味着，贸易双方中的任何一国经济规模越大，两国间的贸易量就会越大。同时，在模型中，贸易国之间的距离可以用运输成本及贸易关系中的其他隐含因素来表示，例如公司间沟通的便捷性。该模型可被用来预测两国间的贸易量，以及寻找贸易模式中的反例。教科书中的例子向我们展示了引力模型可被用于证明疆界对贸易量的重大影响。

很多估算表明，美国与加拿大的疆界对贸易量的影响相当于两国相隔了 1 500～2 500 英里的距离。并且，影响贸易的其他因素，如关税、贸易协定和共同语言都可以被纳入引力模型。本章还讨论了多年来贸易发生的变化。人们感觉现在全球化的程度是前所未有的，但事实上，我们正处于第二次全球化浪潮之中。19 世纪末到第一次世界大战期间，各国经济联系较为紧密。1910 年贸易占 GDP 的比重要高于 1960 年的比重。直到近期，贸易水平才超过第一次世界大战前的水平。不过，贸易的性质也发生了变化。目前，大部分贸易品是制成品，农产品和矿产品贸易量占世界贸易量的比重不到 20%。即便是发展中国家，用于出口的产品也主要是制成品。然而，一个世纪以前，各国倾向于大量交换国内不能种植或开采的初级产品。现在，贸易发生的动因也多种多样，参与贸易的产品也越来越多样化。本章最后重点讨论了"可贸易性"的一个特殊扩展——服务贸易的增长。现代信息技术极大地扩展了商品交易的范围，比如，为你转接电话的工作人员、为你提供会计服务的人或者为你读 X 光片的人可能距你半个地球之遥。虽然服务外包目前仍不多见，但它会凭借其巨大的发展潜力，成为未来几十年国际贸易发展的重要组成部分。接下来的几章将介绍关于国家为什么进行贸易的理论。

关键术语

给出下列关键术语的定义：
1. 引力模型
2. 服务外包
3. 国内生产总值
4. 发展中国家
5. 贸易协定

复习题

1. 如将以下国家填入教科书的图 2-2，请判断它们的位置是位于 45 度线上方还是下方。
   a. 加拿大
   b. 蒙古国
   c. 挪威
2. 假设引力模型为最简化形式的模型［即教科书中的式（2-1）］：$T_{ij}=A\times Y_i\times Y_j/D_{ij}$，采用教科书中使用的经济规模不同的 A、B、C、D 四国的例子。我们在本题中加入距离变量，考查其对贸易量的影响。A 国和 B 国的 GDP 均为 4 万亿美元，C 国和 D 国的 GDP 均为 1 万亿美元。表 2-1 给出了四国间的距离。之后是一张表示贸易量的空表（见表 2-2），其中一个数值已经给出，以便读者计算出式（2-1）中常数 A 的值。请完成其他数值的填写。

表 2 - 1　国家间的相对距离

	A	B	C	D
A	×	100	1 000	100
B	100	×	1 000	200
C	1 000	1 000	×	1 000
D	100	200	1 000	×

表 2 - 2　出口量　　　　　　　　　　　　　　单位：万亿美元

	A	B	C	D
A	×	1.6	—	—
B	—	×	—	—
C	—	—	×	—
D	—	—	—	×

3. 通过学习第 2 章，我们知道引力模型可用来发现世界贸易中的异常现象。引力模型的基本关系为：经济体规模越大，贸易量越大；贸易双方的距离越远，贸易量越小。在本题中，我们将在模型中加入其他影响因素。请预计表 2 - 3 中的因素在引力模型中对贸易量产生的影响是正向的还是负向的。

表 2 - 3

变量	预计符号
距离	—
GDP	+
两国使用同种语言	
一国为内陆国	
两国使用同种货币	
两国正在交战	
两国同为某一自由贸易区成员	

4. 通信和交通技术扩展了我们的贸易对象。假设以下产品曾是非贸易品，请问是何种技术把它们变为世界市场上的贸易品？
   a. 易腐食品
   b. 呼叫中心
   c. 法律服务
   d. 内陆省份的农产品
   e. 铁或者重工业品

5. 如果贸易占 GDP 的比重回落到 20 世纪 50 年代的水平，引起回落的原因可能有哪些？是否有可能发生上述情况？你认为人们在 1905 年是否可以预见贸易将出现大幅下降？

教科书中习题的答案

1. 在决定两国贸易量的因素中，GDP 很重要，同时，两国之间的距离也十分关键。考虑到澳大利亚地理位置偏远，昂贵的进出口运输费用大大减少了与其贸易的吸引力。在地理位置上，由于加拿大与美国接壤，而澳大利亚远离其他经济体，因此可以认为，加拿大更加开放，而澳大利亚更倾向于自力更生。

2. 墨西哥距离美国非常近，但距离欧盟很远，因此它与美国的贸易量大。巴西与两国都很远，因此其贸易量在两者之间进行分割。墨西哥与美国的贸易量超过巴西，一方面是因为它与美国这个大型经济体很近，另一方面是因为它是《北美自由贸易协定》成员。巴西与任何大型经济体都相距较远，而且与其签订贸易协定的国家一般都较小。

3. 不会，即使世界上所有经济体的 GDP 都变为原来的 2 倍，世界贸易量也不会变为原来的 4 倍。举一个简单的例子，如表 2 - 4 所示，假设只有两个国家：A 和 B。A 国的 GDP 为 6 万亿美元，B 国的 GDP 为 4 万亿美元。此外，各国生产的世界支出份额与各国在世界 GDP 中的份额成正比。换句话说，在式（2 - 2）中 a 和 b 的 GDP 指数均等于 1。因此，案例具有如表 2 - 4 所示的特征。

表 2 - 4

国家	GDP（万亿美元）	世界支出份额（%）
A	6	60
B	4	40

我们来计算世界贸易量。A 国的收入为 6 万亿美元，其中 40% 用于 B 国产品。因此，从 B 国到 A 国的出口为 2.4（＝6×40%）万亿美元。B 国的收入为 4 万亿美元，其中 60% 用于 A 国产品。因此，从 A 国到 B 国的出口为 2.4（＝4×60%）万亿美元。在这个模型中，世界贸易总额为 4.8（＝2.4＋2.4）万亿美元。

如果两国的 GDP 翻一番会怎样？A 国的 GDP 为 12 万亿美元，B 国的 GDP 为 8 万亿美元。然而，每个国家在世界收入（和支出）中所占的份额没有改变。因此，A 国仍将其收入的 40% 用于 B 国产品，B 国仍将其收入的 60% 用于 A 国产品。从 B 国到 A 国的出口为 4.8（＝12×40%）万亿美元。从 A 国到 B 国的出口为 4.8（＝8×60%）万亿美元。贸易总额为 9.6（＝4.8＋4.8）万亿美元。看看 GDP 翻番前后的贸易，我们发现，贸易总额实际上翻了一番，而不是原来的 4 倍。

4. 随着东亚经济体在世界 GDP 中份额的增长，在东亚经济体的每一个贸易关系中，东亚经济体的规模都在增长，这使得东亚经济体的贸易关系一直在扩大。这一逻辑类似于为什么这些经济体之间的贸易更多。以前，它们是相当小的经济体，这意味着它们的市场太小，无法大量进口。随着它们变得更富有，民众的消费需求也在增加，每个人都能够进口更多产品。因此，虽然它们以前将出口重点放在其他富国，但随着时间的推移，它们成为富国俱乐部的一部分，因此成为彼此出口的目标。而且，通过引力模型可知，当韩国和新加坡都很小时，它们的 GDP 乘积相当小，这意味着尽管它们很相似，但它们之间几乎没有贸易。既然它们都有了显著增长，那么通过 GDP 来预测的贸易量将会很大。

5. 正如本章所论述的，在一个世纪之前的世界贸易中，各国主要交换由气候和地理因素决定的产品。因此，当时英国进口的是本国无法生产的产品，比如从西半球和亚洲进口棉花、橡胶等。因为英国的气候和自然资源禀赋与欧洲的其他国家十分相似，所以英国从欧洲其他国家进口产品的需求并不强烈。然而，在工业革命之后，制造业贸易加速发展，运输和通信技术不断革新，英国转向与其邻近的欧洲其他经济大国进行更多贸易也就不足为奇了。这个结果也是对引力模型的一个直接预测。

第3章 劳动生产率与比较优势：李嘉图模型

章节构成

主要内容

李嘉图模型是最基础的贸易模型，作为国际贸易理论的导引，该模型涉及两个国家、两种产品和一种生产要素——劳动。各国相对劳动生产率的差异导致了国际贸易的发生。李嘉图模型虽然简单，但它给出了关于比较优势和贸易利得的重要解释，而这些解释又是后面章节中更复杂模型的学习基础。

本章首先考察了一个国家的生产可能性边界和产品相对价格。由于假设劳动（唯一的生产要素）的规模收益不变，因此生产可能性边界是线性的。因为价格等于成本，成本等于单位产品劳动投入乘以工资，每个行业的工资都是相等的，所以一种产品相对于另一种产品的机会成本等于价格比率。

在为第一个国家定义了这些概念后，第二个国家被认为具有不同的相对单位产品劳动投入，由此绘制了与一般均衡相关的供需曲线。这一分析表明，至少有一个国家将从事专业化生产。本章还用一幅图和一个案例说明了贸易利得。间接生产的直觉是指，一国为了对另一种产品进行贸易，而生产其自身具有比较优势的产品。这一概念非常具有吸引力，在讲述贸易利得时需要重点强调。学生们能够运用李嘉图比较优势理论来分析关于自由贸易优势的三个错误见解。其中每一个见解都是反对自由贸易的典型论点，其缺陷都在教科书本章的例子中得以证明。第一个错误见解是，贸易是由绝对优势驱动的。本章清楚地表明，比较优势更加重要。第二个错误见解是贫民劳动论，贫困国家在提供低成本劳动力的贸易中具有"不公平优势"。本章强调，贸易利得与比较优势的来源无关。第三个错误见解是，通过询问贫穷国家的工人在没有贸易的情况下境况是否变得更好，就可以揭露这些工人是否正在受到剥削。正如本章中的案例所示，答案是否定的。

虽然最初的直觉来源于两产品模型，但可将模型扩展至 N 种产品来描述贸易模式。该模型中的比较优势是由国家间的相对工资而不是相对价格驱动的。然而，各国将出口机会成本最低的产品的观点仍具有意义。

本章还利用 N 种产品模型来讨论运输成本在非贸易品中所起的作用。随着运输成本的上升，贸易利得减少，在某些情况下甚至完全消失。本章最后讨论了李嘉图模型的实证分析。作者谨慎地指出，虽然简单模型无法解释所有的贸易模式，但大量研究还是证实了一个基本预测，即各国倾向于出口其具有比较优势（劳动生产率相对较高）的产品。

关键术语

给出下列关键术语的定义：

1. 机会成本
2. 相对需求曲线
3. 相对供给曲线
4. 贸易利得

5. 贫民劳动论
6. 生产可能性边界
7. 李嘉图模型
8. 非贸易品

复习题

1. 运用表 3-1 中单位劳动投入的信息，回答以下问题。

表 3-1

	本国	外国
粮食（劳动－小时/磅）	$1/5(a_{LF})$	$1(a_{LF}^*)$
衣服（劳动－小时/码）	$1(a_{LC})$	$1/3(a_{LC}^*)$

a. 本国在哪种产品上具有绝对优势？外国在哪种产品上具有绝对优势？为什么？

b. 如果本国用 5 单位粮食交换外国 3 单位衣服，将获益多少？如果外国进行同样一笔交易，将获益多少？为什么？

c. 如果本国用 5 单位粮食交换外国 6 单位衣服，将获益多少？外国又将从该交易中获益多少？

2. 假设本国总劳动时间为 1 000 小时，外国总劳动时间为 1 200 小时。每个国家能生产两种产品：计算机和手机。本国生产计算机的单位劳动投入是 5 小时，生产手机的单位劳动投入是 2 小时，外国生产计算机和手机的单位劳动投入都是 3 小时。

a. 在图 3-1 中分别画出本国和外国的生产可能性边界。

b. 在没有贸易的情况下，两国计算机相对于手机的价格分别是多少？

c. 有人认为，贸易可以通过扩大居民消费可选择的范围而提高各国福利。比较本国和外国在封闭经济和开放经济两种情况下居民的可消费集。请画出扩大了的消费集。在自由贸易下，手机相对于计算机的价格是 4/5。

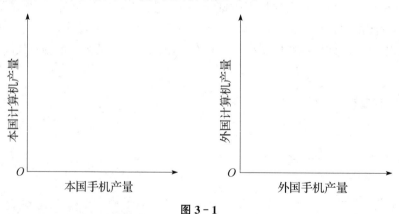

图 3-1

3. 假设本国和外国的单位劳动投入如表 3-2 所示。

表 3 - 2

	棒球拍	网球拍
本国	$a_{LB}=6$	$a_{LR}=2$
外国	$a_{LB}^{*}=1$	$a_{LR}^{*}=4$

a. 本国在哪种产品上具有比较优势（即相对生产率优势）？为什么？

b. 本国以网球拍生产替代棒球拍生产的机会成本是多少？外国的机会成本是多少？

c. 你认为通过贸易达到的世界均衡中，网球拍的相对价格是多少？

d. 假设世界市场上网球拍与棒球拍的相对均衡价格为 $p_R/p_B=2$，解释为什么每个国家会实行专业化生产。（本国专业化生产网球拍，外国专业化生产棒球拍。）

e. 说明当外国专业化生产棒球拍时，它将从贸易中获益。

4. 假设在自给自足条件下，本国和外国都能够根据表 3 - 3 所示的单位劳动投入生产和消费四种产品。

表 3 - 3

产品	本国的单位劳动投入	外国的单位劳动投入
A	1	12
B	2	18
C	4	24
D	15	30

a. 本国在哪种产品上相对劳动生产率优势最大？本国在哪种产品上相对劳动生产率优势最小？

b. 如果本国工资率是外国工资率的 8 倍，本国将生产哪种产品？外国将生产哪种产品？

c. 描述这种专业化的生产模式，并解释由这种生产模式导致的贸易模式是如何使两国都获益的。

d. 如果相对工资率为 $w/w^{*}=6$，两国间的专业分工模式和贸易模式会改变吗？新模式将是怎样的？

e. 讨论：为什么在现实中，专业化分工不像对问题 4b 的回答那样极端。

5. 假设生产中唯一的投入要素是劳动，生产粮食和衣服的成本如表 3 - 4 所示。

表 3 - 4

生产的劳动时间成本	本国	外国
1 单位粮食	1/8	1
1 单位衣服	1/4	1/2

a. 计算在不存在贸易的情况下，以劳动时间衡量的本国与外国的粮食相对于衣服的成本或者价格。

b. 这些相对价格说明各国的比较优势是什么？

c. 用这些相对价格说明，一旦这些国家进行贸易，粮食相对于衣服的世界价格将会是多少。

d. 如果贸易后世界价格 $(p_B/p_C)^w$ 维持在 1，那么本国通过与外国进行贸易将获得多大收益？

教科书中习题的答案

1. a. 如图 3-2 所示，生产可能性边界是一条直线，与苹果所在轴相交于 400（＝1 200/3）处，并与香蕉所在轴相交于 600（＝1 200/2）处。

b. 苹果相对于香蕉的机会成本是 3/2。生产 1 单位苹果需要 3 单位劳动，而生产 1 单位香蕉只需要 2 单位劳动。如果放弃生产 1 单位苹果，将释放出 3 单位劳动，而这 3 单位劳动可以用来生产 1.5 单位香蕉。

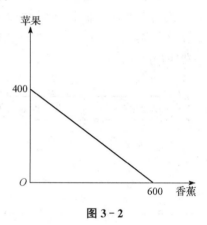

图 3-2

c. 劳动的流动性可以促使各部门的工资趋同，而竞争使得产品的价格等于它们的生产成本。从而，相对价格等于相对成本，而相对成本等于工资乘以苹果的单位产品劳动投入，再除以工资乘以香蕉的单位产品劳动投入。因为各个部门工资相等，所以价格比率等于单位产品劳动投入的比率，即生产苹果的 3 单位劳动与生产香蕉的 2 单位劳动之比。

2. a. 生产可能性边界是一条直线，如图 3-3 所示，纵轴（苹果）的截距为 160（＝800/5），横轴（香蕉）的截距为 800（＝800/1）。

b. 世界相对供给曲线是通过确定每个相对价格下苹果供给相对于香蕉供给来构建的。如图 3-4 所示，苹果的最低相对价格是 3 个苹果/2 根香蕉。在这个价格下，相对

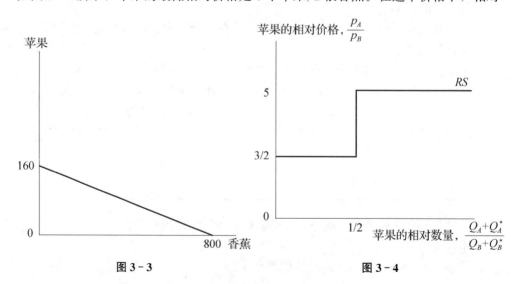

图 3-3　　　　　　　　　图 3-4

供给曲线是平的。在国内，以 3/2 的价格供给的苹果的最大数量是 400 个，而按照这个价格，国外将收获 800 根香蕉和 0 个苹果，因此以 1/2 的价格提供的是最大相对供给量。这个相对供给量适用于 3/2 和 5 之间的任何价格。在 5 的价格上，两国都将收获苹果。相对供给曲线在此处再次变得平坦。因此，相对供给曲线呈阶梯形。在从 0 到 1/2 的相对供给（即相对数量）区间，以 3/2 的价格呈现平坦趋势；在从 3/2 上升到 5 的相对价格区间，在相对数量为 1/2 处垂直；然后从相对数量 1/2 处直至无穷大，再次变得平坦。

3. a. 相对需求曲线包括 （1/5，5）、（1/2，2）、（2/3，3/2）、（1，1）、（2，1/2）五个点。

b. 如图 3 - 5 所示，苹果的相对价格的均衡点是相对需求曲线和相对供给曲线的交点 （1/2，2），即相对需求曲线与相对供给曲线的垂直部分的交点，从而均衡相对价格为 2。

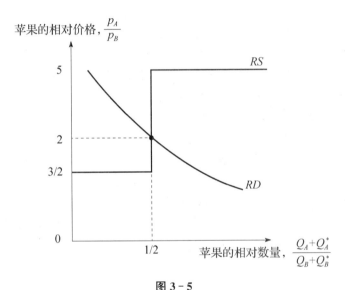

图 3 - 5

c. 本国只生产苹果，外国只生产香蕉，每个国家以本国生产的产品交换他国生产的产品。

d. 在没有贸易的情况下，本国可以通过放弃 2 单位苹果获得 3 单位香蕉，外国则可以通过放弃 5 单位香蕉获得 1 单位苹果。贸易使得各国都能够以 2 单位香蕉交换 1 单位苹果。因此，本国可以通过放弃生产 2 单位苹果获得 4 单位香蕉，外国可以通过减少 2 单位香蕉的生产获得 1 单位苹果，这样每个国家都可以通过贸易获益。

4. 在国内工作的工人数量的增加改变了相对供给，使得拐点位于 （1，3/2）和 （1，5）处，而不是位于 （1/2，3/2）和 （1/2，5）处。相对需求曲线和相对供给曲线的交点现在位于较低的水平，即点 （2/3，3/2）。在这种情况下，国外仍然从贸易中获利，但无论是否有贸易，香蕉相对于本国苹果的机会成本都是相同的，因此本国既不会从贸易中获利，也不会遭受损失。

5. 答案与第 3 题※类似。因为劳动翻倍的同时劳动生产率减半，所以"有效劳动"量没有变化。

6. 这一说法未能将工资与生产率联系起来。尽管 A 国的工资低于美国，但原因是 A 国大多数行业的生产率都明显较低。假设 A 国的生产率比美国的生产率低 10％以上，相当于 A 国的工资要低得多，那么，即使美国的工资高于 A 国，也不清楚在 A 国生产所有产品是否更便宜。给定更高的生产率，尽管工资更高，但是一些产品在美国的生产成本可能更低。

7. 日本的工资由制造业和服务业的生产率决定。工资是劳动生产率和产品（或服务）价格的函数。服务通常不进行跨境交易，这会影响其价格。例如，与日本相比，美国收取的价格有所不同。然而，服务业的存在仍将影响制造业和服务业的工资。随着服务业生产率的提高，日本的工资也将上升。当制成品价格随着贸易的增长而上涨时，工资也将上涨。因此，工资是所有部门生产率和价格的函数。

8. 对日本的生活成本较低的一个解释是，服务业的劳动生产率较高。这种高生产率水平将导致日本的服务价格远远低于美国或欧洲。由于服务通常是非贸易品，即使在国际贸易中，这些价格差异也可能持续存在。如果服务可以交易，那么我们预计日本的服务价格将上涨，美国和欧洲的服务价格则会下跌。然而，因为大多数服务是非贸易品，因此日本的生活成本往往低于美国和欧洲的生活成本。

9. 随着越来越多的服务变成贸易品，贸易利得将增加，因为贸易利得随着非贸易品份额的减少而增加。随着越来越多的产品可进行贸易，通过专业化分工实现比较优势最大化的机会将越来越多，更多的国家会将资源集中在生产率最高的行业。

10. 在这种情况下，世界相对供给曲线是一个阶梯函数，其"阶梯"（水平部分）数量与具有不同单位劳动需求比率的国家数量相同。与位于相对需求曲线和相对供给曲线交点右侧的任何国家相比，位于交点左侧的任何国家出口货物时都具有比较优势。如果交点位于水平部分，则具有该价格比率的国家都会生产这两种产品。

※　英文书原文如此。——译者注

第4章 特定要素与收入分配

章节构成

主要内容

　　第3章引入了李嘉图模型，其中，作为单一生产要素的劳动是规模收益不变的。虽然该模型蕴含了丰富的信息，但未能凸显所观察到的对自由贸易的反对。本章提出了特定要素模型，以更好地理解贸易的分配效应。贸易后，出口行业扩张，而进口竞争行业萎缩。因此，出口行业的特定要素从贸易中获益，进口竞争行业的特定要素则从贸易中受损。然而，贸易的总收益大于总损失。

特定要素模型假设有一个在各部门间流动的要素（通常被认为是劳动）和每个部门的特定生产要素。本章从一个简单经济模型开始，该经济只生产两种产品：棉布和粮食。棉布是使用劳动及其特定要素——资本进行生产的。粮食是使用劳动及其特定要素——土地进行生产的。鉴于资本和劳动在其各自行业中是特定的，一个国家生产的产品组合取决于每个行业雇用的劳动力份额。李嘉图模型和特定要素模型之间的主要区别在于，在后者中，劳动是收益递减的。例如，随着劳动的增加，粮食产量也会增加，但在给定数量的土地上，每增加一个工人，粮食产量就会越来越少。

我们假设劳动在行业之间是完全流动的，由此行业之间的工资率必须相同。在竞争激烈的劳动力市场中，工资必须等于该部门产品的价格乘以单位产品的劳动投入。我们可以使用共同工资率来表明，市场中将生产一些产品，使得一种产品相对于另一种产品的相对价格等于该种产品相对于其他产品的相对成本。因此，一种产品相对价格的上涨将会导致经济转向生产该产品。

通过国际贸易，该国将出口相对价格低于世界相对价格的产品。基于以下两个原因，世界相对价格可能不同于贸易前的国内价格。第一，与李嘉图模型一样，各国的生产技术不同。第二，各国在每个行业的特定要素禀赋方面存在差异。贸易后，国内相对价格将等于世界相对价格。因此，出口部门的相对价格将上升，进口竞争部门的相对价格将下降。这将导致出口部门的扩张和进口竞争部门的收缩。

假设贸易后，棉布的相对价格上涨了10%，那么，该国将增加棉布的生产。这将导致工资增长不到10%，因为一些工人将从粮食行业转移至棉行业。以棉布支付给工人的实际工资（w/P_C）将下降，以粮食支付的实际工资（w/P_F）则上升。劳动的净福利效应不明确，它取决于对棉布和粮食的相对偏好。资本所有者将明显受益，因为他们向工人支付较低的实际工资；而土地所有者将明显亏损，因为他们现在面临更高的成本。因此，贸易将有益于出口部门的特定要素，损害进口竞争部门的特定要素，而对流动要素的影响不确定。尽管存在这些贸易的不对称影响，但贸易的总体效应是净收益。换言之，从理论上讲，有可能将贸易利得重新分配给因贸易而受到损害的人，从而使每个人的生活都比贸易前更好。

既然有这些正的净福利效应，为什么反对自由贸易的声音还如此强烈？本章将从保护主义的政治经济学角度来回答这个问题。基本直觉是，虽然贸易中的总收益超过了总损失，但贸易收益往往集中，而损失是分散的。可用美国的糖进口关税来说明这一点。据估计，糖关税每年平均花费每个人7美元。若将所有人的损失加起来，由保护主义造成的损失虽然是巨大的，但分摊到个人身上，却不足以促使人们进行游说以结束这些关税。然而，保护主义的收益集中在少数糖生产商身上，它们能够进行有效的协调，并游说政府继续对该行业给予保护。当贸易损失集中在具有政治影响力的团体中时，很可能会出现进口关税。俄亥俄州是美国总统选举中的一个关键摇摆州，也是钢铁和轮胎的主要生产地。布什和奥巴马都曾支持对俄亥俄州的钢铁和轮胎征收进口关税，本章将以此为例来进行说明。

虽然贸易中的受损者往往能够成功游说保护主义，但为什么这是一种限制贸易损失的低效方法呢？本章给出了三个原因。首先，贸易对失业的实际影响相当小，估计只有2.5%的失业可直接归因于国际贸易。在美国制造业就业下降的案例研究中，专门强调了这个论点，而这通常被归咎于国外的竞争。早在美国与外国进行重大贸易之前，美国制造业的就业就一直在下降，这表明除贸易以外的其他因素也有责任。其次，贸易损失是由以牺牲一个行业为代价扩张另一个行业造成的。这一现象并不限于国际贸易领域，在改变偏好或发展新技术时都有可能发生。为什么应该采用政策来保护因贸易而遭受损失的人，而不是因其他因素而遭受损失的人？最后，与限制贸易以保护现有就业相比，通过为暂时失业者提供安全网和工人再培训计划来缓解从进口竞争部门向出口部门的过渡，将更有益于在贸易中受损的人。

本章使用特定要素模型的框架来分析国际劳动力迁移的分配效应。随着劳动力的跨境自由流动，各国之间的工资必然相等。工人将从低工资国家迁移到高工资国家。因此，低工资国家的工资将上升，而高工资国家的工资将下降。虽然自由迁移的净效应是正的，但迁移既有赢家，也有输家。留在低工资国家的工人和高工资国家的资本所有者都将受益，而高工资国家的工人和低工资国家的资本所有者将受损。我们还需要考虑移民相对于移民国家的教育水平。例如，迁移到美国的人往往是受教育程度较低的群体。因此，移民可能只会对受教育程度最低的美国人的工资产生负面影响，同时提高受教育程度较高的美国人的工资。

■ 关键术语

给出下列关键术语的定义：
1. 预算约束
2. 生产可能性边界
3. 边际收益递减
4. 劳动的边际产量
5. 特定要素
6. 流动要素

■ 复习题

1. 假设在特定要素模型中，粮食价格上涨 5%，同时棉布价格上涨 5%，这将导致工资发生什么样的变化？棉布和粮食的产量也会有变化吗？
2. 假设一国拥有 400 单位劳动和 600 单位土地，并用于生产葡萄酒和奶酪。其中，生产 1 加仑葡萄酒需要 10 单位劳动和 5 单位土地，而生产 1 磅奶酪需要 4 单位劳动和 8 单位土地。
   a. 奶酪生产中密集使用的是哪种要素？葡萄酒生产中密集使用的是哪种要素？
   b. 使用这个国家现有资源能否生产 90 加仑葡萄酒和 50 磅奶酪？解释你的答案。
   c. 在图 4-1 中画出这个国家中土地和劳动对生产的约束。
   d. 如果劳动力供给增加 100 个工人，这些约束将如何变化？在图 4-1 中画出这一变化。

3. 假设生产 1 蒲式耳小麦需要 9 单位土地和 3 单位劳动，而生产 1 码布需要 6 单位劳动和 1 单位土地。并假设一国有 120 单位劳动和 180 单位土地。

    a. 在图 4-2 中给出的坐标轴上画出这个国家的生产可能性边界。

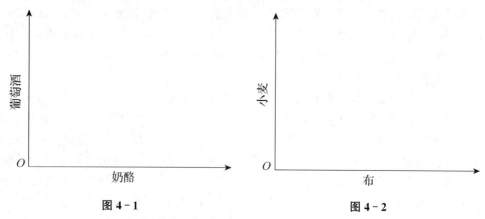

图 4-1   图 4-2

    b. 如果土地供给增加了 90 单位，生产可能性边界将如何变化？这个结果有什么含义？

4. 假设生产 1 加仑葡萄酒需要 10 单位劳动和 5 单位土地，而生产 1 磅奶酪需要 4 单位劳动和 8 单位土地。

    a. 如果葡萄酒与奶酪的单位价格分别是 30 美元和 16 美元，证明在一个竞争经济中，单位工资和租金不可能是 2 和 3。

    b. 如果葡萄酒和奶酪的单位价格分别是 30 美元和 16 美元，在图 4-3 中画出对两种产品而言价格等于边际成本的直线。

    c. 在图 4-3 中确定土地和劳动的要素价格。

    d. 如果奶酪的价格上升到每磅 24 美元，要素价格会如何变化？

    e. 奶酪价格的上升将怎样影响工人和土地所有者的购买力？讨论你的结论。

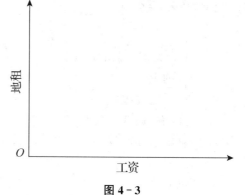

图 4-3

5. 假设一国生产两种产品：服装和汽车。服装生产是劳动密集型的，汽车生产是资本密集型的。如果该国是资本充裕国，当其与劳动充裕国进行贸易时：

    a. 贸易模式是什么？

    b. 假设特定生产要素无法很快由一个行业转移到另一个行业，那么开放经济对表 4-1 中各类要素的实际收入会产生哪些短期影响和长期影响？

表 4-1

类别	短期影响	长期影响
汽车行业的劳动		
汽车行业的资本		
服装行业的劳动		
服装行业的资本		

6. 图 4-4 中点 A、B 和 C 分别代表什么?

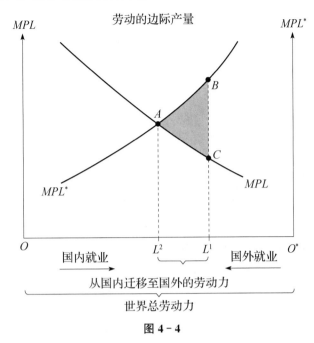

图 4-4

教科书中习题的答案

1. 得克萨斯州和路易斯安那州都是产油州。石油价格下跌将降低这两个州的石油产量, 使石油行业的资本所有者和工人遭受损失。尽管一些资本能够被转移到其他部门 (例如, 将石油作为生产要素的部门), 但相当大部分资本是专门用于石油行业的。出于同样的原因, 石油行业的一些工人拥有转移到其他部门的技能, 但这一转变需要时间, 而且需要成本。

2. a. 见图 4-5。

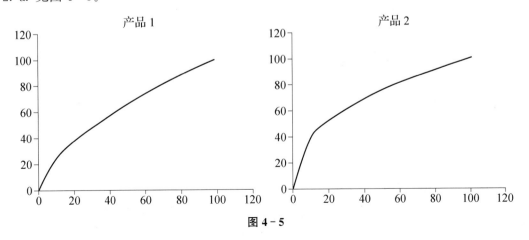

图 4-5

b. 见图 4 - 6。

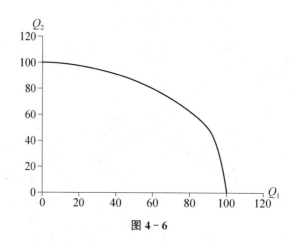

图 4 - 6

PPF 反映了劳动收益递减规律。随着 Q_1 产量的增加，生产额外 1 单位 Q_1 的机会成本将增加。在资本供给给定的情况下，随着生产 Q_1 工人数量的增加，每增加一名工人对 Q_1 产量的贡献将减少，Q_2 潜在产量的损失将增大。

3. a. 假设分配在各部门的总劳动必须为 100，画图时，可将劳动的边际产量乘以各部门的价格。因此，如果部门 1 雇用 10 名工人，则部门 2 雇用 90 名工人。如果部门 1 雇用 50 名工人，那么部门 2 雇用 50 名工人。为简单起见，可定义 $P_1 = 1$，$P_2 = 2$（在确定劳动分配时，实际价格为多少并不重要，只需要考虑相对价格 $P_2 / P_1 = 2$）。在完全竞争劳动力市场中，工资等于价格乘以劳动的边际产量。由于劳动力在部门之间流动，因此部门之间的工资率必须相等。因此，均衡工资由两条 $P \times MPL$ 曲线的交点决定。从图 4 - 7 中我们可以看出，当工资率为 10 且部门 1 雇用的劳动为 30（部门 2 为 70）时，两条曲线的交点决定了均衡工资。

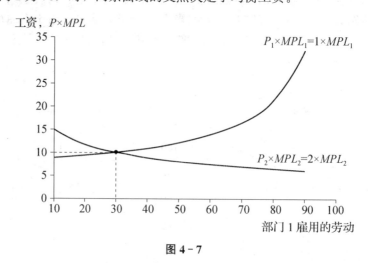

图 4 - 7

b. 从问题 a 中我们得知，部门 1 雇用的劳动为 30，部门 2 雇用的劳动为 70。结合问题 2 中的表格，这些劳动分配所生产的产品 1 和产品 2 的数量分别为 48.6 和 86.7。在该生产点（$Q_1 = 48.6$，$Q_2 = 86.7$），*PPF* 的斜率必须等于 $-P_1 / P_2$，即 $-1/2$

（可查看问题 2a 中的 PPF）。

c. 如图 4-8 所示，如果产品 2 的相对价格下降到 1.3，我们只需重新绘制 $P_1=1$ 且 $P_2=1.3$ 时的 $P \times MPL$ 图。

产品 2 的价格下降导致部门 1 的劳动份额增加。当两个部门各雇用 50 名工人时，它们的工资（$P \times MPL$）相等。查看问题 2 中的表格可知，在部门 1 和部门 2 各雇用 50 名工人的情况下，$Q_1=66$，$Q_2=75.8$。在该生产点上，PPF 的斜率 $-P_1/P_2=-1/1.3=-0.77$。

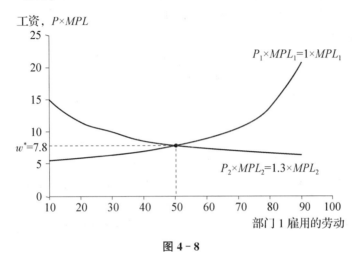

图 4-8

d. 产品 2 相对价格的下降导致产品 1 的产量增加，以及产品 2 的产量下降。部门 1 的扩张增加了部门 1 特定要素（资本）的收入。部门 2 的收缩降低了部门 2 特定要素（土地）的收入。

4. a. 本国资本存量的增加将提高产品 1 的可能产量，但不会影响产品 2 的产量，因为产品 2 在生产中不使用资本。因此，PPF 向右移动，表示本国现在可以生产更多的产品 1，见图 4-9。

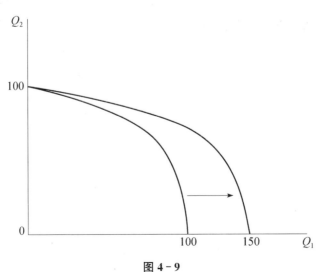

图 4-9

    b. 考虑到本国生产可能性的增加，本国相对供给（即 Q_1/Q_2）比外国相对供给更靠右。因此，产品 1 在本国的相对价格低于外国。

    c. 如果两国都开放贸易，本国将出口产品 1，外国将出口产品 2。

    d. 本国资本所有者和外国土地所有者将从贸易中受益，而本国土地所有者和外国资本所有者将承受损失。对劳动的影响不明确，因为本国（外国）产品 1 的实际工资将下降（上升），本国（外国）产品 2 的实际工资将上升（下降）。劳动的净福利取决于每个国家的偏好。例如：如果本国劳动力消费相对较多的产品 2，他们将从贸易中获益；如果本国劳动力消费相对较多的产品 1，他们将承受损失。

5. 本国的实际工资为 10，而外国的实际工资是 18。如果劳动力可以自由流动，那么工人将从本国迁移到外国，直到各国实际工资相等。如果有 4 名工人从本国迁移到外国，那么每个国家将有 7 名工人就业，各国的实际工资为 14。

    将每名工人的边际产量加总，便能得出总产量。在贸易发生后，每个国家的总产量为 119（＝20＋19＋18＋17＋16＋15＋14），世界总产量为 238。在贸易发生前，本国产量为 57（＝20＋19＋18），外国产量为 165（＝20＋19＋…＋10），世界总产量为 222（＝57＋165）。因此，贸易使总产量增加了 16。

    本国工人从迁移中受益，而外国工人将要承受损失。移民后，本国的土地所有者遭受损失（他们的成本上升），而外国的土地所有者从中受益。

6. 如果只有 2 名工人可以从本国迁移到外国，那么本国的实际工资为 12，外国的实际工资为 16。

    a. 外国工人的工资从 18 降到 16，因此会遭受损失。

    b. 外国的土地所有者会受益，因为他们每雇用一名工人，成本将下降 2。

    c. 留在本国的工人的工资从 10 上涨到 12，因此他们会从中受益。

    d. 每雇用一名工人，本国土地所有者的成本就会上升 2，因此他们会遭受损失。

    e. 移民的工资从 10 上涨到 16，因此他们会从中受益。

7. 通过限制移民，高工资国家的工资下降幅度并没有开放移民时那么大。同样，低工资国家的工资增长幅度也没有开放移民时那么大。因此，对于能够迁移的少数幸运者而言，限制移民的措施增加了他们的净收益。

第5章　资源与贸易：赫克歇尔-俄林模型

章节构成

■ 主要内容

在第 3 章中，国家之间的贸易是由生产一系列产品时工人的相对生产率的国际差异所推动的。在第 4 章中，特定要素模型考虑了额外的生产要素，但只有劳动力在部门之间流动。在第 5 章中，赫克歇尔-俄林理论使得这一分析又往前迈了一步。

赫克歇尔-俄林理论考虑了这样一种生产和贸易模式，即各国具有不同的生产要素禀赋（如劳动、资本和土地），而且这些要素在部门之间长期流动。最重要的一点是，在要素供应充裕时，各国往往出口要素密集型产品。该理论表明，贸易对资源的相对利得影响很大，并导致各国要素价格的均衡。本章介绍了这些理论结果和相关的实证发现。

本章首先根据固定系数生产函数构建了一个经济体的一般均衡模型，在该经济体中，只有两种产品，每种产品由两种要素生产。固定系数生产函数的假设在要素强度方面提供了明确的产品排名。（本章后面将给出一个有相同结论但更为现实的模型，该模型允许生产要素之间的替代。）该模型给出了两个重要结果：第一个重要结果被称为罗伯津斯基效应。相对产品价格保持不变，提升一种要素的相对供应，会导致生产可能性的偏向性扩张，从而有利于集中使用该要素的产品的相对供应。第二个重要结果被称为斯托尔珀-萨缪尔森效应。要素供应保持不变，提升一种产品的相对价格，会使该产品生产中被密集使用的要素的利得增长高于价格提升，同时降低其他要素的利得。这一结果对收入分配有重要影响。

考虑人口/劳动力变化对不同产品供应的影响很有启发意义。例如，"婴儿潮"一代的生产模式与婴儿潮后的生产模式有何不同？这对要素回报和相对价格行为意味着什么？更严格的移民政策会对美国的生产和贸易模式产生什么影响？

赫克歇尔-俄林理论中关于贸易模式的核心信息是，国家倾向于出口生产要素密集的产品，而这些要素相对充裕。将美国和墨西哥进行对比，我们发现，美国的资本相对充裕，墨西哥的劳动相对充裕。因此，在生产中密集使用资本的产品在美国应该更便宜，而密集使用劳动的产品在墨西哥应该更便宜。在贸易方面，美国应该出口计算机等资本密集型产品，而墨西哥应该出口纺织品等劳动密集型产品。随着市场一体化的推进，国际贸易会导致产品价格趋同。因此，美国的资本密集型产品和墨西哥的劳动密集型产品的价格将上升。根据斯托尔珀-萨缪尔森效应，一国充裕要素的所有者（如美国的资本所有者和墨西哥的劳动力）将从贸易中获益，而该国稀缺要素的所有者（如美国的劳动力和墨西哥的资本所有者）将从贸易中受损。这一结果的延伸是要素价格均衡定理。该定理指出，产品贸易（从而产品价格均衡）将导致要素价格均衡。一个国家的要素充裕程度不会迅速变化，因此这些收入分配效应或多或少是永久性的。从理论上讲，贸易利得可以重新分配，从而使得每个人更富裕；然而，这个计划在实践中难以实施。学生应该会对要素价格均等化的政治含义感兴趣。

在介绍了赫克歇尔-俄林理论背后的基本理论后，本章还对该模型进行了实证检验。首先，对美国收入不平等的两个案例进行了研究。过去几十年，美国技术（即熟练）工人的工资增长速度远远快于非技术工人。与此同时，国际贸易大幅增长。鉴于美国拥有相对充裕的技术劳动力，赫克歇尔–俄林理论预测，贸易的增长将提升技术工人的工资，并且降低非技术工人的工资。从表面上看，这似乎是针对该理论的一个实证验证。然而，其他研究认为，贸易的增长只能部分解释工资不平等的加剧。根据赫克歇尔–俄林模型，技术工资的增长应该受到贸易后技术密集型产品价格上涨的驱动。然而，技术密集型产品价格的增长与技术工资的增长并不一致。如果如美国这样的富裕国家的工资不平等的加剧是由要素价格均衡驱动的，那么我们也应该看到出口低技术密集型产品的发展中国家的差距正在缩小。然而，这些国家的收入不平等程度实际上比富裕国家更大。富国和穷国之间的贸易根本不足以解释收入差距。相反，技术溢价的增加很可能是由于计算机等技能的技术创新，这些技术创新所提高的技术工人的生产率超过了非技术工人。通过引入三要素生产函数，将非技术劳动力、技术劳动力和资本作为投入，可以对这一经验观察进行建模。资本是非技术劳动力的替代品，也是技术劳动力的补充。例如，一台新机器可以取代非技术工人的工作，但它需要技术工人来维护和设计。随着技术的变革，资本变得更具生产力，并越来越多地取代劳动力丰富的发展中国家和资本丰富的发达国家的非技术工人。这一理论有助于解释这两类国家的劳动收入占总收入的份额的下降，尽管贸易增长表明发展中国家的劳动收入占总收入的份额在上升。

　　另一个对赫克歇尔–俄林理论有效性的检验是里昂惕夫悖论。这是一个经验观察结果，即美国出口的资本强度实际上低于美国进口的资本强度，这与该理论对资本充裕国家的预测正好相反。全球数据进一步证明了这一悖论，在用一国的要素充裕程度来预测其贸易模式时，效果并不佳。该理论预测的贸易量（给定所观察到的要素禀赋的差异）要比数据中实际显示的大得多。例如，对于拥有大量劳动力的中国，其劳动密集型产品的净出口低于理论预测。同样，美国劳动密集型产品的净进口低于劳动力相对稀缺时的预期。对这种"缺失贸易"的一种解释是，各国技术相同这一假设是有缺陷的。实际上，各国生产率存在显著差异。也就是说，当样本仅限于发达国家和发展中国家之间的贸易时，就非常适用赫克歇尔–俄林理论。教科书中的图 5 - 13 清楚地表明，孟加拉国、柬埔寨和海地等低技术国家出口产品的技术密集程度远远低于法国、德国和英国等发达国家。而且，随着国家的发展，这种贸易模式正在发生变化，例如，中国出口的技术密集程度随着中国经济的增长和发展而不断提高。这些观察促使许多经济学家考虑国家间的贸易动机，而不仅仅基于国家间的差异。这些概念将在后面的章节中探讨。尽管存在这些缺陷，从赫克歇尔–俄林理论中我们仍能获得有关收入分配的重要结论。

■ 关键术语

给出下列关键术语的定义：
1. 赫克歇尔–俄林理论
2. 里昂惕夫悖论
3. 充裕要素

4. 生产可能性的偏向性扩张
5. 要素价格均等化
6. 要素密集度

复习题

1. 讨论：一种产品不可能既是土地密集型的又是劳动密集型的。

2. 在图 5-1 的模型中，有两个国家 P 和 R，它们生产布（c）和食物（f）两种产品。你能判断出 P 国哪个生产团队可能会游说反对自由贸易吗？

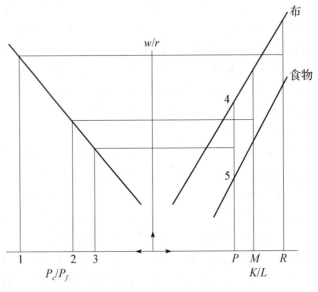

图 5-1

3. 电视机的生产过程是劳动密集型的，且生产 1 台电视机需要 20 单位劳动和 4 单位土地。电视机价格为每台 60 美元。而稻米则是土地密集型产品，生产 1 磅稻米需要 1 单位劳动和 4 单位土地。稻米的售价是每磅 4 美元。

a. 如果本国有 1.2 亿名工人和 2 亿英亩土地，外国有 0.4 亿名工人和 0.5 亿英亩土地，用赫克歇尔-俄林理论预测这两个国家间的贸易模式。

b. 在什么条件下，真实世界的情形与赫克歇尔-俄林理论的预测结果不一致？（提示：想想几个对赫克歇尔-俄林理论的著名实证检验。）

c. 给定上面描述的价格，针对稻米和电视机，在图 5-2 中画出价格等于生产成本的直线。

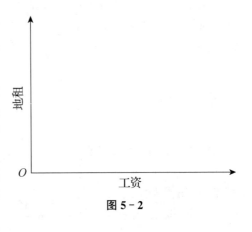

图 5-2

4. 在图 5-3 的模型中有两个国家 P 和 R。从底部右边的水平轴可以明显看出，P 国劳动力 L 相对更充裕。如果 P 国完全专业化，只生产劳动密集型产品布（c），那么会在点 4 生产。实际上它生产布和食物（f），即图上的点 5。封闭状态时布（对食物）的相对价格，P 国在点 3。

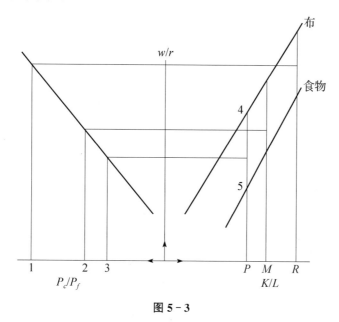

图 5-3

a. 如果两个国家间开放贸易，哪个国家将出口布？哪个国家将出口食物？这个结果和赫克歇尔-俄林模型一致吗？请解释。

b. 如果两个国家间开放贸易，世界贸易条件将位于图形的哪里（P_c/P_f 轴的某处）？两个国家的相对工资（w/r）会变得相等吗？这个结果和赫克歇尔-俄林模型一致吗？请解释。

c. 你期待两个国家的实际工资相等吗？解释存在差异的原因。

d. 在封闭状态下，P 国在点 5 生产。参与贸易后，它的生产点会在点 5 的上方还是下方？解释原因。当从封闭状态变为开放贸易时，这个国家生产每种产品的 K/L 密度比率会发生什么变化？

5. 要素密集度逆转描述了这样一种情况：一种产品的生产可能在一个国家是土地密集型的，而到了另一个国家（在特定的相对工资水平上）就变成相对劳动密集型的。例如，棉花在美国可能是土地密集型的，而到了埃及这种土地相对贫瘠和昂贵的国家就变成了劳动密集型的。这如何影响这样一个结论：一个土地相对稀缺的国家就不会在土地密集型产品上具有比较优势？

6. 我们为什么要研究里昂惕夫悖论？

教科书中习题的答案

1. a. 先计算棉布和粮食的机会成本，资源约束如下：

$$a_{KC}=2,\ a_{LC}=2,\ a_{KF}=3,\ a_{LF}=1,\ L=2\ 000,\ K=3\ 000$$

每一单位棉布由 2 单位资本和 2 单位劳动生产，每一单位粮食由 3 单位资本和 1 单位劳动生产。此外，经济体拥有 2 000 单位劳动和 3 000 单位资本。给定这些值，可以定义资源约束如下：

$$2Q_C+Q_F\leqslant2\ 000\rightarrow劳动约束$$
$$2Q_C+3Q_F\leqslant3\ 000\rightarrow资本约束$$

求解粮食产量约束：

$$Q_F\leqslant2\ 000-2Q_C$$
$$Q_F\leqslant1\ 000-2/3Q_C$$

这两个粮食生产预算约束必须同时满足。生产可能性边界描绘出了棉布和粮食生产的预算约束。

从教科书的图 5-1 中我们可以看出，当棉布的相对价格介于棉布的两个机会成本之间时，就会生产棉布和粮食。棉布的机会成本取决于上述生产可能性边界的两个组成部分的斜率（即 2/3 和 2）。当棉布产量较低时，将使用相对更多的劳动来生产棉布，棉布的机会成本为 2/3 单位粮食。然而，随着棉布生产的增加，经济体中劳动变得越来越稀缺，同时经济体必须从粮食生产中转移资本，从而将棉布的机会成本提高至 2 单位粮食。

只要棉布的相对价格介于 2/3 和 2 单位粮食之间，经济体就会生产这两种产品。如果棉布价格低于 2/3，则应进行粮食的完全专业化生产（生产棉布的补偿太低）。如果棉布的价格上升到 2 以上，就会出现棉布的完全专业化（生产粮食的补偿太低）。

b. 注意每种产品的投入要求。生产 1 单位棉布需要 2 单位资本和 2 单位劳动，而生产 1 单位粮食需要 3 单位资本和 1 单位劳动。在竞争市场中，每种产品的单位成本必须等于产出价格。

$$Q_C=2K+2L\rightarrow P_C=2r+2w$$
$$Q_F=3K+L\rightarrow P_F=3r+w$$

由此给出了两个公式和两个未知数（r 和 w）。求解要素价格：

$$w=P_F\cdot3r$$
$$P_C=2r+2(P_F-3r)=2r+2P_F-6r=2P_F-4r$$
$$***r=(2P_F-P_C)/4$$
$$***w=(3P_C-2P_F)/4$$

c. 从问题 b 中的两个公式来看，因为棉布是劳动密集型产品，棉布价格的上涨将导致资本租金率下降以及劳动力工资率上升。其价格的上涨将带来更多的棉布生产，并增加对其劳动密集型要素的需求。

d. 假设资本存量增加到 4 000，劳动约束保持不变，棉布的最高价格保持在 2 单位粮食上。新的资本约束如下：

$$2Q_C+3Q_F\leqslant4\ 000$$

求解 Q_F：

$$Q_F \leqslant 1\,333 - 2/3Q_C$$

因此，棉布的最低价格也保持不变，为 2/3 单位粮食。现在唯一的区别是，生产可能性边界将具有更大的横截距（如果棉布位于横轴上）。与教材中的图 5-1 相比，新的生产可能性边界的横截距将为 2 000，而不是 1 500。

e. 棉布和粮食的实际生产点取决于棉布和粮食的相对价格。假设经济在某一点进行生产，使得所有资源都得以充分利用（教科书图 5-1 中的点 3），那么可以通过将资源约束设置为彼此相等来计算棉布和粮食的数量。

$$Q_F = 1\,333 - 2/3Q_C = 2\,000 - 2Q_C$$
$$2Q_C - 2/3Q_C = 2\,000 - 1\,333$$
$$4/3Q_C = 667$$
$$Q_C = 500$$
$$Q_F = 1\,333 - 2/3 \times 500 = 1\,000$$

f. 在资本存量扩张之前，经济体生产了 750 单位棉布和 500 单位粮食。在扩张后，棉布产量下降到 500，而粮食产量增加到 1 000。这正是罗伯津斯基效应预测的结果。

2. 通过比较生产中使用的土地相对于劳动的比例，而不是土地相对于产出或者劳动相对于产出的比例，可将养牛业定义为土地密集型行业。正是因为美国养牛业中土地对劳动的比例大于小麦生产中的该比例，所以养牛业在美国是土地密集型的。如果其他国家养牛业中土地对劳动的比例也大于该国小麦生产中的该比例，那么养牛业在这个国家也为土地密集型的。其他国家和美国的比较与这个目的并没有什么关系。

3. 这个问题类似于第 4 章讨论的问题。在这个问题中，重要的不是要素的绝对充裕程度，而是它们的相对充裕程度。与发达国家相比，在发展中国家，劳动比资本更充裕。例如，考虑像美国这样的富裕大国和像危地马拉这样的贫穷小国。尽管美国比危地马拉拥有更多的土地、自然资源、资本和劳动，但对贸易而言，重要的是这些要素的相对充裕度。危地马拉的劳动与资本的比例可能比美国高得多，反映出危地马拉的资本相对稀缺，而美国的资本相对丰富。这使得危地马拉的劳动相对便宜，但资本比美国更昂贵。请注意，要素价格的差异不是由与美国相对的危地马拉的劳动数量决定的，而是由每个国家的劳动与其他要素的比例决定的。

4. 在李嘉图模型中，劳动力通过增加购买力从贸易中获益。工会通常限制本国从不富裕的国家进口产品，但这一结果并不支持工会的要求。通过考虑贸易如何影响生产要素的所有者，赫克歇尔-俄林模型直接解决了分配效应问题。由于美国的非技术劳动力代表了这个国家相对稀缺的要素，在该模型的背景下，这一群体会从贸易中受损。赫克歇尔-俄林模型的结果支持工会对进口限制的要求。这是一项合理的政策，因为如果贸易有利于技术密集型产品的出口（和低技术产品的进口），那么代表非技术工人的工会将直接受到损害。然而，考虑到贸易的整体收益将超过某一特定部门的损失，工会更可能进行游说，以提高其成员的技术水平。

5. 在与印度的竞争中，美国的一些软件编程人员可能面临工资下降的处境，但有些高技术劳动人员的工资反而上升。竞争在普遍提高编程效率的同时，可能会提高软件行业中其他人员的工资或整体降低该行业产品的价格。从短期来看，这些具有专业技能的员工都将面临工作转换的成本从而利益受损。但是，仍不应限制进口计算机编程服务或将这些工作外包，主要原因为：首先，这样可以降低编程成本，从而扩展美国的生产可能性边界，提高社会整体福利。其次，可以对收入进行必要的重新分配，而不应阻止将增进整个社会福利的贸易活动。而且，每一个国家都可以实施贸易政策，也就是说，如果美国阻止编程服务的进口，这将导致其他国家采取更多的贸易限制行为。

6. 要素比例理论指出，国家出口的是生产要素密集的产品，而这些要素在该国是很充裕的。假设赫克歇尔–俄林理论成立，可以预期相对于世界其他地区拥有较高资本–劳动比率的美国，将出口资本密集型产品。里昂惕夫发现美国出口劳动密集型产品。鲍恩（Bowen）、利默尔（Leamer）和斯维考斯卡斯（Sveikauskas）认为，从世界范围来看，要素禀赋和贸易模式之间的相关性很弱。这些数据不支持国家进出口反映要素相对禀赋的理论预测。

7. 如果各国生产要素的效率不同，那么赫克歇尔–俄林理论可以用于解释有效要素，即考虑生产要素中技术、工人或土地特性的差异。结果表明，经有效要素调整后的模型比原模型能够更好地解释国家间的贸易模式。要素价格趋同概念也可以用有效要素进行分析。一名技能较高或位于高技术国家的工人，可能相当于其他国家的两名工人。这样，一名工人就可以被看作 2 单位有效劳动，一名高技术工人的工资是低技术工人工资的 2 倍，而单位有效劳动的价格仍将趋同。

第6章 标准贸易模型

章节构成

经济增长

转移问题

关税

主要内容

前几章强调了导致国际贸易比较优势存在的特定因素。本章介绍了一个标准贸易模型，该模型将以前的模型视为特例。这个标准贸易模型在国际贸易理论中非常实用，可用于解决许多问题。本章讨论了其中一些问题，如经济增长的福利和分配效应、国家间转移以及贸易商品的关税和补贴。

标准贸易模型基于以下关系：第一，当生产可能性曲线与相对价格曲线（又称为等价值线）相切时，经济体将在这一点上进行生产。第二，无差异曲线描述了一个经济体的偏好，其消费点位于预算线和最高无差异曲线相切处。这两种关系共同确定了小经济体（贸易条件给定）的一般均衡贸易图。在该图中，消费点位于等价值线与最高的无差异曲线相切处，而生产点位于等价值线与最高的生产可能性边界相切处。

可以用这个标准图来呈现出一些基本点：第一，一个自给自足的经济体必须生产它所消费的东西，由此决定了均衡价格比率。第二，开放经济体的贸易改变了价格比率线，并明显增加了福利。第三，贸易条件的改善（出口价格与进口价格的比例）增加了经济体的福利。第四，引入能够决定相对价格的世界相对需求和相对供给曲线框架，从小国分析转向两国分析。

可将这些关系与罗伯津斯基及斯托尔珀-萨缪尔森定理结合使用来解决一系列问题。例如，你可以考虑发展中国家的经济增长对美国是否有帮助。本章中的一个案例研究表明，发达国家与发展中国家进行贸易后，发达国家获得的收益更大。与在非贸易服务上花费更多的富裕消费者相比，处于收入分配底部的消费者倾向于消费相对更容易交易的产品（食品、服装等）。在教授这些观点时，将它们与当前事件联系起来会更有趣，也更有用。例如，你可以安排这样的主题讨论：美国为新兴经济体提供技术和经济援助所带来的影响，或者世界经济衰退可能导致美国出口需求下降的路径。

教材中的案例考虑了当前的媒体流行观点，即一些发展中国家的增长损害了美国。本章分析表明，偏向型增长对于确定福利效应，要比确定在哪国发生增长更为重要。本章讨论了偏向型增长与福利恶化型增长。相对供给曲线（RS）和相对需求曲线（RD）说明了偏向型增长对贸易条件的影响。新的贸易条件曲线可以与一般均衡分析结合使用，以确定增长的福利效应。由此产生的一个基本原则是，经历了出口偏向型增长的国家，其贸易条件会恶化；而经历了进口偏向型增长的国家，其贸易条件将得到改善。本章案例研究显示，这确实是一个实证问题。有证据表明，某些发展中国家的快速增长，既没有导致美国贸易条件的恶化，也没有极大改善该发展中国家的贸易条件。最容易受到贸易条件冲击的国家是依赖价格波动的初级产品出口国。例如，委内瑞拉石油价格崩溃，导致其 GDP 损失超过 17%。而产品更加多样化的经济体，贸易则趋于稳定。

标准贸易模型适用的第二个领域是关税和出口补贴对福利和贸易条件的影响。关税或补贴移动了相对供给曲线和相对需求曲线，我们从这一点继续展开分析。进口关税通过外部价格改善了贸易条件，而出口补贴恶化了贸易条件。其效果取决于国家规模。关税和补贴扭曲了经济成本，因此，如果一个国家足够大，可能会有一个最佳的非零关税。然而，出口补贴只会给经济带来成本。在国际上，关税援助了进口竞争部门，但会损害出口部门，在该类部门中，补贴则会产生相反的效果。

　　本章最后讨论了国际借贷。标准贸易模型适用于跨期消费贸易。定义未来消费的相对价格为 $1/(1+r)$，其中，r 是实际利率。实际利率相对较高的国家（例如，投资收益高的新兴工业化国家）将偏向未来消费，并通过从实际利率相对较低的发达国家借钱，有效地"出口"未来消费。

■ 关键术语

给出下列关键术语的定义：
1. 贸易条件
2. 偏向型增长
3. 进口关税
4. 出口补贴
5. 福利恶化型增长
6. 标准贸易模型
7. 跨期贸易
8. 等价值线

■ 复习题

1. 假设一国生产两种商品——葡萄酒（W）和奶酪（C），均衡产量位于最初的等价值线（V_1V_1）与生产可能性边界的切点处。相对价格 p_c/p_w 等于 4。

   a. 假设奶酪的相对价格上升为 6，在图 6-1 中画出新的等价值线（V_2V_2）。

   b. 描述新的均衡产出集。

   c. 假设奶酪的相对价格下降为 2，等价值线会发生什么变化？描述新的均衡产出集。

   d. 奶酪相对于葡萄酒的供给与奶酪和葡萄酒的相对价格之间的关系是怎样的？

2. 继续使用上题中的例子，假设奶酪相对

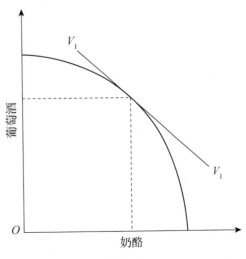

图 6-1

于葡萄酒的相对价格为 4，该国出口葡萄酒、进口奶酪。

a. 给定消费偏好，指出等价值线与最高的无差异曲线的切点。继续在图 6-1 中画出等产量线来说明这个相切关系。

b. 假设奶酪的相对价格上升为 6，对生产和消费会有什么影响？

c. 分析这个相对价格变化对福利产生的影响。

d. 讨论这个相对价格变化导致的收入效应和替代效应。

e. 假设奶酪的相对价格下降为 2。讨论其对生产、消费、贸易条件以及本国福利的影响。

3. 继续讨论同一国的情况，现在假设该国出口奶酪、进口葡萄酒。

a. 使用等价值线、生产可能性边界，以及最高的无差异曲线的相切关系来确定该国的生产点和消费点。

b. 奶酪相对价格的下降对生产会产生什么影响？

c. 这个相对价格的下降对消费会产生什么影响？该国福利水平是提高了还是下降了？

d. 讨论一国贸易条件和国家福利之间的关系。

4. 假设一国生产两种商品：葡萄酒和奶酪。葡萄酒生产是土地密集型的，而奶酪生产是劳动密集型的。

a. 假设政府决定将所有公共公园都转化为生产用地，从而增加了生产者可得的土地供给。说明这将如何影响该国的生产可能性，并进行讨论。

b. 你回答 4a 的理论基础是什么？

c. 假设尽管发生了偏向型增长，但奶酪的相对价格没有发生变化。比较新的和原来的生产集。

d. 假设即使存在偏向型增长，政府也希望奶酪的产出保持不变，那么奶酪的相对价格应如何变化？政府应采取哪类政策才能达到这个目的？

5. 本国生产劳动密集型运动鞋和土地密集型甜菜。假设人口变化使得本国非常倾向于生产用于出口的商品——运动鞋。

a. 如果这是个小国，运动鞋的相对价格不会因为人口增长而变化，那么人口增长对本国的生产集会产生什么影响？

b. 如果这是一国成长为大国的必要途径，那么这将对全世界的运动鞋对甜菜的相对供给产生什么影响？

c. 人口增长是如何影响本国的贸易条件的？对本国福利会产生什么影响？

d. 现在我们假设这个偏向型增长对甜菜的生产有利。讨论该假设对世界相对供给、本国贸易条件和本国福利的影响。

6. 假设本国进口葡萄酒、出口奶酪，且本国政府对酒类进口征收 25% 的关税。

a. 这个关税将如何影响本国葡萄酒的相对价格（相对于国际市场上葡萄酒的相对价格而言）？

b. 关税将如何影响葡萄酒的世界相对需求和相对供给？

c. 关税对本国的贸易条件会产生什么影响？

d. 讨论哪些前提假设对于你回答问题 6c 是至关重要的。

7. 判断以下说法是否正确。

a. 国际借贷可以被看作一种跨期贸易形式。

b. 如果 A 国是一个净外国贷款国，那么与其国际贸易和金融伙伴国相比，A 国的跨期生产可能性偏向于当前消费。

c. 快速增长的发展中国家往往是国际资本市场的借款者，我们由此可以推测，它们在未来收入方面具有比较优势。

d. 实际利率下降，所有其他因素保持不变，将导致一国当前消费减少。

教科书中习题的答案

1. 注意当由两国国内价格决定的生产模式（虚线）向由世界价格决定的生产模式（实线）转变时，两国福利的变化，见图 6-2。

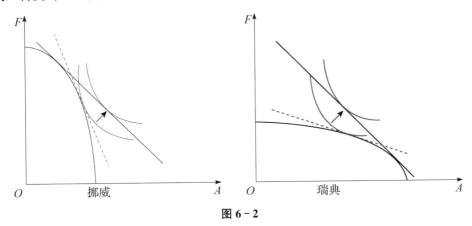

图 6-2

2. a. 如图 6-3 所示，在图（a）中，挪威远离鱼类的生产可能性降低，与汽车相比，鱼的产量会下跌。因此，尽管鱼类出口的相对价格较高，挪威的无差异曲线也会向下移动，从而降低福利。

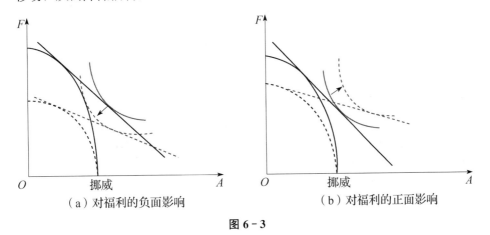

（a）对福利的负面影响 　　　　　（b）对福利的正面影响

图 6-3

b. 在图（b）中，鱼的相对价格上涨，导致挪威的鱼的相对产量上升（尽管鱼的生产力下降）。因此，用于出口的鱼的相对价格上涨，使得挪威的无差异曲线移动至更高位置，因此福利也更高。

3. 当生产可能性边界（PPF）是直角时，贸易条件的改善将提高社会福利水平。生产点位于 PPF 的拐角处，消费点是相对价格线和最高的无差异曲线的切点。贸易条件的改善会使得相对价格线沿着它与 PPF 长方形的截点旋转（因为没有不可流动要素的替代效应，所以生产点保持不变），从而该国可以达到更高的无差异曲线。从直觉上来看，尽管供给方面没有变化，但该国可以从出口中获得更多，并且它对进口购买的支付变得更少。

4. 与标准图的不同之处在于，无差异曲线是直角的，而不是平滑曲线。贸易的增加使经济体的无差异曲线移至更高位置。这个经济体的收入增长路径是一条从原点出发的射线。贸易条件的改善将使消费点沿射线进一步向外移动。

5. 日本是制成品（M）的出口国和原材料（R）的进口国，其贸易条件是世界制成品和原材料的相对价格 p_M/p_R。贸易条件的变化取决于世界相对供给和相对需求（制成品相对于原材料）曲线的变化。注：在下面的回答中，世界相对供给和相对需求总是指 M 相对于 R。我们假设所有国家都是大国，所以这个变化会影响世界相对价格。

a. 中东石油供给的突然中断会减少原材料的供给，表现为世界相对供给的增加。世界相对供给曲线将向外移动，导致制成品的世界相对价格降低，日本的贸易条件恶化。

b. 韩国汽车产量提高会增加制成品的供给，导致世界相对供给的增加。同理，世界相对供给曲线将向外移动，从而制成品的世界相对价格降低，日本的贸易条件恶化。

c. 美国发明的一种对石油燃料的替代品会降低对原材料的需求，导致世界相对需求增加。世界相对需求曲线将向外移动，提高制成品的世界相对价格，并改善日本的贸易条件。即使日本没有安装核反应堆也将发生这种情况，因为世界对原材料的需求减少了。

d. 俄罗斯的歉收会减少原材料的供给，导致世界相对供给增加，进而导致世界相对供给曲线向外移动。而且由于俄罗斯对制成品的需求减少会导致世界相对需求减少，因此世界相对需求曲线将向内移动，最终将降低制成品的世界相对价格，恶化日本的贸易条件。

e. 日本下调原材料关税将提高国内制成品的相对价格 p_M/p_R。这个价格变化将增加日本的相对供给，并降低日本的相对需求，从而导致世界相对供给增加，世界相对需求减少（即世界相对供给曲线向外移动，而世界相对需求曲线向内移动），并最终使得制成品的世界相对价格下降，日本的贸易条件恶化。

6. 如图 6-4 所示，服务相对于制成品价格的下降使得等价值线顺时针移动，因此，美国会生产相对较少的服务和更多的制成品，从而降低美国福利。

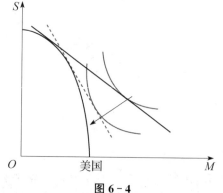

图 6-4

7. 这些结果符合由于某一生产要素上升而产生的偏向型增长。任一国家的资本存量增加都将有利于产品 X 的生产，而劳动力供给的上升则将提高产品 Y 的产量。同时，赫克歇尔-俄林理论指出，一国会出口其密集使用该国相对充裕要素生产的产品。A 国向 B 国出口 X、进口 Y，此时出口偏向型增长导致的福利恶化型增长的可能性，使得贸易条件改善的福利效应不明显，但进口偏向型增长将明显提高增长型国家的福利。

　　a. 产品 X 的相对价格下降，A 国贸易条件恶化，A 国福利可能上升、也可能下降，B 国福利上升。

　　b. 产品 Y 的相对价格上升，A 国贸易条件改善，A 国福利上升，B 国福利下降。

　　c. 产品 X 的相对价格下降，B 国贸易条件改善，B 国福利上升，A 国福利下降（在等量出口情况下，它挣得更少）。

　　d. 产品 X 的相对价格上升，B 国贸易条件恶化，B 国福利可能上升、也可能下降，A 国福利上升。

8. 当一个经济体的贸易条件恶化，其福利恶化效应超过了福利改善效应时，就会出现贫困化增长。要做到这一点，一个经济体必须经历偏向型增长，而且该经济体必须是一个在世界经济中体量足够大的行动者，以便其行动时能够对贸易条件产生极大的不利影响。这些事件的组合在实践中不太可能发生。

9. 如果印度的对外开放能够降低中国向美国出口的产品的相对价格，进而提高美国出口产品的相对价格，那么印度的开放对美国来说是有利的。显然，美国在与中国贸易中受损的各部门在与印度进行贸易时，同样将面临亏损，但若考虑净值，美国是占优势的。注意，我们对印度生产的贸易品的假设与问题 6 并不相同。我们假设印度出口的是当前美国进口而中国正在出口的产品。中国出口产品的相对价格会由于印度产量的上升而下降，显然，中国的利益是受损的。

10. 贸易的外部条件会大大影响福利。假设 X 国出口产品 A、进口产品 B；而 Y 国出口产品 B、进口产品 A。X 国的出口补贴将提高出口产品 A 的国内价格，从而增加产品 A 的产量，降低对产品 A 的需求。因此，产品 A 的世界价格下降。Y 国对产品 A 征收的关税将增加 Y 国产品 A 的产量，并减少对其的需求，导致产品 A 相对于产品 B 的世界价格下降。因此，X 国的贸易条件下降，Y 国的贸易条件上升。X 国的境况变得更糟，而 Y 国的境况变得更好。

　　相反，如果 Y 国对产品 B 实施出口补贴，那么产品 B 的国内价格就会上涨。产品 B 的产量上升，而对产品 B 的需求下降。因此，产品 B 的世界价格下跌。对福利的净影响是不确定的，取决于产品 A 和 B 世界价格的相对下降。

11. 国际借贷意味着在当前消费和未来消费之间进行权衡，就像产品交易意味着在不同产品的生产之间进行权衡一样。你选择的当前消费越多，你的未来消费就越少。国际借贷是由国家间跨期偏好的差异驱动的，就像国际贸易由国家间技术或要素禀赋的差异驱动一样。对当前消费有相对偏好的国家将"出口"当前消费，以换取未来消费。换言之，这些国家将在当前时期从对未来消费有相对偏好的国家借款。与国际贸易一样，用于换取未来消费的当前消费的相对数额由未来消费的相对价格 $1/(1+r)$ 决定，其中，r 是实际利率。

12. 国际借贷的相对优势是由未来消费的相对价格，更准确地说，是由实际利率驱动的。随着实际利率的上升，未来消费的相对价格 $1/(1+r)$ 下降。实际上，一国实际利率高，其投资收益率也会高。这样的国家更愿意今天借钱，然后利用高投资收益，在未来享受当前高收益投资的"成果"。

a. 阿根廷和加拿大等国的实际利率应该很高，因为还有大量投资机会有待开发。这些国家的未来消费的价格较低，倾向于当前消费，并出口未来消费。

b. 19 世纪的英国或今天的美国等国家的实际利率相对较低，因为它们已经拥有较高的资本水平，新投资的收益有限。因此，未来消费的相对价格很高，它们将倾向于现在放贷，并出口当前消费。

c. 如果发现大型石油储量但是可以采用很少的新投资加以开采，则会使沙特阿拉伯的实际利率下降（财富大幅增加）。这将导致未来消费的相对价格上涨，沙特阿拉伯更有可能拥有偏向出口当前消费的生产可能性边界。由于这些石油发现，沙特阿拉伯将增加当前贷款。

d. 如果挪威发现需要大量投资才能开采的石油，将产生与答案 c 相反的效果。在进行大量投资之前，这些石油无法转化为财富，挪威的实际利率将随着投资资金需求的增加而上升。更高的实际利率使得未来消费的相对价格下降，因此，挪威将更有可能现在借款，并出口未来消费。

e. 韩国的高生产率意味着，鉴于该国有利可图的投资机会，韩国的实际利率会很高。如答案 d 所示，更高的实际利率会导致未来消费的相对价格下降，并使韩国在跨期生产中偏向于出口未来消费。

第7章 外部规模经济与国际生产布局

主要内容

在前几章中，国家之间的贸易是由要素生产率或相对要素禀赋的差异激发的。这种基于比较优势产生的贸易类型，例如用粮食换取制成品，被称为行业间贸易（interindustry trade）。本章介绍的是基于生产规模经济的贸易。这种类似产品的贸易被称为行业内贸易（intraindustry trade），描述了例如用一种制成品换取另一种制成品的贸易。报告显示，当没有技术或禀赋差异但存在规模经济或生产收益递增时，贸易就会发生，而不是前几章中假设的规模收益不变。

规模经济（economies of scale）存在以下两种形式：（1）外部规模经济（external economies of scale），即单位成本取决于行业规模，而非企业规模；（2）内部规模经济（internal economies of scale），即每单位产出的生产成本取决于单个企业的规模，而非其所在行业的规模。不同于前几章中假设存在的完全竞争市场结构，内部规模经济将产生不完全竞争市场。以纯粹的外部规模经济为特征的产业，通常由许多小公司组成，并且是完全竞争的。本章的重点是外部规模经济，而下一章则是内部规模经济。

外部规模经济导致企业在一个地方集聚的原因主要有三个：

（1）专业化供应商。通过与同行业的企业相邻，使得生产过程的某一环节实现专业化，其他阶段则外包给邻近的公司。

（2）劳动力市场蓄水池。有特定技能需求的企业更愿意选址在拥有这些技能的工人附近，以限制劳动力市场的短缺。同时，拥有专业技能的工人更愿意选择靠近雇用他们的企业以降低失业率。

（3）知识外溢。相似的企业相邻，可以增加思想交流和增强伙伴关系。

外部规模经济行业的市场均衡由市场需求和供给的交点决定，就像收益不变的情况一样。这里的关键区别是，市场供给曲线是向下倾斜的，反映出行业的平均成本实际上随着行业产量（即规模）的增加而下降。这种区别推动了此模型中的贸易。当两个国家进行贸易时，将生产集中在一个国家是合理的，因为这将使平均成本低于分别在两个国家生产。在贸易中，平均成本较低的国家将出口商品。这将导致出口国的生产增加、进口国的生产减少。由于该行业的特点是外部规模经济，因此，这将导致出口国的成本下降、进口国的成本上升。最终，所有的生产都将以比没有贸易时更低的市场价格在出口国进行。

比较优势并不能完全解释贸易模式。相反，某个行业在特定地点的形成可能是由于历史性的意外。本章举例说明，全球纽扣制造业集中在中国的一个城镇的主要原因是20世纪80年代有一个公司开始在那里生产纽扣。生产地点并不完全取决于比较优势，在这种情况下，贸易实际上会使一个国家的境况变得更糟。例如，如果纽扣产业已经在中国建立，那么中国的纽扣生产商就比那些没有建立纽扣产业的国家的公司有优势（由于纽扣产业的外部规模经济）。如果没有贸易，一个低工资国家的纽扣产业可以发展到使纽扣的价格低于中国纽扣产业确立的世界价格的实际生产规模。这表明，如果一个国家拥有足够大的市场来支持有效的生产规模，那么通过关闭贸易，让外部的规模经济产业发展起来，实际上可以使本国过得更好。然而，这些情况可能难以辨别，而且贸易保护主义可能导致报复性关税等意想不到的后果。

外部经济也可能是学习曲线（动态收益递增）的结果。在这种情况下，单位生产成本随着一个行业的累积产量的增加而下降。诞生时间较长的产业在其学习曲线上走得更远，且比仍需经历"干中学"过程的新产业更具优势。这些学习曲线的存在或许可以证明新产业的关税保护是合理的，因为一个国家的新产业在具有潜在竞争力的同时仍需要得到保护，直到它掌握了成熟全球竞争对手的相关知识。另外，这种情况很难得到确认，而且关税保护也会带来一些问题，这些问题将在以后的章节中讨论（特别是受保护企业的寻租行为）。

关键术语

给出下列关键术语的定义：
1. 动态收益递增
2. 区际贸易
3. 内部规模经济
4. 劳动力市场蓄水池
5. 幼稚工业论
6. 外部规模经济
7. 经济地理学
8. 知识外溢

复习题

1. 一条向下倾斜的平均成本曲线说明存在规模经济，因为产出增加会降低其单位成本。
   a. 假设企业的固定成本为 20 美元，生产的边际成本为每单位 2 美元，当产量从 5 单位增加到 10 单位，接着增加到 20 单位，再增加到 40 单位时，平均成本将如何变化？
   b. 讨论在回答问题 1a 时，直觉告诉了你什么？
   c. 在图 7-1 中画出产出、平均成本和边际成本之间的关系。
   d. 当产量足够大时，平均成本会发生什么变化？为什么？
   e. 平均成本与一个产业中的企业数量之间有什么关系？

2. 考虑一个 DVD 高端生产商的生产决策问题，它为垄断竞争厂商，面临的需求曲线的系数为 $b=1/1\,000$。固定成本是 500 000 美元，生产单位 DVD 的边际成本是 100 美元。假设本国 DVD 的年销售量为 50 000 单位。
   a. 在图 7-2 中画出本国 DVD 产业的 PP 曲线和 CC 曲线。

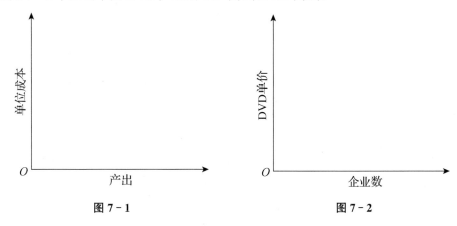

图 7-1　　　　　　　　　　　　　　　　图 7-2

b. 讨论 PP 曲线和 CC 曲线的含义。

c. 在没有贸易的情况下，生产 DVD 的企业有多少个？

d. 这些企业获得的利润分别是多少？

e. PP 曲线和 CC 曲线交点左侧的点的经济含义是什么？

3. 假设一个垄断竞争者生产拖拉机。生产的固定成本为 1.2 亿美元，边际成本是 8 000 美元。需求系数 $b=1/40\,000$。本国市场上拖拉机的年销售总量是 600 000 单位。

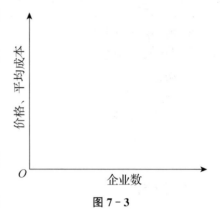

图 7-3

a. 在图 7-3 中画出本国拖拉机产业的 PP 曲线和 CC 曲线。

b. 均衡时将有几家拖拉机生产厂商？拖拉机的均衡价格是多少？

c. 证明该均衡为长期均衡。

4. a. 生产中存在规模经济需要哪些条件？

b. 生产中的规模经济是如何导致贸易产生的？

c. 你的回答是否会随生产中规模经济的形式而变化（例如内部规模经济或外部规模经济）？

d. 为何在外部规模经济的情况下，贸易模式在一定程度上取决于历史事件？

5. 判断以下说法是否正确。

a. 互联网使企业之间的交易（B2B 交易）变得快速而简单。任何地点的任何企业都可以获得专业知识、劳动力和原材料。这些虚拟经济社区很可能会导致外部规模经济。

b. 存在内部规模经济时的长期市场供给曲线将向上倾斜，存在外部规模经济时则向上倾斜。

c. 如果长期来看产量增加，则存在内部规模经济的平均生产成本将下降，而存在外部规模经济的平均生产成本将保持不变。

d. 如果一个市场中的企业在内部规模收益不变，而市场有外部规模经济，那么企业的长期供给曲线将保持水平，市场的长期供给曲线将向上倾斜。

教科书中习题的答案

1. 案例 a 和 d 代表外部规模经济，因为工业生产只集中在几个地方。地理集中的好处包括有更多的专业服务来支持行业的运作，可以获得更大的专业劳动蓄水池，以及拥有更多的投入市场。案例 b 和 c 代表了内部规模经济，因为只有一个公司/工厂在生产整个行业的产出。随着单个公司的产出增加，平均成本将有所下降。这可能会导致不完全竞争，因为它仅仅支持一个行业中有限数量的公司。

2. 这种观点是有缺陷的，因为各国生产的商品不止一种。贸易允许一个国家从效率相对较低的行业中释放出资源，并在生产效率较高的行业中扩大生产。随着收益的增加，这种生产的扩大将推动成本的下降，见图 7-4。

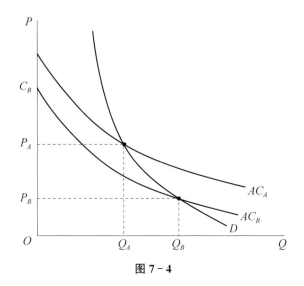

图 7 - 4

然而，外部规模经济可能会导致贸易损失，这是有道理的。请看图 7 - 4。A 国是一个成熟的生产商，生产数量为 Q_A，价格为 P_A。如果 B 国要进入这个行业，它的初始启动成本将是 C_B。由于这个成本大于 P_A，B 国将进口这种商品。然而，如果 B 国被排除在贸易之外，那么产量将是 Q_B，价格将是 P_B。因此，对 B 国来说，贸易实际上代表了一种比自给自足更糟糕的情况，因为可能需要保护措施。然而，实际识别这些情况是很困难的，而且保护可能会导致意外的后果（如报复性关税）。

3. 只要平均成本随着累计产出的增加而下降，就会出现动态收益递增。换言之，存在一条有利于成熟的生产商而不是初创企业的学习曲线。这是一个开放式问题，尽管问题 9 中的例子提供了一些想法。两个以动态收益递增为特征的行业是生物技术和飞机设计。生物技术是一个以创新推动新产品的行业，但在如何成功地利用想法来创造一种有利可图的产品方面可能仍需进一步实践。飞机设计需要创新来创造更安全或更有成本效益的新飞机，但在这个行业中，新飞机往往建立在对以前机型的细微改动的基础上，对一个机型的详细生产经验对开发一个新机型有很大帮助。

4. a. 相对较少的生产地点表明生产中存在外部规模经济。如果这些业务规模较大，也可能表明生产中存在较大的内部规模经济。

 b. 由于规模经济在飞机生产中非常重要，所以往往由少数（不完全竞争的）公司在有限的地点进行生产。西雅图就是这样一个地点，波音公司就在那里生产飞机。

 c. 由于外部规模经济在半导体生产中很重要，半导体行业往往集中在某些地理位置。如果由于某种历史原因，半导体行业选址于一个特定的地点，那么这个国家的半导体出口将取决于规模经济而不是比较优势。

 d. 法国拥有其他地方难以复制的特殊气候和土壤。这在葡萄酒生产中产生了比较优势。

5. a. 这两个国家都有相同的向下倾斜的供给曲线，因此生产模式将完全取决于哪个国家首先建立该产业。首先行动的国家将比另一个国家更具成本优势，因为它生产的商品数量更多。这个国家将提供该商品的全部产出，并出口到第二个国家。

 b. 在这种情况下，两个国家都会从国际贸易中受益，因为当一个国家生产全部产出时，该商品的价格会比在两个国家各生产一半时要低。唯独当进口国的生产效率远高于出口国时（由于收益递增，无法与一个成熟的行业竞争），它将无法从贸易中获益。然而，这两个国家都有相同的供给曲线，因而它们都将从贸易中获益。

6. 推动外部规模经济的三种力量是获取专业化供应商、劳动力蓄水池和知识外溢。随着这些力量的减弱，地理集中的成本优势也会减弱。当产业从外部规模经济转向传统的规模收益不变时，生产地点就越来越由要素成本的驱动决定。

7. 即使中国的工资较高，位于中国的外部规模经济产业也可能不会转移到工资较低的国家。请参看教科书中的图 7-4。中国的平均成本曲线位于越南的上方，反映出中国的工资较高。然而，由于中国的工业已经建立起来，因此中国企业将比任何进入该行业的越南企业均具有成本优势，因为越南企业的初始成本将高于成熟的中国企业。只有当中国的平均成本曲线向上移动到足以使中国的新均衡价格和成本高于越南的启动成本时，生产才会转移到越南。

8. 再考虑一下两种不同的情形。在情形 1 中，同一地点有两个公司，两个公司的当地劳动力供给为 200 人。在情形 2 中，两个公司相距甚远，每个公司的当地劳动力供应量为 100。现在假设两个公司都在进行扩张，对劳动力的需求增加到每个公司 150 个。在情形 1 中，每个公司都将面临 50 名工人的本地劳动力短缺（假设每个公司都能雇用 100 名工人）。在情形 2 中，每个公司都将经历同样的当地劳动力短缺，即 50 名工人！因此，当两个公司都在扩张时，位置相邻并没有比相距较远带来任何不利因素。然而，当一个公司在扩张而另一个公司在收缩时，距离相近则存在优势。

9. 尽管交通条件很差，但孟加拉国的服装生产商还是聚集在达卡或附近区域，这表明服装生产存在着巨大的外部规模经济。有机会接触到服装工人，靠近专业化供应商，并与其他服装生产商互动，这些生产成本优势可以克服与交通堵塞相关的问题。孟加拉国的服装出口一直在上升，也表明外部规模经济赋予的成本优势实际上可能是孟加拉国在服装业的比较优势的来源。而交通拥堵实际上可能是由这些外部规模经济造成的，因为在同一地点聚集的动机既带来了生产成本优势，又产生了交通基础设施负担过重的负面外部效应。

第8章 全球经济中的公司：出口决策、外包与跨国公司

章节构成

主要内容

在前几章中，国家之间的贸易是由它们的要素生产力或相对要素禀赋的差异激发的。这种基于比较优势产生的贸易类型，例如用粮食换取制成品，是基于比较优势的，被称为产业间贸易。本章介绍的是基于内部生产规模经济的贸易。这种类似产品的贸易被称为产业内贸易，描述了例如用一种制成品换取另一种制成品的贸易。事实证明，当没有技术或禀赋差异，但在生产中存在规模经济或收益递增时，贸易就会发生。

规模经济可以采取以下两种形式：（1）外部规模经济，即单位成本取决于行业规模，而非企业规模；（2）内部规模经济，即每单位产出的生产成本取决于单个企业的规模，而非其所在行业的规模。第 7 章探讨了外部规模经济，而本章则侧重于内部规模经济。内部规模经济产生了不完全竞争市场，这一市场结构与前几章假设存在的完全竞争市场结构不同。这就促使我们回顾不完全竞争模型，包括垄断和垄断竞争。教师应该花一些时间来确保学生理解这些模型的均衡概念，因为它们对产业内贸易的论证非常重要。

在垄断竞争所描述的市场中，一个行业中存在许多公司且每个公司都生产一种差异化的产品。对其产品的需求取决于其他类似产品的数量及价格。这种类型的模型有助于说明贸易可以改善一个国家在规模和品种之间的权衡。在一个由垄断竞争描述的行业中，一个更大的市场——如通过国际贸易产生的市场——可以在降低平均价格（通过增加生产和降低平均成本）的同时提供更多可消费产品。尽管一个一体化的市场也支持一个行业中存在更多的公司，但书中介绍的模型并没有对这些行业的选址做出预测。

对比分别由比较优势驱动的和由生产规模收益递增驱动的贸易的分配效应也很有趣。当各国的要素禀赋相似且规模经济和产品差异化很重要时，贸易的收入分配效应将很小。教师应该向学生说明垄断竞争模型、国际贸易的特定要素模型和赫克歇尔-俄林理论之间的预测的鲜明对比。如果不加以澄清，一些学生可能会发现这些模型的对比性预测令人困惑。本章介绍了 1964 年《北美汽车协定》的案例研究，该协定降低了加拿大和美国之间汽车产品的贸易壁垒。加拿大汽车厂的数量减少了，但剩下的工厂规模大大增大，因为它们同时为美国和加拿大市场生产汽车产品。净结果是加拿大对美国的汽车产品出口增加，从 1962 年的 1 600 万美元上升到 1968 年的 24 亿美元。北美自由贸易区也有一个类似的例子，即内部规模经济贸易使小国受益，如墨西哥公司得以更自由地进入更大的美国市场，尽管美国汽车零部件制造商对墨西哥的出口也有显著增长。

与不完全竞争市场有关的另一个重要问题是价格歧视行为，即向不同的客户收取不同的价格。一个特别有争议的价格歧视形式是倾销，即一个公司对出口商品收取的价格低于在国内销售的商品的价格。这只有在国内市场和国外市场被分割的情况下才会发生。书中以一个行业为例说明了倾销的经济学原理，该行业包含一个在国内市场和国外市场销售的单一垄断企业。虽然没有适合的经济理由来证明倾销是有害的，但它通常被视为一种不公平的贸易行为。

本章最后讨论了对外直接投资（foreign direct investment，FDI）。FDI 可以是水平型的或垂直型的。在水平型对外直接投资中，一个公司在多个地点复制其生产过程。在垂直型对外直接投资中，一个公司选择多个生产地以配置其生产链。跨国公司是否参与 FDI 取决于其对邻近性和集中性的权衡。内部规模经济使所有生产都在一个地方进行，这是一种优势。然而，贸易成本增加了从单一地点出口的成本。因此，FDI 更可能发生在贸易成本高而内部规模经济小的时候。最后，跨国公司必须决定是通过外国子公司直接从事外国生产还是选择国外外包。当跨国公司拥有它担心失去控制的专利技术，或者外包不如通过外国子公司直接生产有效时，通过子公司生产的可能性更大。一个案例研究考虑了离岸外包，即将生产链的一部分转移到国外，是如何影响我们对贸易平衡的评估的。以 iPhone 为例。在美国购买的一部 iPhone 7 代表着从中国进口的总价值为 225 美元。然而，该成本中只有 5 美元反映了其在中国的组装和测试成本，其余的主要是在中国境外生产的零部件成本。根据每个生产阶段的附加值来评估贸易平衡，可以将美国对中国的贸易逆差减少一半，但会放大美国对德国、日本和韩国的贸易逆差。这一分析强调了全球供应链的重要性。另一个案例研究考察了离岸外包对美国就业的影响。该研究发现，美国公司的离岸外包增加了工作职位，特别是在制造业。然而，离岸外包所取得的生产力提高实际上推动了美国整体就业水平的提高。然而，需要注意的是，由离岸外包所创造的新工作岗位可能不会由那些因离岸外包而失去工作的人填补。

关键术语

给出下列关键术语的定义：
1. 倾销
2. 反倾销税
3. 水平型对外直接投资
4. 垂直型对外直接投资
5. 内部规模经济
6. 离岸外包

复习题

1. 一个不完全竞争的公司有如下需求曲线：$Q=100-2P$。
   a. 当 $P=30$ 时，边际收益等于多少？
   b. 当 $P=40$ 时，边际收益等于多少？
2. 一个不完全竞争的公司有以下总成本曲线：$C=100+4Q$。当 $Q=10$ 时，
   a. 边际成本等于多少？
   b. 总成本等于多少？
   c. 平均总成本等于多少？
   d. 平均固定成本等于多少？
3. 想象一下，规模经济不仅是企业的外部因素，也是各个国家的外部因素。也就是说，

世界范围内的工业规模越大（无论企业或工厂位于何处），单位生产成本就越低。请描述在这种情况下的世界贸易。

4. 参照图 8-1，回答以下问题：

　　a. 垄断者可以按照 5 美元/吨的世界价格任意出口其钢材。垄断者将以什么价格出售多少钢材？

　　b. 在有机会按世界价格销售的情况下，在国内销售一吨钢材的边际（机会）成本是多少？

　　c. 该公司在销售出口产品的同时，还通过使得其边际（机会）成本等于 5 美元的边际收益来实现其国内销售最大化，该公司将在国内销售多少钢材？以什么价格销售？

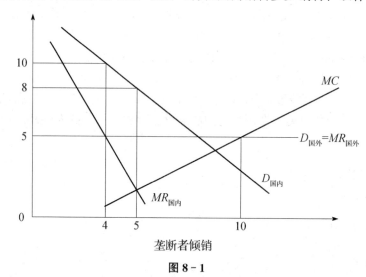

图 8-1

5. 假设图 8-2 表示一个巴西钢铁生产垄断者面临的需求和成本函数。

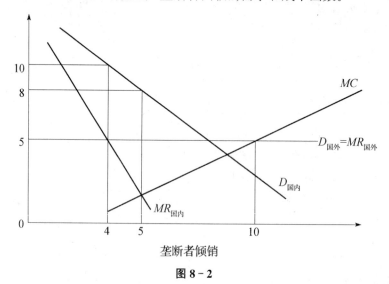

图 8-2

　　a. 如果该公司不能出口其产品且受到国内市场的限制，它将以什么价格销售多少数量的产品？

　　b. 该巴西公司向其外国（美国）客户收取的价格是其国内客户的一半。这对美国的实际收入或经济福利是好是坏？该巴西公司是否在进行倾销？该巴西公司的这种行为是掠夺性行为吗？为什么？

教科书中习题的答案

1. 在内部规模经济下存在不完全竞争，企业将边际收入设定为等于边际成本。与完全竞争市场的情况不同，在垄断下，边际收益不等于价格。在不完全竞争市场下，边际收益总是小于价格，因为若要多卖一单位产出，企业就必须降低所有单位的价格，而不仅仅是边际单位。此外，如果内部规模经济是由巨大的固定成本驱动的，那么对于一个需要将价格定在边际成本之上以支付其固定成本的公司来说，将价格定在边际成本之上实际上会导致负利润。

2. 为了解这个问题，我们首先需要通过设定所有市场的平均成本等于价格来找到三国一体化市场中的均衡企业数量。我们首先注意到平均成本可以写成 $AC = (nF/S) + c$，价格可以写成 $P = c + (1/bn)$，其中，n 是企业数量，F 是固定成本，S 是市场规模，c 是边际成本，b 是一个常数。将平均成本设定为与价格相等，可以得到以下公式：

$$(nF/S) + c = c + (1/bn)$$
$$n^2 = (1/b) \times S/F$$
$$n = [(1/b) \times S/F]^{1/2}$$

由此得出：

$$F = 750\,000\,000$$
$$S_{本国} = 900\,000, S_{外国} = 1\,600\,000, S_{第三国} = 3\,750\,000$$
$$c = 5\,000$$
$$b = 1/30\,000$$

现在计算总的市场规模，即本国、外国、第三国的市场规模之和。

$$S = S_{本国} + S_{外国} + S_{第三国} = 900\,000 + 1\,600\,000 + 3\,750\,000 = 6\,250\,000$$

代入这些数值来解出 n：

$$n = [30\,000 \times 6\,250\,000/750\,000\,000]^{1/2} = 15.8$$

由于不可能有 0.8 个公司进入一个市场，因此已知只有 15 个公司进入这个市场（第 16 个公司知道它不能获得正利润，所以不会进入）。一旦知道了 n，那么求解 Q 和 P 就很简单了。

$$Q = S/n = 6\,250\,000/15 = 416\,667$$
$$P = c + (1/bn) = 5\,000 + 30\,000/15 = 7\,000$$

这个价格低于市场上只有两个国家时的价格。

3. 已知信息如下：

$$F = 5\,000\,000\,000$$
$$c = 17\,000$$
$$S_{US} = 300\,000\,000, \quad S_{EU} = 533\,000\,000$$
$$P = c + (1/bn) = 17\,000 + (150/n)$$

a. 在问题 2 中得出的条件为 $n = [(1/b) \times S/F]$，可以得出 $1/b = 150$。代入相关参数，求出美国和欧洲的均衡企业数量：

$$n_{US} = [150 \times 300\,000\,000/5\,000\,000\,000]^{1/2} = [9]^{1/2} = 3$$
$$n_{EU} = [150 \times 533\,000\,000/5\,000\,000\,000]^{1/2} = [16]^{1/2} = 4$$

b. 如果没有贸易，在欧洲和美国会有不同的价格：

$$P_{US} = 17\,000 + (150/3) = 17\,050$$
$$P_{EU} = 17\,000 + (150/4) = 17\,037.5$$

c. 交易后，新的市场规模为 $S = 300\,000\,000 + 533\,000\,000 = 833\,000\,000$。
将这个新的市场规模简单代入问题 a 的均衡企业数量中，可得：

$$n = [150 \times 833\,000\,000/5\,000\,000\,000]^{1/2} = [25]^{1/2} = 5$$
$$P = 17\,000 + (150/5) = 17\,030$$

d. 由于内部规模经济，美国的价格在问题 c 中较低。贸易后，世界汽车总产量仅由 5 个公司生产，而贸易前有 7 个公司（美国 3 个、欧洲 4 个）。这 5 个公司各自生产的数量都比贸易前的 3 个美国公司要多。由于平均成本随着生产数量的增加而下降，汽车的价格将随着每个公司平均产量的增加而下降，因此，美国消费者将通过低价从自由贸易中获益。

4. a. 通过对技术的以下定义可以模拟这一决策：如果厂商投资于该技术，它将面临一个固定成本 T，但面临一个边际成本 c_T，该成本低于没有该技术时的边际成本 c。因此，我们把厂商有无技术的总成本定义为：

没有技术的成本 $= TC = cQ + F$
有技术的成本 $= TC^* = c_T Q + F + T$

厂商会选择采用这项技术，只要 $TC^* < TC$：

$$c_T Q + F + T < cQ + F$$
$$T < (c - c_T)Q$$
$$Q > T/(c - c_T)$$

与大多数涉及固定成本的决策一样，当生产规模扩大时，该技术更有可能增加厂商的利润。

现在比较一个低边际成本厂商和一个高边际成本厂商。低边际成本厂商的差距 $c - c_T$ 将比高边际成本厂商的差距小。因此，一个低边际成本的厂商比一个高边际成本的厂商需要更高的产出水平来证明技术的合理性。因此，有可能一些厂商（高成本厂商）会选择采用该技术，而其他厂商（低成本厂商）则不会。

  b. 贸易成本提高了出口的边际成本。一个出口厂商比一个不出口厂商面临更高的边际成本，因此，它将更有可能使用这项新技术。

5. a. 已知随着市场规模的扩大，在市场上竞争的企业数量也在增加。同时，随着在一个市场上竞争的企业数量的增加，市场上的价格也会下降。因此，随着企业数量的增加，出口商（和国内企业）的价格将下降。这就增加了提出倾销指控的概率。

  b. 从小国出口到大国的公司，其国内价格（较高）和出口价格（较低）之间的差异会更大，因为在大国竞争的公司会更多。因此，从小国出口到大国的公司比从大国出口到小国的公司更有可能被指控为倾销。

6. a. 1 000 万美元的 IBM 股票远远没有达到 IBM 总市场价值的 10%，因此，不属于对外直接投资。

  b. 纽约的一栋公寓楼可被看作一种资产，所以当一个外国居民购买（100% 的所有权）时可被视为对外直接投资。

  c. 这一合并代表法国公司将对美国公司拥有超过 10% 的所有权，因此属于对外直接投资。

  d. 如果意大利公司保留了在俄罗斯的工厂的所有权，那么就是对外直接投资。但是，如果意大利公司只是建造和管理该工厂，而它是由俄罗斯政府拥有的，这就不是对外直接投资。

7. a. 这是一个从美国流出的水平型 FDI 和一个流入欧洲的水平型 FDI。

  b. 这是一个从法国流出、流入喀麦隆的垂直型 FDI。

  c. 这是德国的水平型 FDI 流出，流入美国。

  d. 这是一个垂直型 FDI，从瑞士流出，流入保加利亚。

8. 即使有内部规模经济，在多个生产设施中生产同一种商品仍然可能有优势。这是邻近性-集中性权衡的一个例子。只在一个地方生产的好处是，规模经济能得到最大限度的发挥。然而，只在一个地方生产会使该公司在从该地出口时面临贸易成本。如果这些贸易成本高达一定程度，在多个地点生产可能更有效率。生产地点的数量会因分散生产和失去规模经济的损失而受限。

9. 本题涉及跨国公司决定将生产外包还是通过外国子公司直接生产。如果一个跨国公司拥有一项专利技术，且担心通过外包会失去该技术（可能由于外国的产权观念薄弱），或者怀疑其他公司是否有能力达到高效生产，那么它可能更愿意使用外国子公司。资本密集型产业更有可能拥有专有技术或复杂的生产流程，从而使外国子公司生产成为跨国公司的更好选择。

10. 垂直型 FDI 程度较高的产业，公司内贸易会更高。资本密集型产业由于上述原因可能会有更多的垂直型 FDI，应该预估这些产业的公司内贸易会更多。资本密集型产业的产业内贸易程度较高，可在教科书的表 8-2 中得到验证。

第 2 篇

国际贸易政策

第9章 贸易政策工具

章节构成

主要内容

本章和后面三章的重点是国际贸易政策。学生们会在媒体上听到关于支持或反对限制性贸易行为的各种论点。其中有些是合理的，有些显然没有事实依据。本章通过描述贸易政策工具和分析它们对国内外消费者与生产者的影响，为分析贸易政策的经济效果提供了一个框架。案例研究讨论了限制性贸易的真实事件。教师可以通过让学生浏览报纸和杂志，寻找其他及时的保护主义案例来强调这些问题之间的相关性。

这里的分析采取了部分均衡的观点，侧重于一个市场的需求和供给，而不是前几章中所遵循的一般均衡方法。进口需求曲线和出口供给曲线是根据国内和国外的需求曲线和供给曲线得出的。本章中使用这些工具分析了一些贸易政策手段。一些重要的贸易政策手段包括：从量关税，定义为对每一单位进口商品征收的固定费用；从价关税，按进口商品价值的一部分征收；出口补贴，是给将商品运往国外的公司或行业的付款；进口配额，是对某种商品进口数量的直接限制；自愿出口限制，是由出口国而不是进口国施加的贸易配额；国产化程度要求，是要求某种商品的某些特定部分在国内生产的法规。

进口供给和出口需求分析假定了一个大国的关税，在这种情况下，征收关税会在国内和国外市场价格之间形成一个楔子，并且使征收关税的国家价格提高，而使另一个国家的价格降低，降低量等于关税量。这与大多数教科书的介绍不同，那些书中的小国假设是国内内部价格等于世界价格加上关税。本章还讨论了如果进口的中间产品用于受保护产品的生产，关税提供的实际保护可能不等于关税税率。书中阐述了一种适当的测量方法，即有效保护率，并给出了一个计算题示例。

对贸易限制的成本和收益的分析需要福利分析的工具。书中解释了计算消费者剩余和生产者剩余的基本工具。每个销售单位的消费者剩余被定义为实际价格和消费者愿意为产品支付的金额之间的差额。从几何学上讲，消费者剩余等于需求曲线下方和商品价格线上方的面积。生产者剩余是生产者愿意出售其产品的最低金额与他实际收到的价格之间的差额。在几何学上，生产者剩余等于供给曲线上方和价格线下方的面积。这些工具是学生理解贸易政策影响的基础，应该认真分析。

关税的成本包括消费和生产中扭曲的效率损失。当关税降低外国出口价格时，贸易条件改善所得可以提供收益。将内部需求和供给图中的面积相加，可以为分析关税的净损失或收益提供一种方法。关税带来的收益越大，关税带来的外国出口价格下降就越大（因为征收关税的国家能够将关税的部分成本转嫁给外国出口商）。因为大国对出口价格的影响会比小国大，所以大国更有可能获得收益，因此，大国更有可能征收进口关税。

其他贸易政策工具也可以用这种方法进行分析。出口补贴的运作方式与进口关税的运作方式正好相反。例如，欧洲的共同农业政策提高了欧洲农民获得的价格，使得欧洲在劳动和土地成本非常高的情况下仍然出口农产品。这种转变给消费者带来的净成本是每年约 300 亿美元。

进口配额对价格和数量的影响与进口关税相似，但收入以配额租金的形式归属配额许可证持有者，而他们往往是外国生产商。例如，美国进口糖的配额大大增加了外国糖生产商的财富（其中许多是由美国炼糖厂拥有的），而美国消费者则付出了巨大代价。据估计，美国制糖业因保护而"节省"的每个工作岗位的成本为 175 万美元，而且这个数字还不包括因糖价上涨而造成的食品行业的工作岗位损失。

自愿出口限制是配额的一种形式，其中进口许可证由外国政府持有。例如，日本自愿限制对美国的汽车出口，以防止在 1979 年石油价格飙升之后对来自日本的汽车征收任何进口关税。这些自愿出口限制的净结果是提高了日本汽车的价格，其收益直接归日本制造商。类似的情况现在正在发生，对从中国出口到欧盟的太阳能电池板也是实行自愿出口限制。

另一个贸易手段是授权国产化程度要求。这些措施提高了进口商品以及与进口商品竞争的国内商品的价格，但并没有产生关税收入或配额租金。最近旧金山和奥克兰的新海湾大桥的建设接连被作为案例研究。联邦政府为该项目提供了资金，但要求加州政府使用成本更高的美国承包商，而不是成本低得多的中国投标商。最后，由于联邦资金的当地含量要求，该桥是通过当地债券而非联邦资金建造的。

附录讨论了在国内垄断情况下的关税和进口配额。自由贸易消除了国内生产者的垄断力量，垄断者模仿完全竞争市场中的公司行为，设定产量，使边际成本等于世界价格。关税提高了国内价格。垄断者仍然面临着完全弹性的需求曲线，其设定的产出使边际成本等于内部价格。垄断者在配额下面临一条向下倾斜的需求曲线。在这种情况下，配额不等同于关税。当通过实施配额而不是征收关税获得特定水平的进口时，国内产量较低且内部价格较高。

关键术语

给出下列关键术语的定义：
1. 消费者剩余
2. 生产扭曲损失
3. 消费扭曲损失
4. 贸易条件改善所得
5. 有效保护率
6. 配额租金
7. 自愿出口限制

复习题

1. 表 9-1 为不同价格下本国对葡萄酒的供求状况，运用这些数据构建本国对葡萄酒的进口需求曲线。（注意，本国的进口需求是本国消费者需求量超过本国生产者供给量的数额。）

表 9 - 1

葡萄酒（美元/瓶）	需求（瓶）	供给（瓶）	本国的进口需求（瓶）
5	95	25	—
10	90	30	—
15	70	50	—
20	60	60	—

2. 假设本国想促进高清晰度平板电视机的发展，而等离子高清晰度平板电视机（HDTV）的当前价格很高，大概为 6 500 美元，而用于生产这类电视机的元件成本是 3 000 美元，且同类电视机的进口价格为 5 000 美元。

a. 运用幼稚工业论说明，如果本国制造商希望通过保护这些幼稚工业减少国外竞争，它们会提出什么要求？你会推荐从价税吗？如果会，从价税税率是多少？

b. 在这一税率水平下，本国高清晰度平板电视机的有效保护率是多少？

c. 谁将从该保护中受益，而谁又将受损？

3. 假设本国可以以每瓶 12 美元的世界价格从外国进口伏特加酒。图 9 - 1 描述了进口国的伏特加酒市场。

a. 见图 9 - 1，如果本国决定对伏特加酒的进口征收关税，进而使得国内伏特加酒价格上升至 15 美元/瓶，而外国的出口价格下降至 9 美元/瓶，那么征税将对本国的生产和消费产生什么影响？

b. 关税的收益和成本在消费者和生产者中如何分配？

c. 假设政府能够得到所有关税收入，计算政府从关税中得到的直接收入，并在图 9 - 1 中画出这个区域。

d. 假设伏特加酒的消费者游说反对这个贸易限制，而政府又不能改变立法，那么政府还有其他可行的政策选择吗？

e. 如果本国在世界市场上是小国，你对上述问题的回答会不会改变？

4. 假设本国每年以每台 6 000 美元的世界交易价格出口 50 台拖拉机。本国政府试图扩大本国拖拉机产业和出口，对拖拉机出口商提供每台 900 美元的特定出口补贴，从而导致国内拖拉机价格上升到每台 6 450 美元，而外国市场价格下降为每台 5 550 美元。图 9 - 2 描述了出口国的拖拉机市场。

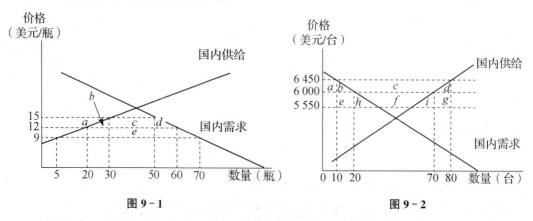

图 9 - 1　　　　　　　　　　　　图 9 - 2

a. 为什么本国市场上拖拉机的新价格没有充分反映出口补贴的作用？

b. 出口补贴如何影响本国的生产和出口？

c. 出口补贴对消费者剩余会产生什么影响？对生产者剩余以及政府收入呢？

d. 图 9 - 2 中哪些面积分别描述了消费者剩余、生产者剩余和政府收入？

e. 出口补贴对本国的贸易条件会产生什么影响？

5. 假设本国想通过对奶酪施加进口配额来保护该产业。我们可以看到，由于国际市场上奶酪的供给是高弹性的，这意味着本国在世界市场上是个小国（因为国际市场并不对本国行为变化做出反应）。假设奶酪的世界价格为 3.6 美元/磅，本国（担保或）支持的价格为 5.4 美元/磅，这就意味着在本国市场上出售奶酪的权利（即特许权）的价值是 1.8（＝5.4－3.6）美元/磅。图 9 - 3 描述了本国奶酪市场。

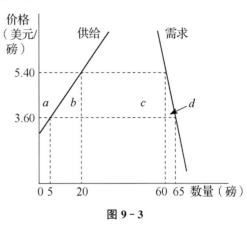

图 9 - 3

a. 比较自由贸易下与进口配额下奶酪的进口。

b. 在图 9 - 3 中，哪些面积描述了本国市场上生产者剩余和消费者剩余的变化？

c. 实施配额和关税的不同之处在于，进口配额下配额收益是由进口特许权的持有者获得的。在图 9 - 3 中画出配额租金的价值。

d. 这个贸易政策是否会对贸易条件产生影响？你的答案是取决于配额，还是取决于其他一些因素？

教科书中习题的答案

1. 从国内需求方程中减去国内供给方程，就可以得出进口需求方程 MD。由此得出 $MD＝80－40×P$。在没有贸易的情况下，国内价格和数量的调整使得进口需求为 0，因此，在没有贸易的情况下价格为 2。

2. a. 外国的出口供给曲线为 $XS＝－40＋40×P$，在没有贸易的情况下，价格为 1。

b. 当贸易发生时，出口供给等于进口需求，即 $XS＝MD$。因此，利用问题 1 和 2a 的公式可得 $P＝1.50$，贸易量为 20，见图 9 - 4。

3. a. 新的 MD 曲线是 $80－40×(P＋t)$，其中 t 是从量关税率，等于 0.5。在解决这些问题时，应该注意征收从量关税还是从价关税。如果是从价关税，MD 方

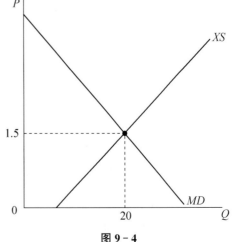

图 9 - 4

程将表达成 $MD=80-40\times(1+t)P$，外国的出口供给曲线不变。

$MD=XS$

$80-40\times(P+0.5)=40P-40$

$80-20-40P=40P-40$

$80P=100$

$P^{世界}=1.25$

$P^{本国}=P^{世界}+t=1.25+0.5=1.75$

$贸易=MD=XS=40\times1.25-40=10$

$D^{本国}=100-(20\times1.75)=65$

$S^{本国}=20+(20\times1.75)=55$

$D^{外国}=80-(20\times1.25)=55$

$S^{外国}=40+(20\times1.25)=65$

b 和 c. 本国的福利最好用如图 9-5 所示的数字和图形的综合解决方案来解决。

图中的面积计算如下：

面积 a：$55\times(1.75-1.50)-0.5\times(55-50)\times(1.75-1.50)=13.125$。

面积 b：$0.5\times(55-50)\times(1.75-1.50)=0.625$。

面积 c：$(65-55)\times(1.75-1.50)=2.50$。

面积 d：$0.5\times(70-65)\times(1.75-1.50)=0.625$。

面积 e：$(65-55)\times(1.50-1.25)=2.50$。

消费者剩余变化：$-(a+b+c+d)=-16.875$。生产者剩余变化：$a=13.125$。政府收入变化：$c+e=5$。贸易条件改善所得 e 超过效率损失 $b+d$。（注：在计算 a、b 和 d 的面积时，出现了数字 0.5。这是因为在测量一个三角形的面积时，它等于底×高÷2。）

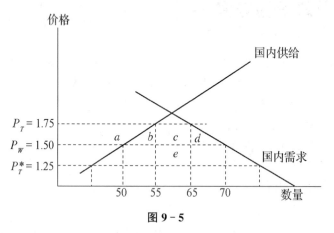

图 9-5

4. 使用与问题 3 相同的解决方法，当本国相对于外国较小时，它对贸易条件的影响会小得多。小国更有可能因其征收关税而受到损失。事实上，这一直觉在这个问题中得到了体现。自由贸易均衡价格现在是 1.09，贸易量现在是 36.40。

在本国征收 0.5 的关税后，新的世界价格为 1.045，国内价格为 1.545，国内需求为 69.10，供给为 50.90，贸易量为 18.20。当国内规模相对较小时，关税对世界价格的影响小于当国内规模相对较大时。当国内外的规模接近时，国内 0.5 的关税使世界价格降低 25%，而在这种情况下，同样的关税使世界价格降低约 5%。现在国内的价格比本国相对大的时候更接近自由贸易价格加 t。在这种情况下，政府从关税中获得的收入等于 9.10，消费者剩余损失为 33.51，而生产者剩余收益为 21.089。与关税有关的扭曲损失（面积 $b+d$）总和为 4.14，贸易条件收益（e）为 0.819。显然，在这个小国的例子中，关税带来的扭曲损失吞噬了贸易条件收益。通常的教训是，经济规模越小，关税带来的损失越大，因为贸易条件改善所得越小。

5. 有效保护率被定义为 $(V_t-V_w)/V_w$，其中 V_t 是保护下的增加值，V_w 是自由贸易下的增加值。增加值被定义为最终产品的价格和零部件价格之间的差额。所以，$V_w=200-100=100$（美元）。如果对自行车征收 50% 的关税（而对零部件征收零关税），$V_t=(200×1.5)-100=300-100=200$（美元）。因此，有效保护率 $=(200-100)/100=100\%$。

6. 有效保护率考虑到了进口中间产品的成本。在这里，55% 的成本为进口中间产品的成本，这表明在没有扭曲的情况下，本国增加值将是 45%。但是，如果乙醇的价格上涨 15%，意味着本国的增加值可能高达 60%（自由贸易下的本国增加值 45%＋乙醇价格上涨 15%）。有效保护率 $=(V_t-V_w)/V_w$，其中 V_t 是有贸易政策时的增加值，V_w 是没有贸易扭曲时的增加值。在这种情况下，有效保护率为 $(60-45)/45=33\%$。

7. 首先使用外国的出口供给曲线和本国的进口需求曲线来确定新的世界价格。在外国每单位补贴 0.5 的情况下，外国的出口供给曲线变成 $XS=-40+40×(1+0.5)×P$。世界均衡价格是 1.2，外国的内部价格是 1.8。贸易量为 32。外国的需求曲线和供给曲线被用来确定补贴的成本和收益。构建一个与书中类似的图表，并计算出各多边形的面积。政府必须提供 $(1.8-1.2)×32=19.2$ 单位的产出来支持补贴。外国生产者剩余由于补贴而增加了 15.3 单位产出。外国消费者剩余由于价格上涨而减少了 7.5 单位商品。因此，由于补贴，外国的净损失是 $7.5+19.2-15.3=11.4$ 单位产出。由于补贴，本国消费者和生产者面临的内部价格为 1.2。国内消费者剩余上升了 $70×0.3+0.5×(6×0.3)=21.9$，而国内生产者剩余下降了 $44×0.3+0.5×(6×0.3)=14.1$，净收益为 7.8 单位产出。

8. a. 错误。失业及劳动力市场问题与经济周期的关系比与关税政策的关系更大。经验估计表明，通过关税节省的工作岗位的社会成本过高，关税实际上可能会增加不受保护行业的失业。

   b. 错误。事实恰恰相反，因为大国的关税实际上可以降低世界价格，这有助于抵消其对消费者的影响。

   c. 错误。这种政策可能会减少墨西哥的汽车生产，但也会提高美国的汽车价格，并会导致与任何配额相关的同样的福利损失。

9. 艾瑟瑞马以每袋 10 美元的价格进口了 200 袋花生。见图 9-6，将花生的进口量限制在 50 袋的配额有以下影响：

   a. 设 $MD=50$，求配额后的价格：$350-15P=50$。花生的价格上升到每袋 20 美元。

   b. 配额租金为 $(20-10)×50=500$（美元）。

   c. 消费扭曲损失是 $0.5×100×10=500$（美元）。

d. 生产扭曲损失是 $0.5 \times 50 \times 10 = 250$（美元）。

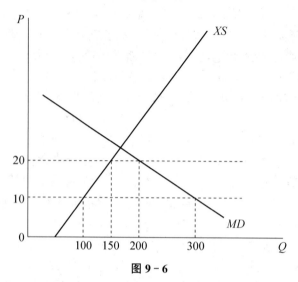

图 9 - 6

10. 其原因主要是这些政策的好处归于一小部分人，而成本则分散在许多人身上。因此，那些受益者更关心这些政策。这些与贸易政策相关的典型的政治经济问题在农业中可能更加难以解决，因为在农业中，农民和农业社区有长期的文化渊源，并希望保持他们的生活方式，使利益比通常情况下更加根深蒂固。

11. 它将改善经济内部的收入分配，因为制造业的工资会增加，而经济中其他人的实际收入会因为制成品价格的提高而减少。只有在假设制造业的工资低于经济中其他所有行业工资的情况下，这才是成立的。如果制造业的工资高于经济中的其他部门，关税政策将使收入分配恶化。

第10章 贸易政策中的政治经济学

主要内容

　　到目前为止提出的模型普遍表明，自由贸易使国家福利最大化，尽管它显然与收入分配效应有关。然而，大多数政府维持着某种形式的限制性贸易惯例。本章探讨了其原因。一组原因涉及限制性贸易做法提高国家福利的情况。另一组原因关注政府衡量不同群体利益的方式。本章最后讨论了国际贸易谈判的动机，并简要介绍了国际贸易协定。

　　支持自由贸易的政治依据中反复出现的一个主题是强调相关的效率收益。正如本书中的消费者或生产者剩余分析所示，自由贸易下出现的非历史性生产和消费选择为消除保护主义提供了一组收益。由于生产的规模经济，另一个水平的效率收益提高了。

　　本章介绍了自由贸易的另外两个论点。与"有管理的贸易"相反，自由贸易提供了更广泛的机会，从而扩大了创新的范围。关税的使用以及增加国家福利的补贴（例如大国使用最优关税）即使在理论上是可取的，在实践中也可能只会促进有特殊利益的事业，而牺牲公众利益。当涉及配额等数量限制时，公司花费资源从配额许可证中获得利益的寻租行为可能会扭曲行为，造成经济浪费。

　　接下来，考虑一些支持限制性贸易惯例的论点。保护主义对增加整体国家福利的论点有自己的解释。大国实施最优关税或最优（负）补贴以影响其贸易条件的成功，取决于外国没有报复。另一组论点是市场失灵的存在。例如，正如沿着生产可能性边界的运动所表明的那样，劳动力不可能轻易地在经济部门之间重新分配，那么贸易政策的分配效应将有很大不同。

　　保护主义政策的其他支持者认为，福利分析的关键工具是不充分的，这些工具运用需求和供给措施来阐释社会和私人成本及收益。他们认为，当社会和私人成本或收益出现分歧时，关税可能会改善福利。然而，总的来说，最好是设计直接解决这些问题的政策，而不是通过关税间接解决，因为关税可能会产生负面影响。学生们可以通过指出关税就像税收和补贴的结合来更好地理解这个概念。目标明确的补贴或税收会导致社会和私人成本或收益的汇合。补贴和税收相结合的政策还有其他影响，限制了社会福利收益。实际的贸易政策往往与基本福利分析的规定不一致。其中一个原因是，决策者的社会核算框架与成本-收益分析所暗示的不匹配。例如，政策制定者可以应用"加权社会福利分析"，根据受影响的群体不同，对收益或损失进行不同的衡量。当然，在这种情况下，存在着谁设定权重以及基于什么标准的问题。此外，贸易政策可能最终被用作收入再分配的工具。效率低下的行业受到保护也许只能维持现状。事实上，理论上可以将关税设定在足以限制产品贸易的水平。

最优理论贸易政策和实际贸易政策之间的分歧也可能源于政策制定的方式。关税的收益是集中的，而其成本是分散的。组织良好的团体，其成员个人从贸易限制中获益匪浅，比规模更大、组织难度更大的团体更有机会影响贸易政策，后一类团体总体上损失更多，但成员个人几乎没有什么损失。

根据这些论点，概括地说，人们可以预期：在制造业方面具有强大比较优势的国家往往会保护农业，而在农业方面具有比较优势的国家往往会保护制造业。然而，对美国来说，这一论点没有得到保护模式的证实。它集中在四个不同的行业：汽车、钢铁、制糖和纺织。

从 20 世纪 30 年代中期到现在，国际谈判已导致相互削减关税。将相互减少的保护联系起来的谈判具有政治优势，可以使组织良好的团体相互对抗，而不是对抗组织不良的消费者。贸易谈判也有助于避免贸易战。这可以通过一个与贸易有关的囚徒困境的例子来说明。当每个代理人考虑到另一个代理人的决定时，利己主义可能不会带来最佳的社会结果。事实上，在书中的例子中，不协调的政策会导致最坏的结果，因为保护主义是各国单方面采取的最佳政策。谈判产生协调的自由贸易政策，并为每个国家带来最优结果。

本章最后简要介绍了国际贸易协定的历史。本章讨论了关贸总协定的管理规则，以及它作为走向更自由贸易的积极有效工具的未来表现所面临的真正威胁。此外，本章还回顾了乌拉圭回合的发展情况，包括世界贸易组织的成立和乌拉圭回合的经济影响。这一轮谈判值得注意的是《多种纤维协定》的逐步取消，这是一套针对纺织品贸易的关税和配额的规定。教科书中的表 10 - 2 估计，自 2002 年以来，纺织品贸易壁垒的逐步取消为美国节省了大约 120 亿美元。

本章还指出，最近的多边谈判（多哈回合谈判）失败了，主要是因为各方在农业补贴和贸易方面存在分歧。这令自由贸易支持者感到失望，因为这标志着主要的多边贸易回合首次未能达成实质性协议。然而，多哈回合谈判的失败可以部分归因于前几轮贸易谈判的成功。随着世界越来越接近自由贸易，进一步减少贸易壁垒的边际收益越来越小。教科书中的表 10 - 5 突出表明了这一点。它表明，即使在多哈回合最雄心勃勃的提案下，自由贸易的收益也仅占全球收入的 0.18% 左右。

多哈回合谈判失败的根源明显与未能制定《跨太平洋伙伴关系协定》(TPP) 相呼应。以前的贸易协定基本上消除了配额和关税等许多传统贸易壁垒。TPP 重点关注不太具体的贸易壁垒，如知识产权和投资者-国家争端解决。因此，在与批评意见相平衡的情况下，自由贸易的简单逻辑在倡导这项协议时呼声没有那么响亮。同样，英国退出欧盟（脱欧）与对自由贸易的担忧关系不大，而与另一个非关税贸易壁垒——劳动力流动——关系更大。多哈回合谈判、TPP 和脱欧的案例表明，阻碍完全自由贸易和全面经济一体化的剩余障碍将越来越难以消除。

关键术语

给出下列关键术语的定义：
1. 支持自由贸易效率的观点
2. 支持自由贸易的政治依据
3. 赞成关税的贸易条件改善论
4. 国内市场失灵
5. 次优理论
6. 最优关税
7. 世界贸易组织

复习题

1. 假设某小国生产汽车用于自己的消费和出口。这些汽车在世界市场上以 8 000 美元/辆的价格出售。

   a. 如果小国征收 25% 的从价税，对汽车价格会产生什么影响？

   b. 这与一个大国征收同样的关税会有什么不同？

   c. 小国的其他方面会受到这个关税的影响吗？

   d. 为什么美国贸易保护的成本相对于它的国民收入来说非常低？

2. 哪些类型的发展中国家会从富裕国家对其本国的农业补贴中获益？哪些类型的发展中国家会因此而受到损失？为什么？

3. 正如对小国征收关税一样，出口补贴会减少国内福利。但是在某种情况下，大国可能会因为征收关税而提高福利。大国的国内福利与关税的关系如图 10 - 1 所示。

   a. 在哪一点，关税税率的增加对国内福利有利？

   b. 给出你回答问题 3a 的直觉。

   c. 点 B 在图中有什么重要意义？

   d. 为什么大国不愿意使用最优关税税率，尽管这可以使得国内福利明显增加？

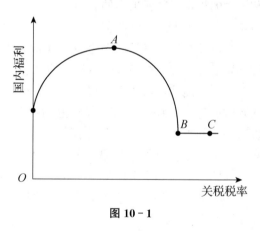

图 10 - 1

4. a. 国内市场失灵的存在和采取贸易政策之间有什么关系？

   b. 假设一国纺织品的生产带来了额外的边际社会收益的增加——创新，以及对其他产业的技术溢出。图 10 - 2 给出了一国的情况。如果这是一个小国，关税将对生产和消费产生什么影响？

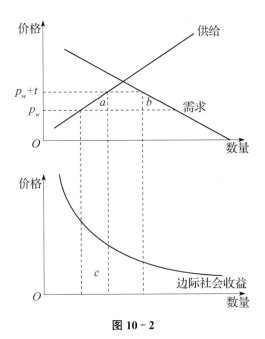

图 10 - 2

c. 标准贸易理论认为，关税会产生什么样的效率和福利效应？

d. 如果这个小国存在国内市场失灵，你对问题 4c 的回答有什么变化？为什么？

e. 如果用关税来矫正市场失灵是一种次优政策，那么最优政策是什么？

5. 在大多数情况下征收关税或者实施配额的小国不会使得总福利增加。

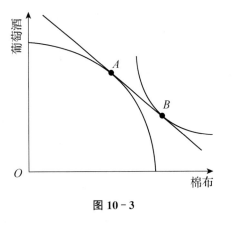

图 10 - 3

a. 讨论关税或者配额可能会对小国产生什么样的影响。

b. 假设世界市场上棉布的相对价格（相对于葡萄酒）为 $p_C/p_W = 1$。一国在点 A 生产，在点 B 消费。用图 10 - 3 说明一个如图所示的小国对棉布进口征收 100% 的从价税会产生什么影响。

6. 假设一个小国对棉布的需求和供给如表 10 - 1 所示。

表 10 - 1

价格（美元/单位）	棉布的供给（单位）	棉布的需求（单位）
2	20	100
3	40	80
4	60	60
5	80	40

在自由贸易时棉布的相对价格是 2 美元/单位。

a. 假设小国对棉布的进口征收 50% 的从价税。新的国内价格会对消费、生产和关税收入产生什么影响？

b. 本国供给曲线和需求曲线不同的弹性将如何影响你对问题 6a 的结论？

c. 棉布的禁止性税率是多少？

教科书中提要的答案

5. 如果《中美洲贸易协定》的主要作用是增加签署国对美国的服装出口，那么对美国经济的总体影响将相当温和。在 2004 年之前，《多种纤维协定》（MFA）对纺织品和服装实施了配额。因此，这些行业占美国保护主义福利成本的 80% 以上。然而，MFA 在 2004 年被逐步淘汰，最近的估计（见教科书表 10 - 2）表明，这些行业的保护福利成本仅为 5 亿美元。因此，通过《中美洲贸易协定》减少服装贸易壁垒的影响不大，因为自 MFA 结束以来，服装贸易一直相当自由。

6. 这种观点的主要问题是，它认为美国可以在真空中推行自己的贸易政策。其他国家制定的政策会对美国产生影响，正如美国的贸易政策会影响外国一样。因此，美国在其他国家的贸易政策中拥有合法利益，就像其他国家在美国的活动中拥有合法利益一样。不协调的贸易政策可能不如基于谈判的政策。通过相互谈判，各国政府能够更好地抵抗国内利益集团的压力，并避免教科书中如"囚徒困境"例子所示的那种贸易战。

9. 补贴稀土金属的国内生产的一个可能理由是保护贸易条件。由于 A 国主导这些金属的生产，它有足够的市场力量对这些金属征收出口税并提高世界价格（就像沙特阿拉伯对石油出口所做的那样）。这种权力的行使可能导致 A 国以牺牲世界其他国家的利益为代价获得福利。通过补贴国内生产，美国可以削弱 A 国的市场力量，降低稀土金属价格上涨的威胁。然而，A 国可以从出口税中受益的假设，需要假定其他行业不会有报复行为。如果 A 国对稀土金属征收出口税，如何阻止美国对来自 A 国的电子产品征收进口关税？因此，考虑到 A 国在该行业的市场力量，A 国征收出口税的威胁可能并没有人们想象的那么大。补贴国内生产的另一个潜在理由是，这样做是否会产生一些超出生产者私人利益的社会效益。也许开采这些金属会产生技术溢出效应，超过补贴国内生产的任何社会成本。当然，情况可能正好相反，鉴于开采这些金属对环境的巨大影响，国内生产的社会成本可能比社会效益高出一点。通常很难预先确定哪些行业会出现这种市场失灵，通过贸易政策进行间接干预可能不是解决这些市场失灵的最佳方式。

教科书中习题的答案

1. 在这个陈述中支持自由贸易的论据包括：

- 在成本和价格没有被政府政策扭曲的情况下，自由贸易可以使得消费者和生产者基于产品的边际成本和边际收益做出决策。
- 菲律宾是一个小国，所以它几乎不可能影响世界价格，也不可能通过贸易条件的改善实现福利的增加。

- "从狭窄的国内市场的束缚中解脱出来"使得企业可能因为生产中的规模经济而获利。
- 自由贸易为企业家开辟了一片全新的天地，为菲律宾出口商创造了机会，使其能够进入没有贸易就无法进入的市场。
- 特殊利益集团可能会为它们自己而不是大众的利益影响贸易政策的制定。自由贸易政策有助于减少腐败，当特殊利益者对公共政策施加不适当的或者不成比例的影响时就产生了腐败。

2. a. 这可能是关税的一个有效论据，因为它是基于假定的美国影响世界价格的能力，也就是说，它是最优关税论据的一个版本。如果美国担心未来世界价格上涨，它可以使用鼓励石油库存积累和最小化未来不利冲击可能性的政策。

   b. 大幅下降的价格使美国消费者受益，由于这些葡萄是淡季葡萄，与美国生产商的供应没有竞争，因此国内生产商没有遭受损害。没有理由保持奢侈品价格高昂。

   c. 由于出口补贴以及向农民出售商品和服务的人可能获得更高的收入，农民的收入增加是以牺牲消费者和纳税人的利益为代价的。除非存在国内市场失灵（例如产生正外部效应的补贴商品），否则出口补贴的成本总是超过收益。事实上，如果政策的目标是刺激相关商品和服务的需求，那么政策应该直接针对这些目标。

   d. 可能存在与国内半导体生产相关的外部经济。这可能是一个有效论据。但是，生产商保护半导体行业的收益必须始终与消费者和其他广泛使用芯片的行业的更高成本相权衡。目标明确的政策工具将是生产补贴。这具有直接应对与国内芯片生产相关的外部性的优势。

   e. 数以千计的购房者作为消费者（以及用木材建造房屋的工人）已经从廉价进口木材中受益。如果政策的目标是减轻对木材工人的打击，那么更有效的政策将是直接向木材工人付款，以帮助他们向不同行业过渡。

3. 在没有关税或补贴的情况下，我们经计算可得国内生产为 $S = 20 + (10 \times 10) = 120$，国内消费为 $D = 400 - (5 \times 10) = 350$，进口 230 单位产品。

   a. 为了分析关税的福利效应，为这个小国绘制一幅图是有帮助的，如图 10 - 4 所示。请注意，由于这是一个小国，关税不会影响世界价格，国内价格将按关税全额上涨，从 10 上升到 15。在征收关税后，国内生产将上升到 $S = 20 + (10 \times 15) = 170$，国内消费将降至 $D = 400 - (5 \times 15) = 325$，进口 155 单位产品。为了分析这一关税的福利效应，请考虑图 10 - 4。我们知道，由于这是一个小国，关税将导致净福利损失，因为生产者剩余和关税收入的收益小于消费者剩余的损失。阴影三角形代表了关税的净损失，代表由消费和生产扭曲造成的无谓损失。

   计算两个扭曲损失三角形得出 $\frac{1}{2} \times (5 \times 50) + \frac{1}{2} \times (5 \times 25) = 187.5$。针对关税带来的损失，我们必须考虑国内生产增加带来的社会收益。在征收关税之后，国内生产增加了 50 单位。每单位生产的边际社会收益为 10，因此增加生产的社会收益为 500。因此，关税对总福利的净影响为 $500 - 187.5 = 312.5$。

   b. 生产补贴将导致国内供给增加 $S = 20 + 10 \times (10 + 5) = 170$，与关税一样增加了 50 单位。然而，这个国家的国内价格不会改变，因此消费者不会因此而失去任何福利。相反，唯一的效率损失来自生产扭曲成本，即图 10 - 4 中左边的阴影三角形。

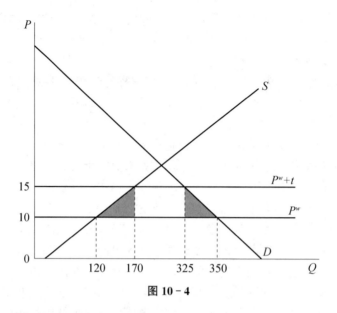

图 10 - 4

补贴的净损失为 $\frac{1}{2} \times (5 \times 50) = 125$，然而，国内生产的增加导致社会福利增加了 $50 \times 10 = 500$，导致净福利收益为 $500 - 125 = 375$。

c. 与进口关税相比，生产补贴是一项目标更明确的政策，因为它直接影响到反映社会和私人成本差异的决策，而不影响其他决策。关税具有生产补贴和消费税的双重功能。

d. 最优补贴（即每单位生产的补贴为 10）使得生产者能够充分内部化外部性。供给量将上升至 $S = 20 + 10 \times (10 + 10) = 220$。现在的生产扭曲为 $\frac{1}{2} \times (10 \times 100) = 500$，但增加 100 单位生产的总社会收益将为 $100 \times 10 = 1\,000$。净福利收益为 $1\,000 - 500 = 500$。

4. 参考 3a 中的图。从关税中获得的生产者剩余等于供给曲线右侧上界为价格 15、下界为价格 10 的区域。这个面积等于 725。政府关税收入是进口量的 5 倍，为 $5 \times 155 = 775$。最后，消费者剩余损失是指需求曲线右侧上界为价格 15、下界为价格 10 的区域。该面积为 $1\,687.5$。关税福利总额为 $725 + 775 - 1\,687.5 = 187.5$。然而，如果政府将每一美元生产者收益视为 3 美元消费者剩余，那么，从政府的角度来看，关税的净收益等于：

　　生产者剩余收益＝725
　　生产者剩余的政治收益＝725×3＝2 175
　　关税收入＝775
　　消费者剩余损失＝1 687.5
　　净福利收益＝1 987.5

5. a. 这将导致贸易转移，因为进口价值为 27 000 欧元（但实际成本为 18 000 欧元）的低成本日本汽车将被实际生产成本为 20 000 欧元的波兰汽车取代。

　 b. 在波兰加入欧盟之前，日本汽车没有进口，因为其进口价格为 36 000 欧元。因此，波兰加入欧盟将导致贸易创造，因为生产成本为 30 000 欧元的德国汽车将被成本仅为 20 000 欧元的波兰汽车取代。

c. 这将导致贸易转移，因为进口价值为 24 000 欧元（但实际成本为 12 000 欧元）的低成本日本汽车将被实际生产成本为 20 000 欧元的波兰汽车取代。

6. 正如其他国家在美国的活动中有合法利益一样，美国在其他国家的贸易政策中也有合法利益。原因是，不协调的贸易政策可能不如基于谈判的政策。通过相互谈判，各国政府能够更好地抵抗国内利益集团的压力，并避免教科书中如"囚徒困境"示例所示的那种贸易战。

7. 最优关税理论基于这样一种观点，即在一个大国，特定市场的关税（或配额）保护可以降低该商品的世界价格。因此，在（小额）关税的情况下，进口国的关税收入可能会抵销消费者较小的福利损失，因为关税本身使价格有所下降。基本上，大国可以通过降低世界价格让外国生产商支付部分关税。

8. 这不再是囚徒困境。正如本章所讨论的，保护主义措施本身就会减少福利。无论对方的战略如何，每个国家都有参与自由贸易的动机。只有在一个更复杂的动态博弈中，如果本国以实施制裁相威胁，贸易伙伴才会开放其市场（只有偶尔实施制裁，这些威胁才是可信的），我们才能找到任何提高福利的理由来使用关税。

9. 由于多方面原因，该观点可能是不适用的。一个原因是国内市场失灵观点。有关安全标准的信息缺乏将导致政府仅仅是禁止不安全的产品，而不是让消费者自己去选择是否承担选购不安全产品的风险。因此，美国禁止不安全 A 国产品的流入是符合常理的，因为美国本身就禁止生产不安全的产品。至于限制利用廉价劳动力生产的产品，可参见第 3 章中关于贫民劳动论和剥削的讨论。我们知道工资反映生产效率，因此，同一部门来自低工资国家工人生产的商品比美国的同类商品更具竞争力。进口这类商品可以提高美国人的生活水平，同时，外国工人的福利得以改善，而在自给自足情况下，外国工人获得的工资甚至要低于出口部门支付的"低"工资（相对于美国而言）。

第11章 发展中国家的贸易政策

主要内容

关于国际贸易的最后两章——第 11 章和第 12 章论述了特定环境下的贸易政策。第 11 章主要集中介绍了发展中国家贸易政策的实施，而第 12 章则集中关注了贸易政策中的新争议。

虽然发展中国家相互之间有很大的差别，但它们之间存在一些共同的政策问题，其中包括本国制造业的发展，国内发展的不平衡，在国际经济体系中促进经济增长和改善生活水平的愿望。本章论述了发展中国家采取的那些试图解决这些问题的成功或不成功的贸易政策战略。

许多发展中国家把建立重要的制造业部门作为经济发展过程中一个关键的战略性步骤。一种常见的保护制造业的观点是幼稚工业论（infant industry argument），即发展中国家在制造业上具有潜在的比较优势，只有通过最初的保护，这些制造业才能最终实现这种比较优势。该观点以假设市场失灵（market failure）为前提，这种失灵是以不完全资本市场的形式存在，或是以生产中的外部性的形式存在，这样的市场失灵会使得生产的社会回报高于私人回报。在这种情况下，企业将不能获得租金或者利润，而利润是与产品的生产或者工厂建立带来的福利贡献相对应的。这种观点认为，若没有政府的支持，对工业的投资将低于社会最优水平。

基于这些观点，许多国家都在努力培养它们的制造业部门。被扶持的产业能够替代进口商品（进口替代战略，import-substitution strategy），或者能够生产出口商品（出口促进战略，export-promotion strategy）。20 世纪 50—60 年代，进口替代战略非常流行，并导致了一些国家进口的严重下降。但总体而言，进口替代战略并不是一个成功的战略。幼稚工业论并不总是成立，因为保护虽然能够使幼稚工业存活，却不能提高它们的效率。截至 20 世纪 80 年代后期，大多数国家已经不再采用进口替代战略，本章案例分析中描述的墨西哥从进口替代转向更开放的战略正说明了这一点。

自 1985 年以来，许多发展中国家已经放弃了进口替代战略，并转而追求（或更为激进地寻求）贸易自由化。本章分析了这项转变的两方面。一方面，贸易额大幅上升且贸易特征发生了变化。相对于贸易自由化之前，发展中国家的出口量远远超过了它们的国内生产总值，而且制造业的出口量更是远远高于农业或者矿业的出口量。但同时这些国家经济增长的经验并不是普遍适用，很难分清这些国家的成功是由于贸易自由化还是由于与贸易自由化同时发生的改革。虽然像"亚洲四小龙"、中国和印度这样的经济体在贸易自由化后经历了惊人的增长率，但这种增长只能部分归功于贸易改革。此外，巴西和墨西哥等国也已迈向更自由的贸易道路，但其经济增长率并不相同。

关键术语

给出下列关键术语的定义：
1. 不完全资本市场
2. 进口替代工业化
3. 发展中国家
4. 无偿占用

复习题

1. a. 将传统的贸易理论作为发展中国家的指导性发展战略的缺陷是什么？
   b. 传统贸易理论的支持者会反对你的观点吗？
2. a. 讨论为什么国际贸易可能不是今天许多发展中国家寻找的"增长的引擎"。
   b. 讨论当发展中国家试图克服国际贸易中的困难时，它们会采取的一些方法。
3. 假设某发展中国家的生产和消费如图 11-1 所示。在贸易和经济增长之前，发展中国家的生产可能性边界由 TT 表示，生产和消费都在点 1 进行。贸易一旦开始，该国将以国际贸易条件 T_w 交换商品（葡萄酒和棉布）。当它转向生产棉布时，葡萄酒和棉布的消费上升至点 3，这代表本国达到一个更高的无差异水平，所以贸易可以使得发展中国家的境况变好。

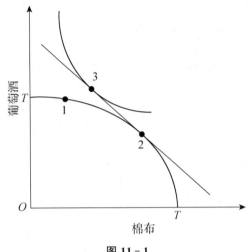

图 11 - 1

说明在开放贸易情况下，一个发展中国家在经济增长时境况是如何变坏的。讨论你的结果。

4. 通常，如果一国贸易对社会的影响很敏感，那么这个国家就会设立特别出口区，包括实施低税收、特殊投资规定以及其他可以激励外国投资和本地投资的措施。采取这种方法有什么危险？

5. 哪个贸易战略可能会让下述国家受益？从下面几个战略中选择：进口导向的工业化；出口导向的工业化；关注可能不包括制造业的比较优势。论证答案的准确性，说明这些国家一定要避免哪些政策缺陷。

   a. 一个大国，该国将很多自然资源投入一种产品的生产，而这种产品目前由国外垄断者生产。

   b. 一个有优良港口和高素质劳动力的小国。

   c. 一个风景优美、重视本土文化艺术甚于商业的国家。

6. 下列哪些国家有可能会采取一些高速发展的亚洲经济体使用的出口导向型政策？解释原因。

   a. 捷克。

   b. 印度。

   c. 马拉维。

7. 古典和新古典贸易理论认为，自由贸易可以使一个国家的资源得到最佳和经济高效的利用，因此，如果目标是最大限度地实现长期经济增长，这是一项最佳贸易政策。有人认为，韩国和新加坡等亚洲奇迹经济体的经验在现实世界中证实了这一论点。请解释。还有一些人认为，这些经济体的经验不能用来验证或支持上述论点。请解释。

教科书中习题的答案

1. 韩国、中国、新加坡、马来西亚、印度尼西亚等一系列国家是国际贸易的主要受益方。尽管这些国家各自的发展经历有所不同，且它们中的大多数在本地经济发展刚刚起步阶段都使用了某些保护本地幼稚工业的手段，但是当它们的工业在世界市场上变得有竞争力时，都在相当大程度上舍弃了贸易保护。关于它们的经历是否支持了幼稚工业论仍然是一个有争议的话题。但是，看上去，如果这些国家的政府不在刚开始时进行干预，实行贸易保护，通过出口导向实现经济增长将是十分困难的。

2. 美国在关税税率方面的历史贸易政策与 20 世纪发展中国家的贸易政策很相似。在 20 世纪 40 年代中期之前，美国的关税税率平均在 40％左右。这些税率实际上比 20 世纪后半叶所有发展中国家的税率都略高。

   也就是说，美国和发展中国家在保护主义贸易政策方面的经验截然不同。仅仅美国的关税税率与发展中国家相似，并不意味着这些国家之间的其他一切都是相似的。20 世纪初的美国比今天的许多发展中国家拥有更高水平的人力资本和更适合经济增长的制度环境。因此，即使没有（或可能尽管有）高关税，美国也会经历经济增长，这是有争议的。保护的明显成功代表了教材中所讨论的"假幼稚工业"案例。

3. a. 如果在贸易保护期间，社会的成本低于一个成熟的低成本行业的未来收益流，那么开始时对该行业进行高成本的保护便可以证明幼稚工业保护的合理性。

   b. 个别企业自身没有动力承担整个行业的发展成本，虽然这将会提高其他企业的福利。以技术独占形式表现的市场失灵的存在，充分说明了保护幼稚工业的重要性。

4. 这种分歧的一个解释是 1994 年《北美自由贸易协定》（NAFTA）。墨西哥靠近一个主要市场（美国），这放大了自由贸易的明显好处。加入《北美自由贸易协定》要求墨西哥的贸易自由化程度远远高于巴西。虽然巴西是南方共同市场的成员，但该共同市场在贸易自由化方面的作用远不及北美自由贸易区，参与者代表的出口市场利润也不如北美自由贸易区。因此，巴西认为贸易自由化的好处可能较小。

   此外，贸易自由化所带来的预期好处不一定在巴西得到体现，该国自 20 世纪 80 年代实行贸易自由化以来经济增长放缓。再者，有人认为，贸易自由化加剧了巴西的收入不平等。这种观点可能降低了巴西公众对自由贸易的兴趣。有趣的是，自由贸易也不一定会使墨西哥的经济增长更加强劲，尽管大多数经济学家认为增长乏力更多的是因为教育落后，而不是贸易自由化。

5. 在一些国家，幼稚工业论似乎运转不良。如果有根本上的原因说明一国无法在某一特定领域取得竞争优势，那么这种保护将不会创造一个有竞争力的制造业部门。在制造业尤为如此，很多低收入国家缺少能在世界市场上竞争的熟练劳动力、企业家以及精确的管理标准。该论点认为仅仅靠贸易政策是无法纠正这些问题的。规模经济对低成本制造者来说至关重要，所以如果制造业都建立在如此小的规模上，这将使得该行业缺乏竞争力。此外，不发达国家的保护主义政策还对社会生产的积极性产生了消极影响，这将导致"寻租"和腐败的滋生。

第12章 贸易政策中的争议

主要内容

尽管教科书中已经论述了自由贸易政策的种种好处，但本章提出了贸易政策中挑战自由贸易的两个争议。第一个争议是关于战略性或积极的贸易政策。提倡政府对贸易进行积极干预的学者认为，某些产业本身是极具吸引力的，却存在市场融资不足或不完全竞争等问题，所以政府应当进行干预。第二个争议则是针对全球化对工人、环境和主权的影响。尽管反全球化的观点通常缺乏合理结构，但从直觉来看，这些观点至少说明了贸易的扩展的确对一些集团造成了巨大影响。

我们从前几章中看到，如果存在市场失灵，那么采用积极的贸易政策就是合理的。市场失灵的一种重要类型是在高技术产业中因技术创造而导致的外部性。与研发和高技术相关的外部性的存在会使得投资这些活动的私人收益小于整体社会收益，从而意味着私人部门对这些高技术部门的投资量会小于社会最优投资量。尽管此时政府可以进行干预，但是如何确定合适的行业，以及弄清究竟存在多大规模的外部性等困难却使得政府干预难以有效。为了解决知识创造不充分导致的市场失灵问题，政府的最优政策是在所有产业中都直接支持研发。另外，虽然政策是由政府自行决定的，但产业政策中对技术外溢进行干预一直是实施积极产业政策中呼声最高的。

一个产业若存在不完全竞争，则会导致其他一系列市场失灵问题。政府的战略性贸易政策能降低外国企业的投资和生产并增加国内企业的利润。例如，对一个不完全竞争的产业进行补贴会导致该产业利润的增加超过补贴的成本。尽管从理论上看战略性贸易政策的观点是正确的，但实际上对选择哪些行业进行补贴以及补贴多少还存在争议。这些批评还包括信息不充分以及存在外国报复的威胁等问题。本章案例分析说明了，那些试图推动芯片行业发展的看似完美的积极贸易政策，并不一定会实现超额回报或知识外溢。

本章分析了 20 世纪 90 年代后期达到高峰的反全球化运动，着重论述了发展中国家的低工资和恶劣的工作条件。标准模型结论指出，贸易应该帮助贫穷的国家，尤其是应该帮助这些国家的充裕要素（劳动力）。但是，在西雅图，由于遭到抗议，WTO 谈判不得不中途停止，随后在其他地区也举行了不同程度的游行，这些都说明了抗议者要么不理解、要么不同意这一分析结果。

对穷国低工资的担忧是对第 2 章论点的修正。本章的分析再次表明，贸易应该有助于提高所有工人的购买力。如果有人受到损害，那就是劳动力稀缺国家的工人。穷国出口部门的低工资比没有出口导向型制造业的低工资要高，尽管这些工人的状况可能比以前更加明显，但这并没有使境况变得更糟。实际上，政策上的问题是劳工标准是否应该成为贸易协定的一部分。尽管这些标准可能在某些方面与国内最低工资起到类似的作用，但是发展中国家担心此类标准会被当作保护主义工具。关于 2013 年孟加拉国一家服装厂倒闭的案例研究强调了这个矛盾。如果孟加拉国必须将劳工标准提高到富裕国家的标准，那么它的服装业就不会具有全球竞争力。虽然按富裕国家的标准，孟加拉国服装工人工资很低，但收入高于非出口部门的工人。一个潜在的解决方案是，富裕国家的消费者支付更多的费用来购买经证明是按照改进的劳工标准生产的产品，从而为穷国的生产者提供提高劳工标准的手段和动力。

反全球化抗议者在他们的事业中绝非团结一致。还有人强烈担心发展中国家的出口制造业对环境有害。同样，问题是这些关切是否应该通过将环境标准与贸易谈判挂钩来解决，而悬而未决的问题是，这是否可以在不破坏发展中国家出口产业的情况下实现。

全球化提出了文化独立和国家主权问题。具体而言，许多国家对世界贸易组织推翻看似不属于贸易限制但却具有贸易影响的法律的能力感到不安。这一点凸显出，在消除了贸易关税或配额的明显障碍，但仍需改革有关行业促进或劳工和环境标准的国家政策的情况下，推进贸易自由化的困难。

本章还探讨了贸易与环境之间的联系。一般来说，生产和消费会造成环境破坏。然而，随着一个国家人均 GDP 的增长，国家变得足够富裕，它将开始保护环境，所造成的环境破坏会先增加后减少。由于贸易提高了一些国家的收入，这可能对环境有害，但更主要的是因为贸易使穷国变得更加富裕，这是一件好事。理论上，人们可能担心"污染避难地"，即环境标准低的国家会吸引"肮脏"行业。迄今为止，这一现象的证据相对较少。此外，这些地区的污染往往是局部性的，因此最好由国家政策而不是国际政策决定。跨国污染的一个例子是温室气体，本章讨论了美国国会目前正在辩论的总量管制与交易制度。这项旨在减少碳排放的政策的一部分是对来自没有自己碳税的国家的进口产品征收"碳关税"。支持者认为，为了防止生产转移到污染避难地并降低碳排放的总体水平，这些关税是必要的，而反对者则认为这些关税只是伪装成环境监管的保护主义。

本章最后讨论了一项新的研究，该研究考察了自 1991 年以来中国对美国出口的快速增长的影响。尽管贸易的好处可能大于成本，但这些成本集中在特定行业和特定社区。行业往往在地理上集中（利用外部规模经济），因此当行业因贸易而崩溃时，损失严重集中在某些社区。美国工人不愿离开经济不景气地区，这加剧了这些损失。这些集中的贸易损失可能有助于解释保护主义政治运动最近取得的成功。

关键术语

给出下列关键术语的定义：

1. 外部性
2. 超额收益
3. 战略性贸易政策
4. 以邻为壑的政策
5. 布兰德-斯潘塞分析
6. 碳关税
7. 环境库兹涅茨曲线

复习题

1. 战略性贸易政策包括政府鼓励将资源转向经济中某个特定部门的政策。因为一国可得的资源是有限的，这就意味着特定部门的扩张是以其他部门的萎缩为代价的。

   a. 市场失灵的存在对于战略性贸易政策的形成有什么意义？

   b. 当政府选定特定部门时，最容易犯的错误是什么？

   c. 美国应该把被其他国家选为促进产业的产业作为战略性贸易政策的目标并加以鼓励吗？为什么？

2. 与发达国家相比，发展中国家在劳动力、资本和最终产品市场上，市场失灵更为普遍。事实上，在许多工业化国家，市场失灵难以存在。

   a. 讨论同时与工业化国家和战略性贸易政策的形成相关的市场失灵类型。

   b. 讨论高技术部门中与研发相关的知识创造的意义。

3. 与互联网相关的行业的显著增长以及美国在这个产业中的成功等例子是如何反驳目标产业政策和战略性贸易政策的？

4. 如果美国禁止进口由不符合美国环保标准的工厂生产的计算机，这会违反 WTO 规则吗？如果现在只要求美国公司达到这些标准，结果又怎样？这些问题如何与对主权或环境相关的抗议联系起来？

5. 谁将从低工资国家更加严格的劳工标准中获益？分别考虑下列集团：发达国家的工人、发达国家的消费者、发展中国家的工人、发展中国家的消费者。

6. 在什么情况下贸易增长会破坏环境？中国和美国之间贸易壁垒的减少会对环境产生负面影响吗？美国与韩国贸易壁垒的减少对环境将造成什么样的影响？

教科书中习题的答案

1. 主要的不利后果是它会导致寻租和以邻为壑的政策，即以牺牲别国利益为代价增加本国利益。即使某个国家在没有遭到报复的情况下境况可能会变好，这种政策也很容易引发贸易战，从而使每个国家的利益都受到损害。采用战略性贸易政策是十分危险的，因为这样会引起别国的报复，而且从长期来看，会使得每个国家的境况变坏。

2. 美国政府应该补贴国内自动驾驶汽车产业的主张取决于这种保护的好处最终超过了成本。如果自动驾驶汽车产业以超额回报为特征，不完全竞争最终会造成这样一种情况，即政府对美国自动驾驶汽车产业的支持将为美国公司带来市场力量，其产生的回报将超过该产业初期的支持成本。虽然这是可能的，但半导体产业的经验表明，即使外部性和技术溢出效应证明支持是合理的，政府支持可能也并不总是有保证的。20 世纪 70 年代末，日本支持了日本国内半导体产业的发展。虽然日本产业确实发展壮大了，占据了半导体市场的很大份额，但尚不清楚这在多大程度上是由政府政策造成的（日本可能在这一产业拥有天然的比较优势）。此外，日本在半导体领域的主导地位似乎并没有产生政府支持所需的技术溢出或超额回报。鉴于这种经验，目前尚不清楚美国政府支持国内自动驾驶汽车产业是否会产生超过成本的回报。

3. 与适用于特定产业的研究带来的结果相比，基础研究带来的结果可能被更大范围的企业和产业无偿占用。日本的基础研究对美国的好处将超过对日本产业中特定问题的研究带来的好处。特定应用研究也许只能让日本的一个公司受益，比如，对市场本身可以提供融资支持的活动进行补贴。而基础研究则会超越产业界限使许多公司受益，但在基础知识的推进过程中会面临市场失灵和外部性等问题。

4. 若其他国家的公司在国内公司进入市场时不生产，则补贴是有效的。如教科书中的表 12-1 和表 12-2 所示，补贴可能会对进入构成可信的威胁，并阻碍其他公司的生产：补贴鼓励空客生产，波音不生产。然而，如果表中的数字不正确，即使空客获得补贴并进入市场，波音仍将继续生产（可能是因为波音是效率相对较高的生产商），那么对空客的补贴将为欧洲带来净成本。另一个关键假设是，补贴不会增加本国消费者的成本。如果是这样的话，那么我们就需要将这一损失与从获取外国利润中获得的收益考虑在内。

5. 标签保证了产品是由支付"公平"工资的劳动力生产的，这与对低工资出口产品征收关税不同。有了产品标签，发达国家的消费者就可以选择是否为高工资出口产品支付多一点费用，而不是为低工资出口产品支付多一点费用。如果消费者更喜欢高工资出口产品，那么发展中国家的公司就有动机向其工人支付更多的工资，从而改善低工资工人的福利。如果它们做到了，那么它们就可以获得"公平工资"的标签，从而获得更多收入和潜在的更高利润。相比之下，对低工资出口产品征收关税将减少对低工资出口国的出口产品的需求，从而减少对低工资出口国的劳动力的需求。这样的关税将降低这些国家低工资工人的福利。

6. 在环境问题上，对世界贸易组织的主要批评是，世界贸易组织拒绝向各国强加环境标准，而是不允许各国歧视与国内生产的货物标准不同的进口货物。在某些方面，那些反对全球化的人宁愿看到世界贸易组织拥有比实际声称的更多的权力，如实施环境法以及解决贸易争端的权力。然而，在某种意义上，世界贸易组织确实通过迫使成员对进口货物和国内生产的货物适用相同的标准来干预成员的环境问题。

7. 法国人可能会将积极的民族主义文化政策作为一项经济或战略性贸易政策，因为文化活动，如艺术、音乐、时尚和烹饪，与法国其他主要产业相联系。事实上，时尚业与庞大的纺织业、零售业和广告服务业息息相关。有人可能会说，时尚、艺术和音乐的推广将有利于旅游业和法国经济中的这些大型战略性贸易部门。然而，文化部门没有明确记录市场失灵的存在，除非存在其他不太明显的外部效应。此外，从经济角度来看，文化推广并不是支持大型产业的最佳途径。

8. 假设在一个征收增值税的国家没有进口关税。这将激励国内公司将其产品定位在国外，并将其产品出口到该国，以避免增值税。因此，必须对进口产品征收关税，以保持国内生产的货物和进口货物之间的相对价格不变。同样，碳关税的实施是为了防止国内公司将其生产转移到环境法规宽松的污染天堂。通过对进口产品征收碳关税，这一激励效果将被削弱，总体污染水平（在处理碳排放等跨界污染时尤其重要）将降低。对这一关税的反对意见是，它可能会在国内和国外商品间形成歧视。如果外国公司减少碳排放的成本比国内公司高，从而给国内公司带来人为优势，这种情况将成立。

9. 奥特等人的论文发现，贸易损失往往是地理集中的。行业往往在地理上集聚，因此，如果一个行业因贸易而崩溃，这些损失将是局部的。这个行业的失业不仅会让失业者感到痛苦，也会让依赖这些行业工人消费的当地经济感到痛苦。例如，如果一家工厂倒闭，失业的工厂工人外出就餐的次数就会减少，购买新家电的次数也会减少，等等。因此，餐馆、零售店等的劳动力需求就会减少。这一结果与通常的贸易模式并不矛盾，即一个行业的失业被其他行业的收益抵消。然而，收益和损失不会发生在同一个地方。虽然那些在一个行业失去工作的人有可能转移到一个不断增长的行业中，但这将要求他们不仅要获得这个不断增长的行业所需的技能，而且要实际转移到一处新的地点。

第 **3** 篇

汇率与开放经济的宏观经济学

第13章 国民收入核算与国际收支平衡

▨ 主要内容

　　本章引入了教科书中的国际宏观经济学部分。本章首先简要讨论了国际宏观经济学的重点。你可能想将国际贸易中研究的主题类型（如贸易模式和贸易收益的决定因素）与国际金融中研究的问题（包括失业、储蓄、贸易失衡、货币和价格水平）进行对比。然后，你可以"预览"本部分课程中教授的理论，以便更好地理解重要而及时的问题，如美国贸易逆差、国际经济协调经验、欧洲经济和货币联盟以及亚洲发展中国家和其他发展中国家的金融危机。

　　本章的核心是介绍国民收入核算理论和国际收支核算理论。当你需要理解诸如经常账户的跨期性质或为外债融资需要净出口收入的方式等概念时，对这些主题的扎实理解在本课程的其他部分被证明是有用的。你会在之前的经济学课程中接触到一些封闭经济国民收入核算理论。你可能想强调，国民生产总值可以被视为最终产品和服务的支出总额，或者是对国内生产要素的支付总额。你可能还认为，将国民生产总值划分为不同类型的支出，使我们能够专注于消费、投资、政府支出和净出口的不同决定因素。

　　应强调经常账户、储蓄、投资和政府预算赤字之间的关系。将个人的净储蓄与国家的净储蓄进行类比可能有助于加强经常账户作为经济体净储蓄的概念。扩展这个类比，你可以比较许多学生在大学期间获得人力资本的净损失，以及一个经常账户赤字国家为积累资本存量而产生的净损失。你可能还想将反映大量投资的经常账户赤字与反映大量消费的经常账户亏损进行对比，以表明所有经常账户赤字都不相同，也不需要同样的关注。国际收支核算对学生来说是一门新课程。教科书强调了国际收支会计的复式簿记方面。2015 年美国国际收支账户提供了这些账户的具体例子。

　　请注意，本书使用了新的经常/金融/资本账户定义。旧的资本账户现在是金融账户。除了单边资产转移（债务免除或移民转移财富）现在被纳入新的资本账户之外，经常账户是相同的。贷项和借项的标记方式相同；如果货币流入一个国家，那就是信用。克里斯托弗·巴赫的文章描述了 1982—1998 年的变化以及修正评估（见后面的参考文献）。这些变化是与国际货币基金组织的新标准相结合的。这些新标准的描述可以在后面的参考文献中列出的《当前业务调查》（*Survey of Current Business*）文章中找到。

　　本章还讨论了官方储备交易。你可能想强调，从经常账户融资的角度来看，这些官方资本流动与其他金融流动发挥着相同的作用。你还可以简要地提到，中央银行的外国资产交易还涉及其他宏观经济问题。第 18 章将详细讨论这些影响。

　　本章以一个案例研究结尾，研究了美国的外国资产和负债。本章对美国国际投资头寸的不同组成部分进行了细分。特别重要的是，尽管美国是世界上最大的债务国，但美国的债务相对于美国 GDP 的比例却大大低于许多其他国家。本章还讨论了一个国家的外债价值如何受到汇率变化的影响，这是对下一章有关汇率和资产市场的理论的一个很好的铺垫。

关键术语

给出下列关键术语的定义：

1. 国内生产总值
2. 国际收支核算
3. 国民储蓄
4. 官方国际储备
5. 金融账户
6. 资本账户

复习题

1. 填空。

  a. 对于封闭经济：

    ⅰ. 支出法：$Y=$ _____ $+$ _____ $+G$

    ⅱ. 收入法：$Y=$ _____ $+S^p+$ _____

    ⅰ 加 ⅱ 得：S^p- _____ $=G-$ _____

  b. 对于开放经济：

    ⅰ. 支出法：$Y=$ _____ $+$ _____ $+G+$ _____ $-IM$

    ⅱ. 收入法：$Y=$ _____ $+S^p+$ _____

    ⅲ. 经常账户定义：$CA=$ _____ $-$ _____

    加总 ⅰ、ⅱ 和 ⅲ 得：S^p- _____ $=G-$ _____ $+$ _____

2. 表 13-1 是一些虚拟国的储蓄、投资、政府预算余额和经常账户余额占国民生产总值的比重。

  a. 在表 13-1 中填空。

表 13-1

国家	S/GNP	I/GNP	$(G-T)/$GNP	CA/GNP
Oceania	0.22	0.20	0.02	_____
Armansk	_____	0.15	−0.01	0.08
Naboo	0.17	0.22	_____	−0.05
Klingon	0.21	_____	0.05	0.01

  b. 在图 13-1 中画出表示预算赤字等于经常账户赤字的线，并标出上述四个虚拟国相应值的点。你能从中看出预算赤字和经常账户赤字有什么联系吗？为什么？

图 13-1

c. 表 13-2 是一些国家的预算盈余（赤字）的数值以及经常账户盈余（赤字）的数值
（均为 2000 年数据，表示成 GNI 的百分比）。注：$G-T$ 是预算赤字，负值表示预
算盈余。请在图 13-2 中标出下面这些点。

表 13-2

国家	美国	墨西哥	南非	泰国	瑞典	爱尔兰
$(G-T)/\text{GNP}$	-2.6	1.3	1.9	2.3	-6.1	-3.6
CA/GNP	-4.5	-3.1	-0.3	7.6	2.9	-0.6

资料来源：IFS Annual 2001.

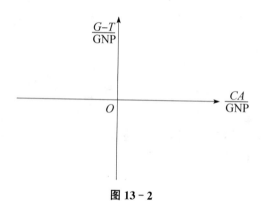

图 13-2

从这些国家预算赤字和经常账户赤字中，你能发现它们之间存在什么关系？为
什么？

3. 以下是虚拟国 Freedonia 的交易记录。请用这些记录完成表 13-3 的国际收支账户
（所有交易均以百万 Freedonia 国货币计）。

表 13-3

交易项目	金额
a. 将该国气球公司的股票卖给美国投资者	8
b. 向该国气球公司的意大利股东支付股利	9
c. 购买英国的茶叶	5
d. 购买美国的牛仔帽	8
e. 向比利时出售 Freedonia 雪茄	3

续表

交易项目	金额
f. 向日本投资者出售该国最大的酒店	14
g. 若干该国投资者购买 IBM 股票	10
h. 向瑞士出售该国竖琴	22
i. 购买加拿大的曲棍球杆	5
j. 德国游客在该国酒店的住宿费	3
k. 向英国出售该国的槌球棒	11
l. 该国中央银行购买欧元	18
m. 来自玻利维亚的外国援助	5
n. 购买阿根廷牛肉	4
o. 向美联储出售该国货币	8
p. 该国克莱斯勒的股东获得股利汇款	3
q. 购买日本汽车	12
r. 向澳大利亚出售袜子	6
s. 向英国人出售该国的一个大农场	2
t. 该国游客在以色列餐馆的餐费	1
u. 该国支付给越南的外国援助	1

Freedonia 国国际收支账户

经常账户

　1. 出口

　2. 商品

　3. 已收到的投资收入

　4. 进口

　5. 商品

　6. 支付的投资收入

　7. 净单边转移支付

　8. 经常账户余额

金融账户

　9. 该国在外国持有的资产

　10. 官方储备资产

　11. 其他资产

　12. 外国在该国持有的资产

　13. 官方储备资产

　14. 其他资产

　15. 金融账户余额

　16. 净错误与遗漏

4. 补全表 13 - 4。

表 13-4

GNP（总产出）	消费	投资	政府购买	出口	进口
135	100		5	20	30
	200	30	30	30	10
530	400	60		20	50
630	0	75	50	15	10
550	300	100	200		100
	600	200	40	20	60
975	800		75	150	200
680	500	80	300	100	
740		40	200	200	100

教科书中习题的答案

1. 如问题中所叙述的那样，为避免重复计算，GNP 核算方法只计算最终产品和服务。如果在 GNP 核算时减去中间的进口产品同时加上中间的出口产品，那么就不会发生重复计算问题。例如美国向丰田汽车公司和通用汽车公司出售钢铁，由于钢铁的价值已经包括在美国生产的汽车内，因此卖给通用汽车公司的钢铁就不得计入美国的 GNP。而卖给丰田汽车公司的钢铁也不计入美国最终的国民收入账户，因为丰田汽车公司生产的产品的价值要计入日本的 GNP。但是在日本的 GNP 中应减去这部分钢铁的价值，因为美国的生产商得到了这笔款项。

2. 式（13-2）可以写成 $CA=(Sp-I)+(T-G)$。更高的美国进口壁垒可能对私人储蓄、投资和预算赤字影响很小或没有影响。如果对这些变量没有影响，那么经常账户就不会随着关税或配额的实施而改善。不论对经常账户的影响是哪一种，都有相应的解释。例如，受关税保护的行业的投资可能会增加，从而使经常账户恶化。（事实上，关税有时是合理的，因为据称需要给处于困境的行业一个机会，使其工厂和设备现代化。）另外，由于关税，在面临更高的进口中间产品成本的行业的投资可能会下降。一般来说，永久性关税和临时性关税具有不同的影响。问题的关键在于，要预测政策影响经常账户的方式，需要进行一般均衡和宏观经济分析。

3. a. 美国人购买德国的股票应记入美国的金融账户借方。当美国人以瑞士银行账户的支票来支付该笔款项时，在美国的金融账户上相应地需要贷记此项，因为美国人在瑞士账户的余额减少了，且数量等于支票的数额。这是美国进行外国资产交易的例子。

   b. 美国人购买德国的股票应借记美国的金融账户。若德国股票的出售者把这张美元支票存入德国银行，也会发生相应的贷记项目。这家德国银行会将这笔钱贷给德国进口商（此时将贷记美国的经常账户）或购买美国资产的个人或公司（此时将贷记美国的金融账户）。最后，德国银行会采取一系列措施，使之能记入美国国际收支账户的贷方。

c. 韩国政府的外汇干预涉及出售一项美国资产，即它在美国持有的美元，因此代表美国金融账户中的一个借方项目。购买美元的韩国公民可以用美元购买美国商品，这将是美国的经常账户贷方，或者是美国的资产，这将成为美国的金融账户贷方。

d. 假设发行旅行支票的公司用其在法国银行的支票账户进行支付，那么该公司支付其在法国餐厅的餐费时，所付款项将记入美国经常账户的借方。如果这个发行旅行支票的公司必须卖出资产（即减少在法国的支票账户余额）来支付该款项，那么该公司所减少的这笔资产将记入美国金融账户的贷方。

e. 既然没有市场交易，也就无须在经常账户或金融账户中进行借记或贷记。

f. 这笔离岸交易不会记入美国的国际收支账户。

4. 购买电话录音器是纽约的经常账户借记、新泽西的经常账户贷记。当新泽西公司将钱存入其纽约银行时，纽约有一个金融账户贷记，新泽西有一个相应的借记。如果交易采用现金支付，那么相应的新泽西借方和纽约贷方也会出现在他们的金融账户中。新泽西州购买美元钞票（从纽约进口资产，因此在其金融账户中为借记项目）；纽约失去了美元（美元钞票的出口，因此为金融账户贷方）。请注意，最后一次调整与金本位制下的调整类似（见第 18 章）。

5. a. 因为帕丘尼亚国非中央银行资本的流入导致了 5 亿美元的经常账户赤字，所以该国的国际收支余额（官方结算余额）就是 −5 亿美元。这样，总的来看，该国需要为这 10 亿美元的经常账户赤字融资，相应地，该国的净国外资产就会减少 10 亿美元。

b. 研究帕丘尼亚国的外汇储备可以发现，该国的中央银行没有通过私人资本流入来为该国的经常账户赤字融资。只有当外国中央银行接受了该国的资产时，帕丘尼亚国才可能不需要使用 5 亿美元的储备来为经常账户融资。所以，该国中央银行的储备减少 5 亿美元，并以官方资本流入（同等数额）的形式记入国际收支账户。

c. 如果有 6 亿美元的外国官方资本流入帕丘尼亚国，那么该国中央银行的国外资产就会增加 1 亿美元。也就是说，本来该国只需要 10 亿美元就可以消除经常账户赤字，但现在流入了 11 亿美元（其中 5 亿美元来自私人部门、6 亿美元来自外国中央银行），此时该国中央银行就需要用这多出来的 1 亿美元购买外国资产来增加储备。国际收支余额仍然是 −5 亿美元，但这是由外国中央银行购买帕丘尼亚国资产的 6 亿美元和帕丘尼亚国中央银行购买外国资产的 1 亿美元组成，而不是该国出售的 5 亿美元资产。外国中央银行买入帕丘尼亚国资产在其国际收支账户内属于资本流出，所以需记入该账户借方，因为卖出资产的该国居民获得了外国中央银行的支付。

d. 加上非中央银行交易，帕丘尼亚国持有的外国官方储备资产一共增加了 6 亿美元（金融账户贷方，即流入该国），同时外国持有的帕丘尼亚国官方储备资产增加了 1 亿美元（金融账户借方，即流出该国）。

6. 从长远来看，经常账户赤字或盈余可能是不可持续的。在某些情况下，赤字可能是合理的，例如，为了提高明天的国民收入，今天借钱来提高生产能力。但是，对于经常账户赤字的任何时期，都必须有一个相应的时期，在该时期，支出低于收入（即经常账户盈余），以偿还对外国人产生的债务。在缺乏不同寻常的投资机会的情况下，一个经济体的最佳路径可能是消费相对于收入随着时间的推移变得平滑。

一国中央银行持有的外汇储备随着其官方结算余额的非零值而变化。中央银行利用其外汇储备影响汇率。外汇储备的枯竭可能会限制中央银行影响或钉住汇率的能力。对于一些国家（特别是发展中国家）来说，中央银行储备可能是一种重要的方式，在借入外债有困难时，它可以帮助经济体维持消费或投资。高水平的外汇储备也可能通过使潜在的外国贷款人相信该国的信誉而发挥信号作用。储备货币中心（如布雷顿森林体系下的美国）的国际收支产生的特殊问题最好推迟到第 19 章再讲。

7. 官方结算余额，也称国际收支余额，反映的是相对于外国政府机构持有的美元储备，美国政府机构（例如美联储、财政部等）持有的国际储备的净变化。该账户部分反映了对外汇市场的干预程度。例如，德国银行购买美元并将其存入伦敦的欧洲美元账户，尽管这一交易是外汇干预的一种形式，但是不会被记录在美国的官方结算余额内；而当伦敦银行将这笔款项存入其美国账户时，这笔交易将被视为私人资本流动。

8. 如果金融和资本账户盈余超过经常账户赤字，一个国家可能同时出现经常账户赤字和国际收支盈余。回想一下国际收支顺差等于经常账户顺差加上金融账户顺差再加上资本账户顺差。例如，如果经常账户赤字为 1 亿美元，但有大量资本流入，金融账户盈余为 1.02 亿美元，那么国际收支将有 200 万美元盈余。

   这个问题可以作为对外汇市场干预（或缺乏干预）的介绍，这一主题在第 18 章中有更详细的讨论。20 世纪 80 年代前半期，美国政府没有以任何明显的方式干预外汇市场。这种做法的"教科书"后果是国际收支为零，而实际数字显示 1982—1985 年间国际收支略有盈余。这些年也出现了巨额经常账户赤字。因此，1982—1985 年间流入美国的资金超过了当年的经常账户赤字

9. 如果资产和负债均支付 5%的利息，那么净外债的净支出将是 1.25%。尽管这个比重不算小，但也可能不会是一个太大的负担。用百分比来表示净外债占 GDP 的比重，设净外债为 GDP 的 100%，其中净支出为 5%。在这种情况下，这笔支出可能是对经济的巨大消耗。当债务的利息支出超过一国的经济增长额时，债务规模将是巨大的。

10. 美国在海外持有的资产的收益率大大高于外国在美国资产上的收入。其中一个原因是，大量外国资产都是低利率国库券。

11. 案例研究表明，美国的外国资产相当于 GDP 的 129%，外国负债相当于 GDP 的 148%。此外，70%的美国外国资产是外币，100%的美国外国负债是美元。从国外的角度来看，外国人持有的美国资产相当于美国 GDP 的 148%，这些资产都是美元。美元贬值 10%将使这些外国资产的价值减少 $0.1 \times 1 \times 1.48 \times 100\% = 14.8\%$。外国负债相当于 GDP 的 129%，但这些负债中只有 30%是美元。因此，美元贬值 10%将使外债减少 $0.1 \times 0.3 \times 1.29 \times 100\% = 3.9\%$。因此，美元贬值 10%的净效应是外国的净外国财富减少 10.9%。

12. 要纳入资本损益，必须将这些估值变化视为国民收入的一部分。因此，我们将式（13-1）改为：

$$Y = C + I + G + X - M + \text{"}GAIN\text{"}$$

其中，GAIN 定义为外国净资产的净资本收益。虽然这种调整将更直接地衡量外国净资产的变化，但它对衡量一个国家的收入并没有那么有用。未实现的收益不会显示为收

入，也不会为消费或投资提供资金，因此，将其计入经常账户会产生误导。此外，由于难以进行这些测量，因此才没有这么做。许多投资没有明确的市场价格，难以估价。

13. 通过搜集 1976－2015 年期间美国国际投资头寸和名义 GDP 的数据，我们可以生成图 13－3。

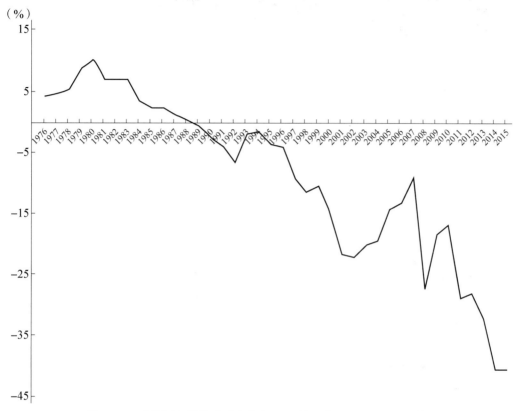

图 13 - 3　美国国际投资头寸占名义 GDP 的百分比，1976—2015 年

由于美国经常账户自 1980 年以来一直为负值，因此自 1980 年起美国国际投资头寸一直在下降也就不足为奇了。为了弥补经常账户赤字，一个国家必须从国外借款。因此，若一个国家每年都有经常账户赤字，其国际债务就会增加。尽管美国外国资产和负债的价值可能随着美元价值的波动而逐年变化，但美国经常账户赤字每年的债务总额都在增加。这幅图中唯一令人惊讶的是，美国能够维持经常账户赤字的时间还有多久。

参考文献

［1］Christopher Bach. "U. S. International Transactions，Revised Estimates for 1982－1998." *Survey of Current Business* 79（July 1999），pp. 60-74.

［2］"The International Monetary Fund's New Standards for Economic Statistics." *Survey of Current Business* 76（October 1996），pp. 37-47.

第14章 汇率与外汇市场：一种资产方法

章节构成

■ 主要内容

本章旨在说明汇率在将国外价格转换为国内价值中的重要性，并开始介绍汇率决定。探讨汇率决定的核心是认识到汇率是以与其他资产价格相同的方式决定的。本章首先描述了不同国家商品的相对价格如何受到汇率变化的影响。这一讨论说明了汇率对跨境经济联系的核心重要性。汇率水平的确定是在汇率作为外币和本币相对价格的情况下，使用未发现的利率平价关系进行建模的。

在例子中经常使用欧元。一些学生可能不熟悉货币或不知道哪些国家使用哪种货币；可能有必要进行简短的讨论。第 21 章将对欧洲货币联盟和货币统一的理论进行全面论述。

对外汇市场的描述强调了大型组织（商业银行、公司、非银行金融机构和中央银行）的参与以及市场的高度集成性。外汇市场的性质确保了套利迅速发生，从而在全球范围内提供共同汇率。外汇市场和其他市场的贸易量的比较有助于强调价格套利发生和均衡恢复的速度。远期外汇交易、外汇期货合约和外汇期权在货币市场活动中发挥着重要作用。本章描述了如何使用这些金融工具来消除短期汇率风险。

本章对汇率决定的解释强调了现代观点，即汇率的变动是为了平衡资产市场。大多数本科教材中引入的汇率决定的外汇需求和供给曲线在本书中并未出现。相反，本章讨论了资产定价和以不同货币计价的资产的预期收益率的决定。

学生可能已经熟悉实际收益和名义收益之间的区别。本章证明名义收益足以比较不同资产的吸引力。本章对风险和流动性在资产需求中所起的作用进行了简要描述，但不继续讨论这些因素。（第 18 章将再次讨论风险的作用。）

本章用了大量篇幅来比较以本币和外币计价的资产的预期收益。教材确定了外币资产预期收益的两个组成部分（以本国货币计量）：在资产持有期间，利息支付和外币相对于本国货币的价值变化。外国资产的预期收益为未来汇率和外国利率的给定预期值的当前汇率的函数。

缺乏风险和流动性考虑意味着外汇市场交易的所有资产的预期收益必须相等。因此，从计算外国资产的预期收益到利率平价条件只需一小步。只有当利率平价条件成立时，外汇市场才处于均衡状态。因此，对于给定的利率和对未来汇率的预期，利率平价决定了当前的均衡汇率。这里介绍的利率平价图在后面的章节中很有用，其中介绍了一个更一般的模型。由于掌握利率平价图是未来工作的重要组成部分，我们推荐使用此图的练习。

美元升值使外币资产更具吸引力的结果可能对学生来说是违反直觉的。为什么美元走强会降低美元资产的预期收益率？解释这一点的关键是，在静态预期和恒定利率假设下，现在美元升值意味着未来美元贬值幅度更大，因此，美国投资者不仅可以获得国外利息支付，还可以获得美元未来额外贬值带来的附加收益。图 14-1 说明了这一点。在该图中，时间 $t+1$ 的汇率预计等于 E。如果时间 t 的汇率也为 E，则预期贬值为零。然而，如果汇率在时间 t 贬值至 E'，则必须升值才能在时间 $t+1$ 达到 E。如果今天的汇率升值至 E''，则必须贬值才能在时间 $t+1$ 达到 E。因此，在静态预期下，今天的贬值意味着预期的升值，反之亦然。

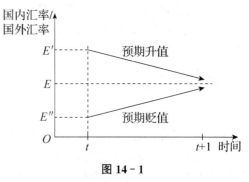

图 14-1

这一教学工具可以用来提供利率平价关系背后的一些进一步的直觉。假设国内利率和国外利率相等。利率平价要求预期贬值等于零，当前和下一个时期的汇率等于 E。如果国内利率上升，人们将希望持有更多的国内货币存款。由此产生的对本国货币需求的增加推高了本国货币的价格，导致汇率升值。这种情况会持续多久？答案是，本币持续升值，直到本币升值导致的预期贬值刚好抵消了利息差额。

教材介绍了利率变化和未来汇率预期变化的影响。这些练习有助于培养学生的直觉。例如，美国利率上升的最初结果是对美元计价资产的需求增加，从而导致美元价格上涨。美元的升值幅度足够大，以至于随后的预期美元贬值只是使外币资产的预期收益（以美元计价）与较高的美元利率相等。

本章最后以一个案例研究来总结利率平价可能不成立的情形：套利交易。在套利交易中，投资者以低利率货币借款，并购买高利率货币，通常在长期内赚取利润。然而，由于高利率货币可能会突然贬值，因此这项交易带有风险因素。案例研究讨论了一种流行的套利交易，投资者借入低利率日元并购买高利率澳元。在 2008 年之前，投资者都获得了高回报，但是澳元价值突然暴跌，投资者损失了 40% 的价值。这是一个特别大的损失，因为崩溃发生在流动性被高度重视的金融危机中。因此，当我们考虑到套利交易的额外风险时，利率平价可能仍然成立。

附录描述了抛补利率平价关系，并将其用于解释在风险中性条件下如何确定远期利率以及即期利率和远期利率之间的高度相关性。

关键术语

给出下列关键术语的定义：
1. 即期汇率
2. 远期汇率
3. 套利
4. 利率平价条件
5. 风险
6. 流动性

复习题

1. a. 看看今天报纸上的汇率。提示：你也可以在纽约联邦储备银行的网页上在线查找到这些信息（www. ny. frb. org/pihome/statistics/forex10. shtml）。

    美元/欧元　　　_____

    美元/英镑　　　_____

    美元/日元　　　_____

    美元/加拿大元　_____

   b. 使用上述汇率计算以下交叉汇率：

    欧元/英镑　　　_____

    日元/加拿大元　_____

    加拿大元/欧元　_____

    英镑/日元　　　_____

2. a. 假设你注册了 TCIS（Totally Cool International Shirt）公司，进口真正的外国大学 T 恤并在美国校园销售。你必须把从外国大学进口的 T 恤价格换算成美元。请填写表 14 - 1 中的空格：

表 14 - 1

大学（国家）	T 恤的价格	汇率	美元价格
索邦学院（法国）	12.0 欧元	1.0 欧元/美元	_____
新德里大学（印度）	350.0 卢比	35.0 卢比/美元	_____
首尔大学（韩国）	8 080.0 韩元	800.0 韩元/美元	_____
希伯来大学（以色列）	24.0 谢克尔	3.0 谢克尔/美元	_____
牛津大学（英国）	8.0 英镑	0.7 英镑/美元	_____

   b. 假设一个月后的汇率如表 14 - 2 所示。说明新的汇率表示各国货币对美元是升值还是贬值。另外，不用计算每件 T 恤的实际美元价格，说明其美元价格是上升还是下降了。

表 14 - 2

货币	法郎	卢比	韩元	谢克尔	英镑
汇率	0.9 欧元/美元	30 卢比/美元	880 韩元/美元	2.5 谢克尔/美元	0.6 英镑/美元
升值还是贬值	_____	_____	_____	_____	_____
美元价格是上升还是下降	_____	_____	_____	_____	_____

3. 到你大学毕业时，你成功地从 T 恤公司取出收入，创办了一个在美国销售外国证券的公司［为了节约信纸，你将你的新公司命名为传统顾客投资服务公司（Traditional Client Investment Service，TCIS），这样就不用更换原有公司的首字母缩写］。你的部分任务就是给顾客寄去有关外国证券回报方面的时事通讯。请填写下列空格。

TCIS 时事通讯

现在，以美元标价的 1 年期债券的利率为 6%。而一只风险和流动性相同但以韩元标价的债券的利率是 7%。这就意味着外汇市场潜在的预测是，明年美元对韩元将（升值/贬值）_____%。

本月，购买 1 美元需要 1 500 韩元。TCIS 预测，明年这个时候购买 1 美元需要 1 575 韩元。这表示美元对韩元（升值/贬值）_____%。

基于我们的预测，我们（不建议/建议）你购买以韩元标价的债券。因为_____。

例如，如果你用 1 000 美元购买以美元标价的债券，明年这个时候你将拥有_____美元。

如果你用同样的 1 000 美元购买以韩元标价的债券，一年以后你将拥有_____美元。

有些人可能会认为，我们主要关注名义收益而忽视了实际收益，这是因为_____。

4. 运用抛补利率平价条件填写表 14 - 3。

表 14 - 3

美国的利率	英国的利率	即期汇率	远期汇率
10%	5%	2 美元/英镑	____美元/英镑
8%	__%	2 美元/英镑	2.04 美元/英镑
10%	10%	___美元/英镑	2.10 美元/英镑
__%	9%	2 美元/英镑	1.98 美元/英镑

5. a. 假设 1 年期以美元标价的债券的利率为 6%，一年后日元的预期价值是 100 日元/美元。在图 14 - 2 中画出满足利率平价条件的日元/美元汇率和日本利率的对应点，其中纵轴表示日元/美元汇率，横轴表示日本的利率。

   计算当日本利率为 4% 时，即期的日元/美元汇率。当日本利率为 7% 时，即期的日元/美元汇率又将是多少？

   b. 当美国利率为 8% 时，在图 14 - 3 中画出利率平价条件。

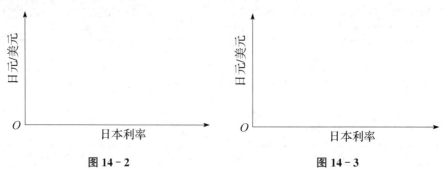

图 14 - 2　　　　　　　　　　　图 14 - 3

   c. 现在重新考虑美国利率为 6% 的情况，但假设一年后日元/美元的预期汇率为 110 日元/美元。根据这些假设在图 14 - 4 中画出利率平价条件。

   当日本利率分别为 4% 和 7% 时，再次计算即期的日元/美元汇率，并与问题 5a 中的答案做比较。

   d. 假定其他条件不变，你认为下列变化会对日

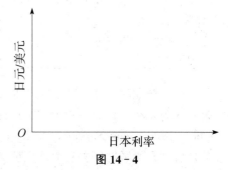

图 14 - 4

元/美元汇率的变化方向产生什么影响？

　ⅰ. 日本利率下降：_____。

　ⅱ. 美国利率上升：_____。

　ⅲ. 预期日元/美元汇率的未来值将上升：_____。

教科书中习题的答案

1. 当美元/欧元汇率为 1.05 时，一根 5 欧元的多味腊肠值 1.05 美元/欧元×5 欧元＝5.25 美元。因此，慕尼黑的一根多味腊肠比波士顿的一个热狗贵 1.25 美元。一根多味腊肠等于 1.31 个热狗。如果美元贬值至 1.25 美元/欧元，一根多味腊肠现在值 1.25 美元/欧元×5 欧元＝6.25 美元，相对价格为 6.25 美元÷4 美元＝1.56。为了购买一根多味腊肠，你必须放弃 1.56 个热狗。在美元贬值之后，相对于多味腊肠，热狗变得更便宜。

2. 如果先用美元购买瑞士法郎再用瑞士法郎购买以色列新谢克尔比直接用美元购买新谢克尔便宜，那么人们就会利用这一套利机会。持有美元的人对瑞士法郎的需求将上升，导致瑞士法郎对美元升值。瑞士法郎将对美元升值，直到无论是直接用美元购买还是通过瑞士法郎间接购买，新谢克尔的价格都完全相同。

3. 以阿根廷比索、美元、欧元和英镑之间的汇率为例。1 美元值 13.895 比索，而 1 欧元值 15.746 5 比索。为了排除三角套利，我们需要看看如果你先用美元购买欧元（汇率为每美元 0.882 4 欧元），然后用这些欧元购买比索，你会得到多少比索。换言之，我们需要计算 $E_{ARG/USD}=E_{EUR/USD}×E_{ARG/EUR}=0.882\ 4×15.746\ 5=13.894\ 7$。这几乎完全（四舍五入）等于每美元比索的直接汇率。对英镑采用类似程序表明，$E_{ARG/USD}=E_{GBP/USD}×E_{ARG/GBP}=0.688\ 8×20.172\ 2=13.894\ 6$。同样，这几乎完全等于比索兑美元的直接汇率。

   我们需要说，由于几个原因，三角套利"几乎"被排除在外。首先，四舍五入的误差意味着我们计算的直接汇率和间接汇率之间可能存在一些小的差异。其次，货币的交易成本将阻止完全套利的发生。这就是说，大量货币交易使得这些交易成本相对较小，导致"近乎"完美的套利。

4. 当日元相对于美元贬值时，需要进口石油的公司的成本将会上升，进而利润降低。另外，公司向美国出口的商品将会增加，从而提高日元的价格（美元价格不变），因此，可能存在一些抵消作用。但总的来说，需要大量进口投入品的公司并不能完全享受本国货币贬值的好处。

5. 美元收益率如下：

   a. （250 000－200 000）/200 000＝0.25。

   b. （275－255）/255＝0.08。

   c. 收益分为两部分。一是美元升值带来的损失；美元升值为 （1.38－1.50）/1.50＝－0.08。二是伦敦银行支付的存款利息，利率为 10%。（存款规模对收益率的计算无关紧要。）以美元计，伦敦存款的实现收益率为每年 2%。

6. 请注意，无论我们计算实际收益还是名义收益，这三种资产的收益顺序都是相同的。

a. 画的实际收益率是 $25\% - 10\% = 15\%$，该收益率也可以通过以下方法计算得出：首先找出因通货膨胀而导致的 50 000 美元名义画价上涨部分（20 000 美元），然后找出因实际升值而导致的名义画价上涨部分（30 000 美元）。最后，得出正确的实际收益率（30 000/200 000 = 0.15）。

b. 同样，从名义收益率中减去通货膨胀率，我们得到 $8\% - 10\% = -2\%$。

c. $2\% - 10\% = -8\%$。

7. 当前的均衡汇率必须等于其预期的未来水平，因为在名义利率相等的情况下，均衡的美元/英镑汇率不可能出现预期的增减。如果预期汇率保持在每英镑 1.52 美元，而英镑利率上升到 10%（比美国利率高 5%），那么只有在当前汇率发生变化，使得美元的预期升值等于 5% 时，才满足利率平价条件。当汇率升至每英镑 1.60 美元（美元对英镑贬值）时，就会出现这种情况。

8. 如果市场交易员得知美元利率即将下跌，他们会上调对美元未来在外汇市场贬值的预期。基于目前的汇率和利率，欧元存款的预期美元收益率从 $R^e_{EU,1}$ 上升到 $R^e_{EU,2}$（见图 14-5）。在当前的 E_1 汇率下，欧洲资产的美元收益率超过美国资产的美元收益率。随着投资者将资金转向欧洲资产，美元对欧元将贬值。这将降低欧洲资产的美元收益率，直到利率平价恢复到新的汇率 E_2。

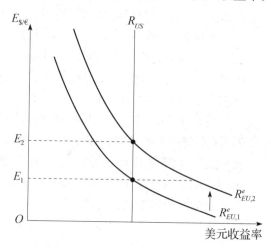

9. 分析将与教材中的分析相似。如图 14-6 和图 14-7 所示，新图形中沿纵轴向下的移动被解释为欧元升值和美元贬值，而不是相反。此外，横轴现在表示欧元收益率。图 14-6 和图 14-7 显示了欧洲利率上升和以欧元/美元计算的预期未来汇率上升的影响。在第一种情况下，欧洲利率的上升使欧洲资产的欧元收益率高于美国资产的欧元收益率。这将导致汇率从 E_1 下降到 E_2（欧元升值，美元贬值）。

图 14-5

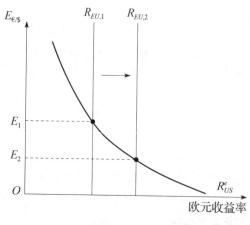

图 14-6

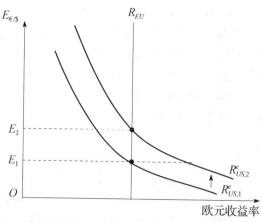

图 14-7

在第二种情况下，美元的预期升值使美国资产的欧元收益率从 $R^e_{US,1}$ 上升到 $R^e_{US,2}$。按照当前汇率，美国资产支付更高的欧元收益，汇率必须上升（欧元贬值、美元升值）以恢复利率平价。

10. a. 如果美联储在预期未来汇率不变的情况下压低利率，美元就会贬值（请注意，文章中使用"下行压力"一词表示美元贬值的压力）。如果出现"软着陆"，而美联储没有降低利率，那么美元就不会贬值。

　　b. 经济衰退的破坏性影响使持有美元的风险更大。风险资产必须提供一些额外的补偿，以便人们愿意持有它们，而不是持有其他风险较小的资产。这种额外补偿可能以资产所持货币的更大预期升值的形式出现。考虑到汇率的预期未来价值，今天贬值程度更高的汇率可以获得更大的预期升值。因此，一场破坏性的、使美元资产风险更大的衰退将导致美元贬值。

11. 欧元对你来说风险较小。当你剩余的财富减少时，欧元往往会升值，通过以美元计算的相对较高的收益来缓冲你的损失。另外，你的欧元资产损失往往发生在最不痛苦的时候，即当你剩余的财富出乎意料地高的时候。因此，持有欧元可以减少你的总财富的可变性。

12. 本章指出了大多数银行之间的外汇交易（这些交易占外汇交易的大多数）都是外国货币和美元的交换，即使对于最终交易目的是卖出一种非美元货币以买入另一种非美元货币的银行而言也是如此。美元的中心角色使它成为国际交易的载体货币。美元能作为载体货币是因为它是最具流动性的货币，因为人们可以很容易找到愿意用美元与外国货币交换的人。美元相对于其他货币（比如说墨西哥比索）越具有流动性，意味着相对于比索，人们越愿意持有美元，因此，在任何相对于第三方货币的相同预期贬值率下，美元存款都可以提供比比索存款更低的利率。随着世界资本市场的日益一体化，比起欧元，持有美元存款的流动性优势可能会消失。欧元代表了一个和美国一样大的经济体，它有可能会承担一些美元作为载体货币的作用，从而减少美元的流动性优势，使这种优势越来越接近零。当欧盟于 1999 年推出欧元时，欧元还没有货币史，因此，一些投资者对持有欧元持怀疑态度，直到欧元取得了一定的业绩。由于欧元已经变得越来越成熟，因此，美元的流动性优势应该会逐渐消退（尽管很慢）。

13. 利率平价条件告诉我们，利率和汇率是直接联系在一起的。随着利率变得更加不稳定，汇率也将变得更加不稳定。例如，假设欧洲中央银行积极限制欧元利率的波动，而美联储不干预以保持美元利率稳定。利率平价条件表明：

$$R_{US} - R_{EU} = (E^e_{\$/€} - E_{\$/€})/E_{\$/€}$$

如果这个方程的左侧变得更不稳定，那么右侧也必须如此。假设预期保持不变，那么波动性的增大将反映在汇率的更高可变性上。

14. 对利息收入和资本利得征税使利率平价条件保持不变，因为它的所有组成部分都乘以 1 减税率，以获得税后收益。如果资本利得是免税的，则利率平价条件下的预期折旧期限必须除以 1 减税率。由资本利得构成的外国收益的组成部分现在比利息支付的价值更高，因为它是免税的。

15. 远期升水可以按照附录中的描述进行计算。在这种情况下，我们发现欧元的远期升水

为 （1.26－1.20)/1.20＝0.05。1 年期美元存款和 1 年期欧元存款之间的利率差将为 5％，因为当抛补利率平价保持不变时，利率差必须等于欧元对美元的远期升水。

16. 由于不再需要参与欧盟内部的外汇交易，该价值本应下降。这代表了欧元带来的预计交易成本节约。与此同时，欧元作为国际货币的重要性可能导致更多的欧元交易，因为更多的投资者（从中央银行到个人投资者）选择以欧元持有资金或以欧元作为交易的计价货币。不过，从净值来看，我们预计欧元的外汇交易价值将低于以前货币的总和。

17. 如果美元贬值，在其他条件不变的情况下，我们预计外包会减少。如问题所述，如果外包的大部分是为了将生产转移到相对便宜的地点，那么当美元贬值时，美国就会变得相对便宜。虽然它可能不像其他一些地方那样便宜，但从边际来看，美国的劳动力成本将变得相对便宜，这使得一些公司选择在国内保留生产。例如，如果在马来西亚生产一台电脑的劳动力成本是 220 美元，额外的运输成本是 50 美元，但美国的成本是 300 美元，那么，我们预计该公司会采用外包方式。另外，如果美元对马来西亚林吉特贬值 20％，马来西亚的劳动力成本现在变为 264 美元（即，以美元计算，增加 20％，但以当地货币计算，成本不变）。这加上运输成本，导致马来西亚的生产成本比美国更高，从而使得外包成为一种不太有吸引力的选择。

18. 这里的关键是计算套利交易的回报，不仅要考虑韩国和美国利率之间的差异，还要考虑韩元对美元价值的百分比变化。套利交易的风险在于韩元可能对美元贬值，从而抵消韩国债券的较高利率。使用 2009 年 1 月至 2016 年 12 月的数据，该问题中描述的套利交易将具有如图 14－8 所示的累积回报。

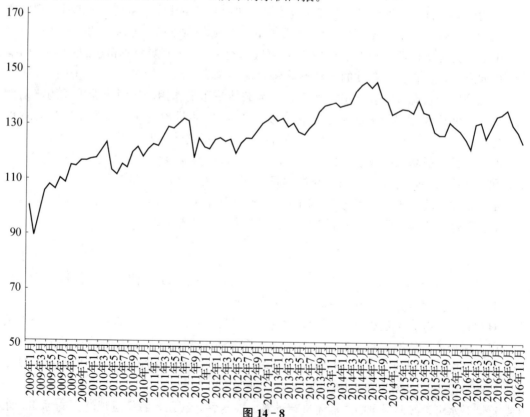

图 14－8

19. 根据题干，货币贬值通过提高生活成本对出口商有利、对消费者不利。出口商对政府的影响力往往更大，原因有二。首先，出口商数量少于消费者数量，因此货币贬值带来的收益比损失更为集中。因此，出口商在游说政府方面的努力将超过消费者。其次，出口商比分散的消费者群体更容易组织和协调。它们建立了有效的执法机制，以确保所有出口商为促使政府贬值货币做出贡献，从而降低"搭便车"的风险。消费者很难协调他们的游说努力，因为没有有效的方法来确保每个消费者都为这种努力做出贡献。消费者"搭便车"的风险要高得多。

第15章 货币、利率与汇率

章节构成

通货膨胀与汇率的动态变化

短期价格刚性与长期价格灵活性

专栏：津巴布韦的货币供给增长与恶性通货膨胀

永久性货币供给变动与汇率

汇率超调

案例分析：通货膨胀率升高会导致货币升值吗？通货膨胀目标的意义

主要内容

本章将前一章的外汇市场模型与货币需求和供给分析相结合，以提供短期内更完整的汇率决定分析。本章还介绍了货币的长期中性概念，这允许对汇率动态进行考察。这些要素在本章末汇合成一个汇率超调模型。

本章首先回顾了货币扮演的角色。货币供给量由中央银行决定；对于给定的价格水平，中央银行对名义货币供给量的选择决定了实际货币供给。本章提出了实际货币余额的总需求函数。货币市场均衡——实际货币需求和实际货币供给的均衡决定了均衡利率。

描述货币市场均衡的一个熟悉的图形与前一章中提出的利率平价图相结合，给出了货币对汇率决定影响的简单模型。由国内货币市场确定的国内利率通过利率平价机制影响汇率，因此，国内货币供给量的增加导致国内利率下降。本币贬值，直到其预期的未来升值大到足以使以本币和外币计价的计息资产的预期收益相等。货币供给量的收缩通过类似的论点导致汇率升值。在本章的这一部分，预期未来汇率仍被视为固定汇率。

然后本章将分析扩展到包括货币变化的长期调整动态。长期的定义是，在所有工资和价格充分调整到其市场出清水平之后将保持的平衡。因此，长期分析是基于货币的长期中性：在其他条件相同的情况下，货币供给量的永久性增加只影响总体价格水平，而不是利率、相对价格或长期实际产出。货币价格，重要的是，包括外币的货币价格，在长期内与货币供给水平的任何变化成正比。因此，例如，货币供给量的增加最终会导致汇率按比例贬值。货币供给量增长、通货膨胀和汇率之间的联系在有关津巴布韦最近恶性通货膨胀的案例研究中得到了强调。猖獗的货币供给增长导致津巴布韦的物价在恶性通货膨胀的高峰几乎每天翻一番，直到津巴布韦将使用外币进行国内交易合法化才结束。

将这些长期效应与短期静态模型相结合，可以考察汇率动态。特别是，长期结果表明，长期汇率预期在永久货币供给量变化后如何变化。这个模型产生的一个动态结果是，随着货币供给量的变化，汇率出现超调。例如，永久性货币供给量扩张导致预期长期货币按比例贬值。外汇市场均衡要求初始时货币大幅贬值以使外国债券和国内债券的预期收益相等。但由于国内利率在短期内下降，货币必须在短期内实际贬值超过（从而超调）其新的预期长期水平，以维持利率平价。随着国内价格上涨和 M/P 下降，利率恢复到以前的水平，汇率下降（升值）回到长期水平，虽然高于起始点，但没有初始反应那么高。

本章以一个有用的案例研究结束，该案例研究有助于弥合模型的程式化世界与中央银行政策制定的现实世界之间的差距，在现实世界中，中央银行设定利率而非货币，当中央银行致力于实现特定的通货膨胀水平时，有关通货膨胀的消息可能会改变对未来货币供给变化的预期。

关键术语

给出下列关键术语的定义：
1. 货币供给
2. 货币总需求
3. 短期
4. 长期
5. 汇率超调

复习题

1. 表 15 - 1 中的数据来自小国 Lilliput。

表 15 - 1

年份	货币供给	价格水平	名义利率	国民生产总值
1997	1 000	100	8%	1 000
1998	1 500	100	6%	1 200
1999	1 500	150	8%	1 000
2000	1 500	200	12%	700
2001	2 000	200	8%	1 000

a. 请在图 15 - 1 中画出 Lilliput 国 1997 年的货币需求和货币供给安排，注意必须使均衡与表 15 - 1 中给出的数据相对应。

b. 在图 15 - 1 中用虚线画出 1998 年的货币需求和货币供给状况，并使得货币需求和货币供给的交点与表 15 - 1 中的实际货币余额和名义利率数据相对应。

c. 还需要在图 15 - 1 中另外画出该国 1999 年的货币需求和货币供给状况吗？讨论原因，并注意至少 1999 年的有些变量值与 1997 年和 1998 年的值不同。

d. 请在图 15 - 2 中用实线画出 Lilliput 国 2000 年的货币需求和货币供给状况，然后用虚线画出 2001 年的货币需求和货币供给状况。

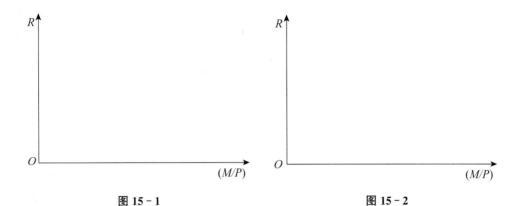

图 15 - 1　　　　　　　　　　　　图 15 - 2

2. 图 15 - 3 至图 15 - 5 分别表示初始货币需求、货币供给和利率平价条件，其中每幅图中的均衡利率都是 R，均衡汇率都是 E。根据需要，分别变动一条或多条曲线来说明如下变化：

a. 货币供给暂时性增加。

b. 价格水平上升。

c. 预期未来汇率下降。

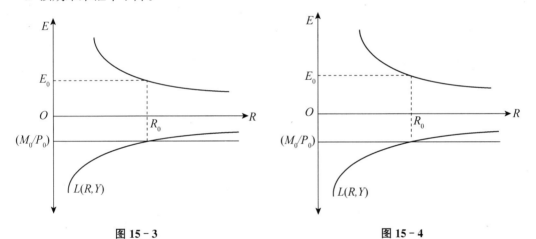

图 15 - 3　　　　　　　　　　　　图 15 - 4

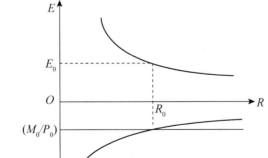

图 15 - 5

3. 用 I（表示"增加"）、N（表示"不变"）和 D（表示"下降"）填写表 15 - 2，分析货币供给永久性增加分别在短期和长期内对表中变量的影响。

表 15 - 2

	短期效应	长期效应
价格	—	—
产出	—	—
名义汇率	—	—
实际汇率	—	—
实际货币余额	—	—

4. 图 15 - 6 反映了如下均衡关系：当货币供给为 4 亿美元时，美国的价格水平为 100，美国的利率水平为 7%，美元/英镑的汇率等于它的长期均值 2。图中没有标出的英国的价格水平为 50。

   a. 在图 15 - 6 中画出货币供给暂时下降到 3 亿美元的即时效应，并讨论其对名义汇率和实际汇率的即时效应。

   b. 假设现在让货币供给永久性地下降到 3 亿美元，那么这个持久性变化的即时效应和上面讨论的暂时性下降的即时效应有何不同？

   c. 如果美国的货币供给永久性地降至 3 亿美元，那么对应的美国价格水平、美国的利率和美元/英镑汇率在长期中各为多少？

   d. 继续分析货币供给永久性下降的效应，说明随着时间的推移，图 15 - 6 中各曲线的变化情况。根据图 15 - 7 中所示货币供给的永久性变化，利用你的分析得到的信息完成图 15 - 8 和图 15 - 9。

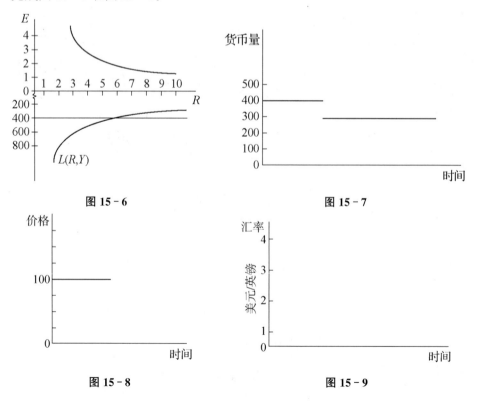

图 15 - 6

图 15 - 7

图 15 - 8

图 15 - 9

教科书中习题的答案

1. 本国货币需求的减少导致本国的利率从 $R_{h,1}$ 下降到 $R_{h,2}$。在预期不变的情况下，随着投资者将储蓄转移到支付更高利息的外国资产，本国货币将从 E_1 贬值到 E_2。

   从长期来看，本国产品支出的增加（通过降低利率和货币贬值）将导致本国价格上涨。这将使实际货币供给量向内移动，使本国利率回到其初始水平 $R_{h,1}$，汇率回落至 E_1，如图 15-10 所示。

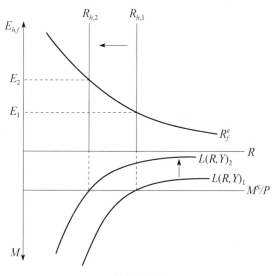

图 15-10

2. 在其他条件相同的情况下，一个国家人口的减少会减少货币需求，因为人口减少会减少交易，因此对货币的需求也会减少。如果人口的减少是由于家庭数量的减少而不是由于家庭平均规模的缩小，这种影响可能更为明显，因为家庭平均规模缩小意味着人口减少，而与成年人相比，儿童交易需求相对较小。对总货币需求函数的影响取决于与人口变化不相称的收入变化。否则，收入变化将作为人口变化的代表，对总货币需求函数没有影响。

3. 式（15-4）表示为 $M^S/P=L(R，Y)$，货币流通速度 $V=Y/(M/P)$。因此，在货币市场处于均衡时，实际货币总需求等于实际货币总供给，有 $V=Y/L(R，Y)$。当 R 上升时，$L(R，Y)$ 减少，所以货币流通速度上升。当 Y 增加时，$L(R，Y)$ 也会有一定程度的增加（因为实际货币总需求对产出的弹性小于 1），从而 $Y/L(R，Y)$ 会增大。总之，货币流通速度上升，会使得利率上升，或者使得收入增加。同时，由于利率的上升和收入的增加都会导致汇率升值，因此货币流通速度提高也会促使汇率升值。

4. 国内实际 GNP 的增加将导致国内实际货币需求增加。这将导致国内实际利率从 $R_{h,1}$ 上升到 $R_{h,2}$（见图 15-11）。在预期不变的情况下，随着投资者将储蓄转移到国内资产，本币将从 E_1 升值至 E_2。

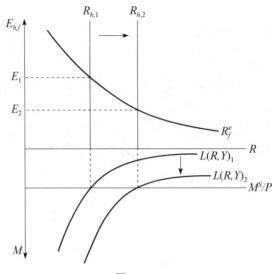

图 15 - 11

5. 正如使用货币简化了一国国内的经济核算问题一样，使用一种国际交换的媒介货币也可减少核算成本。更为重要的是，贸易中交易的货币种类越多，该贸易就越趋近物物交换，因为若某人从贸易中获得的是本身不需要的币种，那么他必须卖出该种货币以换取自己需要的币种。如果存在一个市场，任何非流通货币都能换成流通货币，那么上述交易过程的成本会大大降低。此时，该流通货币实际上充当着大家普遍接受的媒介货币的角色。

6. 币制改革通常与其他试图降低通货膨胀率的政策一起实施。在经济政策体制变革之际引入新货币可能会产生心理效应，这种效应允许政府从"清空状态"开始，并让人们重新考虑他们对通胀的预期。然而，经验表明，如果没有减少货币增长的具体政策的支持，这种心理效应就无法使稳定计划成功。

7. a. 正如我们所预期的那样，价格水平随着玻利维亚货币供给量的增加而不断上升。长期价格水平定义为 $P = M^s / L(R, Y)$，因此货币供给量增加应该会导致价格上涨。货币供给量和价格水平的增加反过来会导致玻利维亚比索对美元贬值。除少数例外（例如 1985 年 3 月），这种情况也在发生。

   b. 在 1984 年 4 月至 1985 年 7 月期间，价格水平上升了 22 908%，而汇率上升了 24 662%。同期，货币供给量增长了 17 434%。我们应该预期价格水平和汇率将以相同的比例变动，因为玻利维亚比索的价值是由其购买力决定的（受到通货膨胀的侵蚀）。随着比索的价值降低，比索相对于另一种货币（美元）的价格也会发生同样的变化。有趣的是，价格水平和汇率的变化比货币供给量的变化更大。如果我们考虑长期价格水平 $P = M^s / L(R, Y)$ 的等式，这也是可以预期的。通货膨胀将导致实际货币需求下降，这将导致价格上涨，甚至超过货币供给增加所导致的价格上涨。

   c. 根据 1985 年 9 月至 10 月的价格和汇率数据，稳定计划有效地降低了价格水平的上升，阻止了玻利维亚比索的贬值。有趣的是，货币供给量继续增长（尽管速率降低了）。我们可以将不同的增长率部分归因于预期。如果人们相信玻利维亚政府对稳

定计划的承诺，他们就会修正通胀和汇率预期，导致实际价格和汇率停止如此快速
上涨。

8. 图 15 - 12 给出了新西兰、加拿大、智利和以色列自 1980 年以来的通货膨胀率：在所
有情况下（以及图 15 - 12 中未包括的国家），采用通货膨胀目标制后，通货膨胀明显
更稳定。

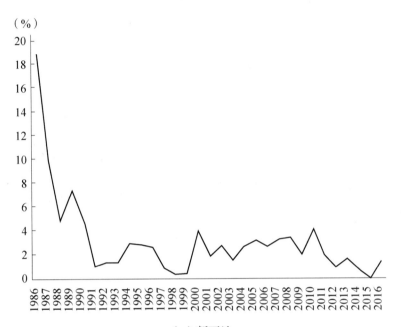

（a）新西兰

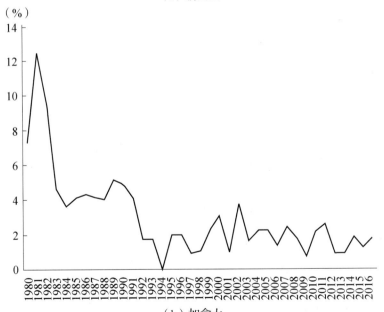

（b）加拿大

图 15 - 12

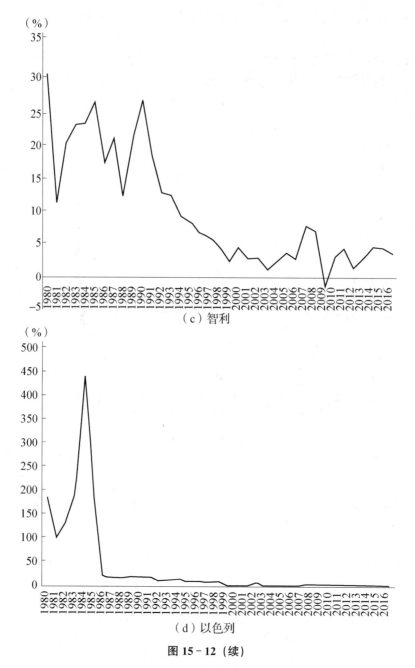

图 15-12（续）

9. 如果货币供给量的增加在短期内导致实际产出的增加，那么实际利率的短期下降将不会像没有实际产出增加时那样明显。在图 15-13 中，货币供给量从 M_1^S 上升到 M_2^S。这导致实际产出从 Y_1 上升到 Y_2，并将实际货币需求曲线从 $L(R, Y_1)$ 转移到 $L(R, Y_2)$。在图 15-13 中，由此产生的变化导致利率从 $R_{h,1}$ 降至 $R_{h,2}$，这是一个比实际货币需求没有变化时的利率降幅更小的降幅。（请注意，如果实际货币需求的增长按比例大于名义货币供给的增长，利率实际上可能会上升。在这种情况下，我们将看到汇率低于长期水平。）根据汇率图，发生了两件事。首先，利率的下降使本国资

产的收益率从 $R_{h,1}$ 变为 $R_{h,2}$。其次，随着人们预计未来本国价格上涨时本币将贬值，预期外国资产收益从 $R^e_{f,1}$ 变为 $R^e_{f,2}$。由于这些变化，本币从 E_1 贬值到 E_2。然而，本币价值的下降并不像没有增加产出时那样严重（从而限制了利率的下降）。

从长期来看，本国的物价将上涨，使实际货币供给量恢复到原来的水平，并将产出降至 Y_1。这将导致利率上升，并且在外国资产预期收益率不变的情况下，导致汇率在 E_1 和 E_2 之间的某个值上稳定下来。在这种情况下，汇率超调的程度比货币供给量的变化对产出没有影响时要小，因为产出的变化限制了货币政策对实际利率的影响。

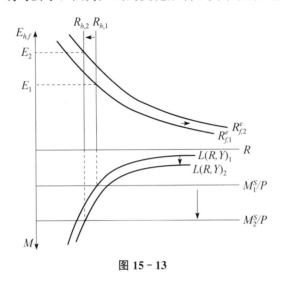

图 15 - 13

10. 随着利率的下降，人们更偏向持有更多的现金和更少的金融资产。如果利率降至零以下，人们会更喜欢现金而不是金融资产，因为现金的零收益率将超过任何负收益。因此，利率不能降到零以下，因为当存在一种零收益率的资产（现金）时，没有人会持有负收益率的金融资产。

11. 零利率带来的一种明显的复杂情况是中央银行"弹药不足"。它实际上无法进一步降低利率，因此可能难以应对随着时间的推移打击经济的额外冲击。中央银行仍然不是完全无能为力；它可以印刷更多的货币，并试图增加通货膨胀（在零利率不变的情况下增加通货膨胀将意味着实际利率下降）以刺激经济，但标准工具无法运行。如第 17 章的进一步讨论所示，零利率也可能是经济对低利率缺乏反应的症状。

12. a. 如果货币根据价格水平的变化自动调整，那么任何数量的货币和价格组合都可以满足货币供给/货币需求方程。没有唯一的解决方案。

b. 是的，像这样的规则将有助于锚定价格水平，并意味着不再有无限数量的货币和价格组合可以满足货币供给和货币需求。

c. u 的一次性永久意外下降意味着 R 必须下降，直到价格有机会上涨并平衡等式。随着价格的上涨，R 将回到其初始水平。所描述的情况基本上与图 15 - 14 中的情况相同。随着时间的推移，利率将下降，然后缓慢上升，价格水平将开始趋于稳定，然后随时间推移而上升。汇率应超调（假设预期与未来价格的联系方式和教材中描述的相同）。

13. 由于巴拿马使用美元作为其货币，我们预计，在其他条件相同的情况下，巴拿马和美国的通胀率应该相同。图 15 - 14 给出了巴拿马和美国过去 20 年的通货膨胀率。正如我们所预期的那样，两国的通胀率往往会一起变动，因为它们拥有相同的货币供给量。换句话说，美国货币供给量的增加应该会导致巴拿马和美国的物价上涨。尽管如此，两国的通货膨胀率并不完全相同。这是因为价格（以及通货膨胀）并不仅仅由货币供给量决定。回想一下长期价格水平，定义为 $P = M^s / L(R, Y)$。尽管巴拿马和美国的货币供给量相同，但由于价格水平的差异，两国的货币需求可能有所不同。

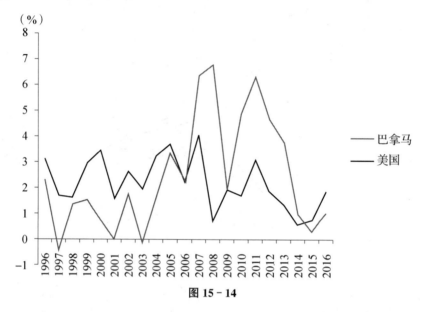

图 15 - 14

第16章 长期价格水平与汇率

章节构成

主要内容

在本章中，汇率决定分析的时间框架转向长期。完成短期汇率模型需要对长期汇率的确定进行分析，因为如前两章所述，长期预期汇率影响当前即期汇率。这里讨论的问题包括长期实际汇率的货币和实际方面的决定因素。长期汇率模型的发展涉及许多问题，包括持续通货膨胀对汇率的影响、费雪效应以及贸易品和非贸易品的作用。实证问题，如 20 世纪 70 年代购买力平价的崩溃以及价格水平与人均收入之间的相关性，都在这一框架内讨论。

一价定律认为，在没有运输成本或贸易限制的情况下，所有国家的商品价格都是相同的，这为长期汇率决定提供了直观的吸引力。将这一定律延伸到商品集合，推动了对绝对购买力平价的研究。相对购买力平价是一个限制性较小的命题，它将汇率变化与相对价格水平的变化联系起来，即使绝对购买力平价不存在，也可能有效。购买力平价为汇率的货币方法提供了基石，这是本章中开发的长期汇率的第一个模型。这第一个模型还证明了持续的通货膨胀是如何影响长期汇率的。

汇率的货币方法使用购买力平价将汇率建模为本国相对于外国的价格水平。货币市场均衡关系用货币供给除以货币需求来替代价格水平。由此产生的关系将长期汇率建模为两国相对货币供给、实际利率和相对产出的函数：

$$E_{h/f} = P_h/P_f = M_h/M_f \times \{L(R_f, Y_f)/L(R_h, Y_h)\}$$

这一模型的一个结果是，学生可能会发现，长期汇率和名义利率之间的关系最初令人困惑。本章中的模型提供了与汇率贬值相关的利率上升的示例。相反，前一章中的短期分析提供了与货币升值相关的国内利率上升的例子。汇率和利率之间的这些不同关系反映了利率上升的不同原因以及关于价格刚性的不同假设。在上一章的分析中，利率上升是由于名义货币供给水平的收缩。在固定价格下，名义余额的收缩与实际余额的收缩相匹配。超额货币需求通过提高利率来解决，这与货币升值相关，以满足利率平价。在本章中，对费雪效应的讨论表明，由于货币供给量增长率的预期提高，利率将随着预期通货膨胀的预期增加而上升。随着利率的上升，货币供给开始过剩。在完全灵活的价格下，货币市场通过价格水平上升清除实际余额的削减。这种价格水平的上升意味着，通过购买力平价，汇率贬值。因此，在完全灵活的价格（及其必然的购买力平价）下，由预期通胀增加而导致的利率上升与货币贬值有关。

本章提供的实证证据表明，自 1971 年以来，绝对购买力平价和相对购买力平价均表现不佳。即使是一价定律也无法适用于分散的商品类别。对这些理论的拒绝与贸易障碍（这有助于产生非贸易品和服务）、相对产出价格的变化以及不完全竞争的市场有关。由于购买力平价是货币方法的基石，它的不成立表明，对汇率长期行为的令人信服的解释必须超越购买力平价理论。本章附录对费雪效应进行了更详细的讨论，并附有图解说明。

本章总结了一个更一般的汇率长期行为模型，在该模型中，实际副作用发挥了一定作用。本节材料放弃了实际汇率恒定的假设，你可能想向学生演示的假设必然与购买力平价假设相关。通过向学生展示美元实际汇率近期行为的时间序列图，可以很容易地激发这种更普遍的方法，这将显示美元价值的大幅波动。实际汇率 $q_{h/f}$ 是以本国货币表示的外国价格指数与国内价格指数的比率，或者等价地，$E_{h/f}=q_{h/f}\times(P_h/P_f)$。本章包括对长期实际汇率 $q_{h/f}$ 受一国产品供求永久变化影响的方式的非正式讨论。

关键术语

给出下列关键术语的定义：
1. 一价定律
2. 购买力平价
3. 相对购买力平价
4. 费雪效应
5. 实际利率
6. 汇率的货币分析法

复习题

1. 在下列问题中，你可以通过数据自己分析，在各个不同时期中，购买力平价能够在多大程度上对现实做出解释。

   a. 用下面各国的消费者价格指数与美元/英镑汇率的数据，计算 1961—1967 年、1980—1987 年以及 2000—2006 年美元/英镑的实际汇率。

   b. 用绝对购买力平价预测的不同时期的实际汇率是多少？

   c. 你能否用表 16-1 的数据判断在 20 世纪 60 年代绝对购买力平价是否成立？20 世纪 80 年代呢？21 世纪初呢？

表 16-1

年份	美国 CPI	英国 CPI	美元/英镑名义汇率	美元/英镑实际汇率
1961	17.37	7.58	2.80	—
1962	17.57	7.89	2.81	—
1963	17.78	8.06	2.80	—
1964	18.01	8.31	2.79	—
1965	18.31	8.71	2.80	—
1966	18.86	9.05	2.79	—
1967	19.38	9.27	2.75	—
1980	47.85	39.27	2.33	—

续表

年份	美国 CPI	英国 CPI	美元/英镑名义汇率	美元/英镑实际汇率
1981	52.79	43.93	2.03	—
1982	56.04	47.70	1.75	—
1983	57.84	49.90	1.52	—
1984	60.34	52.37	1.34	—
1985	62.49	55.55	1.30	—
1986	63.65	57.45	1.47	—
1987	66.03	59.84	1.64	—
2000	100.00	100.00	1.52	—
2001	102.83	101.82	1.44	—
2002	104.46	103.49	1.50	—
2003	106.83	106.50	1.63	—
2004	109.69	109.66	1.83	—
2005	113.41	112.76	1.82	—
2006	117.07	116.36	1.84	—

2. a. 相对购买力平价理论对于实际汇率变动的预测情况是怎样的？

   b. 20 世纪 60 年代的数据看起来是否支持绝对购买力平价理论？20 世纪 80 年代的数据呢？

   c. 什么样的制度性因素可以解释购买力平价理论在两个时期内的解释力不同？

3. 本章定义了实际汇率 $q = EP^*/P$，其中 E 是汇率（每单位外国货币可以兑换多少本国货币），P^* 是国外价格水平，P 是国内价格水平。实际汇率的另一个等价表述是用贸易品的价格除以非贸易品的价格。

   定义本国价格指数为，本国贸易品价格水平和非贸易品价格水平的加权平均，即 $P = aP_n + (1-a)P_t$。同理，外国价格指数为，外国贸易品价格水平和非贸易品价格水平的加权平均，即 $P^* = bP_n^* + (1-b)P_t^*$。假设对贸易品而言绝对购买力平价成立，即 $E = P_t/P_t^*$。在给定外国的贸易品对非贸易品的价格比率的情况下，分析 $q = EP^*/P$ 是如何与本国贸易品对非贸易品的价格比率相关的。

4. 如上题所述，我们将实际汇率定义为贸易品对非贸易品的价格比率。讨论下列事件对实际汇率会产生什么影响。

   a. 牙买加因为在健康服务方面的支出，获得了其他国家的大量贷款。

   b. 智利是一个重要的铜出口国，但世界对铜的需求量却在减少。

   c. 哥伦比亚的咖啡收成特别好。

   d. 尼日利亚是一个重要的石油出口国，它感觉到了世界油价的下降对该国的影响。

   e. 玻利维亚的货币当局将本国的货币供给量增加了一倍。

5. 美国生产力的增长相对于其他国家开始放缓，这对实际汇率和长期名义汇率都会产生影响。

　　a. 如果美国生产率相对于另外一个国家发生一次性下降，那么美国的实际汇率会发生什么变化？它的名义汇率又将怎样变化？

　　b. 如果美国生产率相对于另一个国家不是一次性下降，而是长时间持续下降，那么对名义汇率的影响又有何不同？

6. 预期美元/欧元未来实际汇率贬值程度增大，这将对美元/欧元长期名义汇率产生什么影响？基于对名义利率的影响来解释这个结论。假设其他条件（包括目前的实际汇率水平）保持不变。

7. 用实际利率平价关系计算 20 世纪 90 年代与 21 世纪初美国和日本的实际利率差异，见表 16 - 2。（假设实际通货膨胀率等于预期通货膨胀率，且人们可以准确预期到实际汇率的变动。）

表 16 - 2

年份	美国 CPI	日本 CPI	美元/日元	美元/日元实际汇率	美国/日本实际利率差异
1996	91.09	98.64	0.009 2	—	—
1997	93.22	100.38	0.008 3	—	—
1998	94.66	101.05	0.007 7	—	—
1999	96.73	100.72	0.008 8	—	—
2000	100.00	100.00	0.009 3	—	—
2001	102.83	99.24	0.008 2	—	—
2002	104.46	98.35	0.008 0	—	—
2003	106.83	98.11	0.008 6	—	—
2004	109.69	98.10	0.009 2	—	—
2005	113.41	97.83	0.009 1	—	—
2006	117.07	98.07	0.008 6	—	—

▌教科书中习题的答案

1. 相对购买力平价理论认为，通货膨胀率的差异一定会带来汇率的变动。在相对购买力平价下，当俄罗斯的年通货膨胀率为 100%、瑞士的年通货膨胀率为 5% 时，瑞士法郎/卢布汇率将会下降 95%。

2. 实际货币升值可能是由于相对于贸易品，对非贸易品的需求增加，这将导致汇率升值，因为对非贸易品的需求增加会提高其价格，进而提高国内价格水平，并导致货币升值。在这种情况下，出口商确实受到了损害。然而，实际货币升值的原因可能不同，对出口商收入的影响也不同。外国需求转向国内出口，将使本国货币实际升值，并使出口商受益。同样，出口的生产率增长可能有利于出口商，同时导致实际货币升值。如果我们考虑在同等条件下提高实际汇率，这通常对出口商不利，因为它们的出口对外国人来说更为昂贵，这可能会减少外国出口需求。不过，总体而言，我们需要知道实际汇率为何发生变化，以解释这种变化的影响。

3. a. 当非贸易品的价格相对于贸易品的价格上升时，非贸易品支出的增加会导致实际汇率升值（实际汇率可以表示为贸易品价格与非贸易品价格之比）。

   b. 外国转向对本国出口产品的需求，会导致对本国产品的过度需求，进而提高这些产品的相对价格，并促使本国的实际汇率升值。

4. 相对购买力平价理论意味着应调整英镑/美元汇率，以抵消战争期间美国和英国之间的通货膨胀差异。因此，中央银行家可以比较美国和英国在战争前后的消费者价格指数。如果美国的物价水平上涨了 10%，而英国的物价水平上升了 20%，相对购买力平价理论将要求英镑/美元汇率比战前高出 10%——英镑对美元贬值 10%。

   然而，如果仅基于购买力平价的比较忽略了生产率、生产能力或战争后不同国家对生产商品的相对需求的可能变化，则无法完成手头的任务。总的来说，人们预计战争将导致大规模的结构性动荡。例如，英国的生产率可能因为工厂转为战时用途（以及由于轰炸）而大幅下降。这将要求英镑实际贬值，即战后英镑/美元汇率比战前高出 10% 以上。

5. 英国实际有效汇率的变化过程是：1977—1981 年间英镑升值，接着是一个时期的贬值。1979 年初油价上升后英镑升值最快，但 1982 年油价上升速度减缓后随之而来的英镑贬值也最为严重。油价上升增加了英国石油出口商的收入，增大了对英国商品的需求。劳动力供给转移到石油部门，这和生产率提高的效果是相似的，因为这也会导致实际汇率升值。当然，油价下降具有相反的效应。[油价不是影响英镑实际汇率变动的唯一因素。玛格丽特·撒切尔（Margaret Thatcher）首相的紧缩性货币政策也对实际汇率有所影响。]

6. 实际货币需求函数的永久性变化将改变长期均衡名义汇率，但不会改变长期均衡实际汇率。由于实际汇率不变，我们可以使用货币方法方程 $E=(M/M^*)\times\{L(R^*,Y^*)/L(R,Y)\}$。任何名义利率下货币需求的永久性增长都会导致长期名义汇率按比例升值。直观地说，从长期来看，任何名义余额水平下的价格水平都必须低于货币市场均衡水平。相反，货币需求将永久性下降。然而，实际汇率取决于相对价格和生产力条件，不受一般价格水平变化的影响。

7. 相对于波兰人，如果（合理假定）捷克人将收入的更大一部分用于购买捷克商品而不是波兰商品，随着波兰向捷克持续进行转移支付，兹罗提（波兰货币）对克朗（捷克货币）的实际汇率将升值。实际汇率升值将导致长期名义汇率升值。

8. 正如对问题 7 的回答中所讨论的，如果捷克人在捷克商品上花费的收入比例高于波兰人在波兰商品上的支出比例，那么在波兰对捷克进行转移支付后，克朗对兹罗提的实际汇率将升值。实际升值也会导致名义升值。

9. 因为关税导致国内需求从外国出口商品转移到国内商品上来，所以本国货币实际汇率将经历一个长期的升值过程。在货币方面的条件没有变化的情况下，本国货币长期名义汇率也会升值。

10. 国内支出的平衡扩张将增加有关税的国家的进口量，但在有配额的国家，进口量不会增加。因此，在有配额的国家，如果实际汇率升值幅度与有关税的国家相同，就会存在超额进口需求。因此，有配额的国家的实际汇率升值幅度必须小于有关税的国家。

11. 在美国和欧洲预期通货膨胀率给定的情况下，美元对欧元预期实际汇率贬值程度的增加将导致美元对欧元预期名义汇率贬值程度的加深。预期美元贬值的增加将使得现期美元贬值。

12. 假设一个经济体的实际汇率暂时下跌，即汇率今天升值，然后在未来贬值回其初始水平。通过实际利率平价，实际汇率的预期贬值导致实际利率上升。如果预期通胀率没有变化，那么名义利率随着实际汇率的上升而上升。如果实际汇率当前升值的影响超过实际汇率预期贬值的影响，这一事件也可能导致名义汇率升值。

13. 国际预期实际利率方面的差异会对实际汇率的变动产生影响。如果美国的预期实际利率是 9%，欧洲的预期实际利率是 3%，那么可以推测美元/欧元的实际汇率将会贬值 6%（假设利率平价成立）。

14. 在具有黏性价格的模型中，货币供给量减少的初始效应是名义利率上升和名义汇率升值。实际利率等于名义利率减去预期通胀率，其上升幅度大于名义利率，因为货币供给量的减少导致名义利率上升，而通货紧缩发生在向新均衡过渡的过程中。实际汇率在向新的均衡过渡期间贬值（其价值与初始状态相同）。这满足了实际利率平价关系，即国内和国外实际利率之间的差异等于国内实际汇率的预期贬值。在这种情况下，初始效应是国内经济的实际利率上升，同时国内实际汇率预期贬值。无论如何，必须满足实际利率平价关系，因为它只是定义实际利率的费雪方程的重述，与利率平价关系相结合，利率平价关系是确定汇率的黏性价格模型的基石。

15. 要求出问题的答案，需要把黏性价格模型和弹性价格模型做比较。在黏性价格模型中，由利率平价关系可知，货币供给的减少会引起名义利率上升，名义汇率将会升值。实际利率等于名义利率减去预期通货膨胀率。因为名义利率上升，预期通货膨胀率不变，所以实际利率将会上升。在完全弹性价格模型中，通过购买力平价关系可知，预期通货膨胀率的上升会使得名义利率上升（实际利率保持不变），货币贬值。这是因为超额货币供给要通过价格水平的上升来实现。

另一种方法就是考虑完全弹性价格模型。正如上一段所讨论的，预期通货膨胀率的上升会使得名义利率上升，货币贬值，而预期实际利率不变。如果预期实际利率上升，那么意味着预期实际汇率将贬值。如果这种预期贬值是由当前暂时的升值导致的，而且这种当前升值的影响（使汇率曲线向下旋转）要大于预期贬值的影响（使汇率曲线向上旋转），那么名义汇率将升值。

16. 长期利率高于短期利率表明投资者预期未来利率会更高；这就是为什么他们要求更高的长期债券收益率。如果他们预期未来利率会更高，那么他们要么预测未来通胀率会更高，要么认为实际利率会更大。我们不能简单地通过短期利率和长期利率来判断到底是未来通胀率会更高还是实际利率会更大。

17. 如果我们假设实际汇率是常数，那么汇率预期百分比的变化就可以简单归纳为通货膨胀率的差异。正如问题中所提到的，这个关系在长期中表现得更好。从利率平价中我们知道：$R = R^* + \%\Delta^e E$。当购买力平价成立时，汇率的变化是 $\pi - \pi^*$，由此

我们可以得到 $R=R^*+\pi-\pi^*$。这就意味着 $r=r^*$。所以，时间越长，实际利率的差异就应该越小。另外，如果实际汇率改变或者预期会改变，我们就可以得到 $\%\Delta^eE=\%\Delta^eq+\pi-\pi^*$。在这种情况下，$r$ 和 r^* 将会出现巨大的差异。因此，如果在长期中购买力平价成立并且人们可以预测到这种情况（并且因此预期实际汇率不会出现大的变化），则时间越长，实际利率差异就会越小，这个结果是我们所期望看到的。

18. 如果市场细分程度相当大，那么汇率的暂时变动可能会导致购买力平价的大幅偏离，即使是贸易品。在短期内，企业可能无法通过建立新的贸易关系或分销渠道来应对。另外，如果贸易品的购买力平价存在持续偏差，我们预计企业将试图增加其在高价市场的存在。如果它们这样做，就会降低那里的价格，使价格回到购买力平价。

19. 回顾一下实际汇率的定义，即 $q_{\$/\epsilon}=(E_{\$/\epsilon}\times P_{EU})/P_{US}$。根据这个问题，美国出口商品在美国消费者价格指数（价格水平）中的权重大于在外国消费者价格指数中的权重。此外，美国进口商品在美国消费者价格指数中的权重较小。因此，美国贸易条件的增加（出口价格相对于进口价格上涨）将导致 P_{US} 相对于 P_{EU} 上涨。美国人比欧洲人消费得更多的商品正变得更加昂贵，从而使美国的总体生活成本比欧洲更高。因此，实际汇率将下降，代表美元的实际升值。

20. 如图 16 - 1 和图 16 - 2 所示，一个经济体的人均 GNI 与巨无霸的美元价格之间存在着强烈的正相关关系。

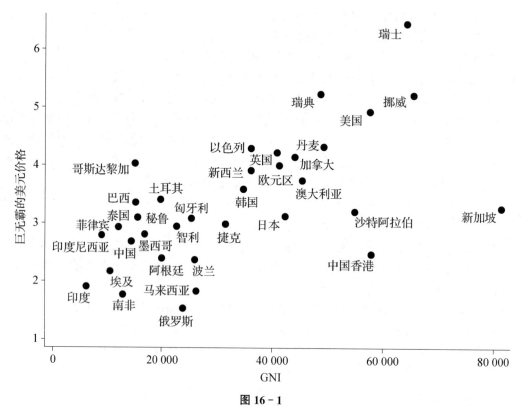

图 16 - 1

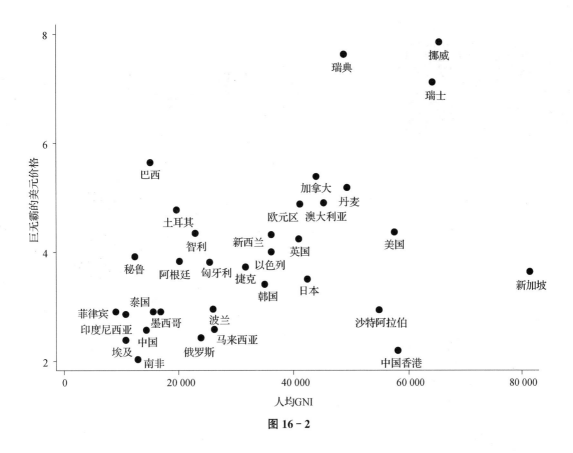

图 16 - 2

第17章 产出与短期汇率

主要内容

　　本章将先前对汇率决定的分析与开放经济中的短期产出决定模型相结合。所提出的模型在本质上类似于经典的蒙代尔-弗莱明模型，但讨论超出了标准的表述，其对比了暂时政策和永久政策的影响。暂时政策和永久政策之间的区别允许分析动态调整路径，而不仅仅是分析比较静态调整路径。这种动态分析带来了经常账户对货币贬值的 J 曲线反应的可能性。本章最后讨论了汇率转嫁，即进口价格对汇率变动的反应。

　　本章从开放经济固定价格模型的发展开始。使用凯恩斯交叉图导出总需求函数，其中实际汇率作为转移参数。考虑到国内外价格、财政政策和投资水平，名义货币贬值通过刺激出口和减少进口来增加产出。这产生了汇率产出空间中的正斜率产出市场均衡（DD）。负斜率资产市场均衡（AA）完善了模型。模型推导来源于前几章的分析。已经学习过中级宏观经济学的学生可能想指出 AA 曲线斜率背后的直觉与 LM 曲线的直觉相同，额外的利率平价关系提供了封闭经济体 LM 曲线和开放经济体 AA 曲线之间的联系。与 LM 曲线一样，较高的收入增加了货币需求，并提高了本币利率（给定实际余额）。在开放经济中，更高的利率要求货币升值以满足利率平价（对于给定的未来预期汇率）。

　　如果我们将预期未来汇率与第 15 章及第 16 章中考察的长期汇率相结合，则可以在 DD - AA 模型的背景下研究暂时政策的影响以及永久政策的短期和长期影响。根据这一解释，暂时政策是指保持预期汇率不变的政策，而永久政策是指将预期汇率移至新的长期水平的政策。正如前面章节中的分析，从长期来看，价格会变化，以使市场出清（如有必要）。虽然关于暂时政策和永久政策预期效果的假设作为经济的准确描述是不现实的，但它们在教学上是有用的，因为它们让学生了解市场对政策持续时间的不同预期如何改变其质量效果。一方面，学生可能会发现暂时和永久的区别；另一方面，发现短期和长期的区别。当然，一开始有点令人困惑。花几分钟讨论这个话题可能是值得的。

　　在短期内，货币供给量的暂时和永久性增长都会通过汇率贬值扩大产出。对永久性货币变化的长期分析再次表明了众所周知的多恩布什超调结果是如何发生的。暂时扩张性财政政策在短期内提高产出，并导致汇率升值。然而，即使是在短期内，永久性财政扩张也不会对产出产生影响。原因是，根据模型的假设，货币升值对永久性财政扩张的反应完全"挤出"了出口。这是永久性财政扩张对预期长期汇率的影响的结果，这将资产市场均衡曲线向内移动。该模型可用于解释 1979—1984 年美国财政政策和货币政策的结果。该模型解释了 1982 年的衰退以及紧缩货币政策和宽松财政政策导致的美元升值。

本章最后讨论了基本模型针对实际世界所进行的修改。最近的经验对名义汇率变动与竞争力变动之间紧密、不变的关系，以及名义汇率变动和 DD - AA 模型中描述的贸易平衡变动之间的关系提出了质疑。汇率转嫁不完整，因此名义汇率变动不会一一转化为实际汇率变动。此外，汇率转嫁的程度将取决于出口发票所用的货币，以及汇率变化是由产出需求变化（较少转嫁）还是资产需求变化（较多转嫁）引起的。此外，货币贬值后，经常账户可能会立即恶化。这种 J 曲线效应的产生是由于交货时间滞后，以及与长期相比，短期需求弹性较低。本章讨论了不完全汇率转嫁和时变弹性对模型分析的影响。附录 2 提供了关于贸易弹性的进一步信息，介绍了马歇尔-勒纳条件，并报告了一些国家制成品国际贸易需求的短期和长期弹性的影响估计。

关于经常账户余额如何影响汇率的讨论也很有启发性：一个持续经常账户赤字的国家将经历净外国财富的损失，而这反过来又可能使货币贬值，因为国内消费存在偏差。这一观察结果与美国的数据相匹配，以说明美国最初导致货币升值和经常账户赤字的财政扩张，随着时间的推移，将导致美元贬值。本章最后总结了货币政策在流动性陷阱中的有效性。当名义利率为零时（就像 2010 年的美国那样），任何通过货币扩张刺激经济的尝试都将无效，因为利率不能降到零以下。DD - AA 模型的修正表明，对于处于流动性陷阱中的国家而言，AA 曲线的一部分是完全弹性的。事实上，货币政策只能通过改变预期汇率来影响产出。这或许可以解释美联储最近采取的非常规货币政策，如购买长期政府债券。

关键术语

给出下列关键术语的定义：
1. 货币政策
2. 财政政策
3. J 曲线
4. 流动性陷阱
5. 零利率下限

复习题

1. a. 讨论外国产出的暂时性增加对 DD 曲线的影响。

b. 讨论外国利率的暂时性增加对 AA 曲线的影响。

c. 在封闭经济下，利率和产出对财政扩张的反应是什么？对货币扩张的反应是什么？

d. 比较外国财政扩张和货币扩张的结果（提示：你需要用到你从习题 1a、1b、1c 中得到的结论，不用考虑其他国家的反馈效应）。通过比较，可以发现什么结果？

2. a. 假设今天报纸的头条是"国会和总统承诺明年减税"，你预期这会对今天的产出和汇率产生什么影响？

产出：_____

汇率：_____

b. 假设今天报纸的头条是"美联储宣布明年将扩大货币供给"，你预期这会对今天的产出和汇率产生什么影响？

产出：_____

汇率：_____

c. 假设上述两条消息同时出现在今天的报纸上，你认为这是否一定会影响今天的产出和汇率？

3. 考虑下面的评论："经常账户依赖于收入和实际汇率。如果收入增加，进口品的消费量将增大，从而会导致经常账户恶化。所以，如果货币政策是当局唯一能对经济情况做出迅速反应的工具，那么由收入的增加（例如，因为暂时性的减税）导致的经常账户恶化，就需要通过货币紧缩来减缓，并阻止经常账户恶化。"

a. 在图 17 - 1 中，运用 DD - AA 模型分析暂时性减税对收入和经常账户的影响。

b. 结论是否正如评论中所说，会导致经常账户恶化、收入增加？

c. 现在分析通货紧缩。在图 17 - 2 中，运用 DD - AA 模型说明它对收入和经常账户的影响。

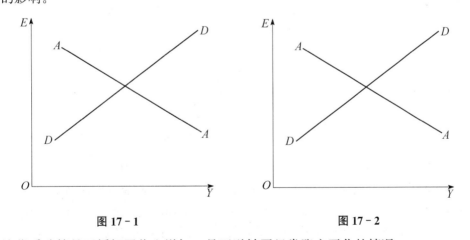

图 17 - 1　　　　　　　　　　　图 17 - 2

d. 该货币政策是否缓解了收入增加？是否逆转了经常账户恶化的情况？

4. 许多国家都会对持有外国资产征税或加以限制。通过在利率平价方程中加入税收项，我们便可以对这个现象进行建模。外国债券的税后收益由于税收而减少，所以国内利率低于不征税时的利率水平。利率平价方程将被调整为：

$$R = R^* + (E^e - E)/E - T$$

a. 根据利率平价方程的调整，DD - AA 图将如何变化？

b. 在图 17 - 3 中说明，对外国资产的征税额 T 暂时性增加将产生的影响。

5. 我们一直在假设预期汇率等于第 15 章中分析的预测汇率。现在，假设人们总是预期未来汇率等于当天的汇率值。

a. 在图 17 - 4 中画出该假设下的 DD - AA 图。

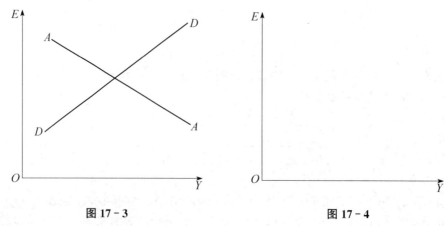

图 17 - 3 **图 17 - 4**

b. 比较这两个关于 E^e 的不同假设，分析货币供给暂时性增加对汇率和产出的影响，见图 17 - 5。

c. 在下列给出的坐标轴上，分析在这两个关于 E^e 的不同假设下，政府支出暂时性增加对汇率和产出的不同影响，如图 17 - 6 所示。

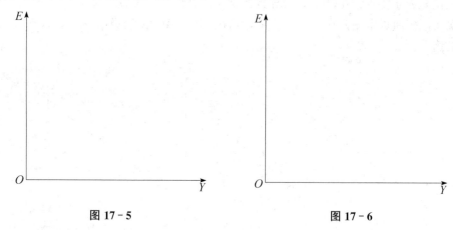

图 17 - 5 **图 17 - 6**

6. 当对某企业产品的需求上升时，企业可能会提高价格。扩张性财政政策或货币政策会使得一国需求上升。分析当需求引起价格变化时，将汇率变化与价格变化相关联的这种转嫁关系是如何取决于汇率波动的根源的。（提示：考虑与存在货币扩张时相比，当财政扩张时，汇率和产出是如何一起变动的。）

教科书中习题的答案

1. 投资需求的下降会降低任何汇率水平下的总需求量，即导致 DD 曲线向左移动。

2. 关税是对进口品的消费征税。无论汇率水平如
   何，对本国商品的需求以及总需求水平都会更
   高。如图 17－7 所示，这时产出市场从 DD 右
   移到 $D'D'$。如果关税是暂时性的，这是唯一
   的效果。即使随着经济从点 0 向点 1 移动，汇
   率升值，产出也会上升。但是，如果关税是永
   久性的，长期预期汇率会升值，因此资产市场
   将转向 $A'A'$，在这种情况下，货币升值幅度
   更大。如果产出最初处于充分就业状态，则产
   出不会因永久性关税而发生变化。

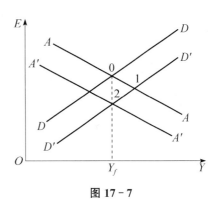

图 17－7

3. 即使政府维持预算平衡，暂时性的财政政策也会影响就业和产出。一个直观的解释
   是，政府和纳税人的消费倾向不同。如果政府多支出 1 美元，并且通过向公众征税来
   为这项支出融资，那么由于政府会花掉整个 1 美元，总需求将上升。然而，公众减少
   的支出会小于 1 美元（公众选择减少储蓄的同时减少消费）。对总需求的最终影响比
   第一轮中政府和公众消费倾向的差异更大，正是第一轮支出引发了随后的支出。（当
   然，货币升值仍然可以阻止永久性的财政政策对模型产出产生影响。）

4. 私人总需求的永久性下降导致 DD 曲线向内和向左移动，由于预期未来汇率贬值，
   AA 曲线向外和向右移动。然而，这两种移动不会对产出产生影响，原因与永久性财
   政扩张对产出没有影响相同。净效应是名义汇率贬值，由于价格不会变化，相应的实
   际汇率贬值。没有理由对这一事件做出宏观经济政策反应。

5. 我们可以用图 17－8 来说明永久性的财政扩张
   是如何导致经常账户恶化的。图中，XX 曲线
   是维持经常账户平衡的汇率与收入的组合。
   XX 曲线左上方的点代表经常账户盈余，右下
   方的点代表经常账户赤字。永久性的财政扩张
   会使得 DD 曲线移动到 $D'D'$，而且，由于对
   长期汇率的影响，AA 曲线也将移动到 $A'A'$。
   均衡点会从点 0，即经常账户处于均衡的点，
   移至点 1，即发生经常账户赤字。然而，如果
   发生同等规模的暂时性财政扩张，AA 曲线就
   不会移动，新的均衡点将为点 2，同样也存在

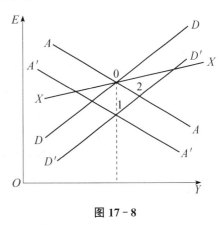

图 17－8

经常账户赤字，尽管赤字要比点 1 小。由于对于暂时性冲击，预期不发生变化，进而
AA 曲线不会移动，因此，暂时增加政府支出所导致的经常账户的下降幅度要小于永
久性地增加政府支出所引发的经常账户的下降幅度。

6. 暂时减税将使 DD 曲线向右移动，在没有货币化的情况下，对 AA 曲线没有影响。在
   图 17－9 中，这被描述为 DD 曲线向 $D'D'$ 移动，均衡点从点 0 移动到点 1。如果赤字
   由未来货币化融资，则由此产生的预期长期货币名义贬值将导致 AA 曲线向右移动到
   $A'A'$，这达到了均衡点 2。对汇率的净影响是模糊的，但产出肯定会比单纯财政转移
   的情况下增加更多。

7. J 曲线以外的因素可能会导致经常账户恶化，并伴随着货币贬值。例如，外国对本国产品需求的下降会导致经常账户恶化，并降低总需求，进而导致货币贬值。就图 17-10 而言，DD 曲线和 XX 曲线发生同等幅度的垂直移动，分别移至 $D'D'$ 和 $X'X'$，从而使得均衡点从点 0 移动到点 1，经常账户赤字。为了检验 J 曲线效应，你可以在货币贬值时分析以本国商品衡量的进口价格是否上升，是否抵消了进口量的下降和出口量的上升。

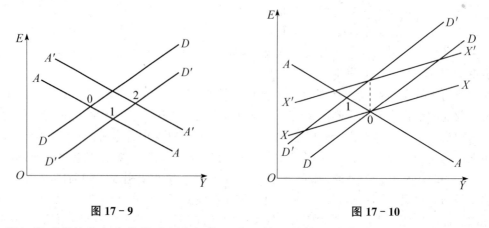

图 17-9   图 17-10

8. 增加货币供给的宣告将导致预期长期汇率贬值，并使 AA 曲线右移。这将导致产出立即增加，货币贬值。因此，预期政策行动的效果先于政策的实际实施。

9. 如果存在 J 曲线效应，在短期内，DD 曲线的斜率为负，尽管其斜率的绝对值可能会超过 AA 曲线的斜率。正如图 17-11 中所描述的，暂时性的财政扩张政策会使得产出市场曲线 DD 移动到 $D'D'$，而因为在这种情况下，它仍然会扩大产出并使货币升值，所以这个政策所产生的效应不会改变（均衡点会从点 0 变为点 1）。

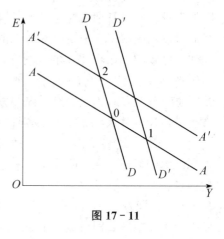

图 17-11

实行扩张性货币政策会使货币贬值，在短期内产出减少，从而使得 AA 曲线移动到 $A'A'$，均衡点由点 0 变为点 2。只有经过一段时间后，扩张性货币政策的效应才会显现（假设国内价格水平不会非常快地做出反应）。

10. 马歇尔-勒纳条件的推导使用了平衡经常账户的假设，将 EX 替换为 $(q \times EX^*)$。当经常账户最初不是零时，我们不能进行这种替换。相反，我们定义变量 $z = (q \times EX^*)/EX$。该变量是以通用单位表示的进出口比率。当有经常账户盈余时，z 将小于 1；当有经常账户赤字时，z 会大于 1。可以对方程 $CA = EX - qEX^*$ 两边求总导数，并得出一般的马歇尔-勒纳条件 $n + zn^* > z$，其中 n 和 n^* 如附录 2 所定义。平衡经常账户（$z=1$）马歇尔-勒纳条件是这个一般条件的特例。当 n^* 小于 1 时，初始赤字越大，贬值越不可能改善经常账户。相反，当 n^* 小于 1 时，初始盈余越大，贬值越有可能改善经常账户。

11. 如果进口价格构成消费者价格指数（CPI）的一部分，则由货币升值引起的进口价格的下降将导致价格总水平下降。而价格水平的下降会增加实际货币供给。如图 17 - 12 所示，产出市场曲线会从 DD 移动到 $D'D'$，同时资产市场均衡曲线也会向内移动。如果进口价格不包含在消费者价格指数中，而且货币升值不影响价格水平，那么资产市场均衡曲线会移动到 $A''A''$，即使在短期内也不会对产出有任何影响。但是，如果因为货币升值引起价格总水平下降，则资产市场均衡曲线会发生比较小的移

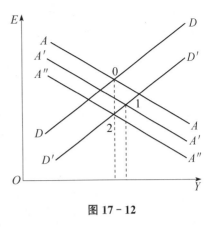

图 17 - 12

动，会移动到 $A'A'$，在这时的均衡点点 1 处，产出量会高于最初的均衡点点 0。随着时间的推移，当产出量超过它的长期水平时，价格会上涨，并导致资产市场均衡曲线由 $A'A'$ 移动到 $A''A''$，最后使产出量回归到其长期水平。

12. 在其他条件相同的情况下，风险溢价的增加会使资产市场曲线向外向右移动。政府支出的永久性增长使资产市场曲线向内向右移动，因为这会导致预期的未来汇率升值。政府支出的永久性增长也会导致商品市场曲线向下向右移动，因为这会提高总需求。在没有风险溢价的情况下，政府支出永久性增长后，DD 曲线和 AA 曲线的新交点处于产出的充分就业水平，因为这是唯一与长期价格水平不变一致的水平。然而，在本问题讨论的情况下，名义利率随着风险溢价的增加而上升。因此，产出也必须高于充分就业产出的初始水平；与教材中的情况相比，AA 曲线的偏移量不大，因此产量上升。

13. 假设最初产出处于充分就业水平，一个永久性的财政政策变化会同时引起 AA 曲线和 DD 曲线的移动，从而对产出总水平不产生影响。现在考虑这样一种情形：经济最初不是处于充分就业状态。一个永久性的财政政策变动会由于对长期汇率产生影响而导致 AA 曲线移动，同时由于对产出产生影响而导致 DD 曲线移动。但是，对于这种情况，由于产出的初始值不等于其长期水平，因此没有理由认为产出会保持不变，所以，教科书中表明永久性的财政政策对产出不产生影响的论断是行不通的。实际上，我们希望经济最初处于衰退期（低于 Y^f），那么通过采取积极的永久性财政政策将会刺激经济回升到 Y^f。如果 Y 持续增长，那么我们预期价格水平可能持续下降（假定 M 是不变的）。长期中 P 的下降会引起 AA 曲线和 DD 曲线都向外移动。我们还可以考虑这样一个事实：最初经济处于充分就业状态，没有对 Y 有影响的因素，由于对本国产品需求增加（这是 G 增加的结果）而产生的必要的实际升值使得 AA 曲线回到原来的位置。如果 Y 持续增长，与之相应的供给也会增加，供给的增加会抵消相应需求的增长，而且会减弱对实际升值的需求。由于这个原因，AA 曲线至少会回到原来的水平。因为不知道这些曲线会移动多大幅度（冲击的规模），所以我们不知道确切的效果，但是我们知道，在没有限制的情况下，从长期来看，Y 不会变化。教科书中的结论将不再成立，不管在长期还是短期，都可以对 Y 产生影响。

14. 我们认为，一个经济体的中央银行可以保持利率和汇率不变，因此，我们只需要考虑经济体的商品方面。商品市场均衡为 $Y=(1-s)Y+I+G+aE-mY$，合并项并求解 Y 得出：

$$Y=(I+G+aE)/(s+m)$$

因此，政府支出增加 1 单位将导致产出增加 $1/(s+m)$ 单位。回想一下，s 是边际储蓄倾向，m 是边际进口倾向。随着这两种边际倾向的增加，政府支出的乘数效应将减少。这是直观的，因为如果一部分支出被节约，并且一部分支出通过进口流出该国，那么政府支出的影响将被稀释。

15. 根据教科书的论述，如果产出水平的初始量等于其长期水平，那么在一个永久性的财政扩张政策下，产出水平不会上升。使用相似的结论，我们可以说在一个永久性的财政扩张政策下，产出水平也不会低于其初始的长期水平。一个永久性的财政扩张政策不会对长期的价格水平产生影响，因为财政扩张对货币供给或者国内利率和产出的长期价值并无影响。当产出最初处于其长期水平时，R 等于 R^*，Y 等于 Y^f，并且实际余额在短期内不变。如果产出下降，将会产生超额货币供给，那么国内利率不得不下降，但是因为 R^* 不变，当 R 下降到一定程度使 $(R-R^*)$ 为负数时，这将意味着本币预期升值。但是，只有当产出增长，经济在恢复长期均衡的过程中发生本币升值时，这种情况才会发生。然而，货币的升值会进一步使失业状况恶化，从而阻碍产出的增加，使之不能恢复到充分就业的 Y^f 水平。如教科书中的例子所示，这个矛盾只有在产出维持在 Y^f 水平时才可能解决。

16. 很难看到政府支出如何能够在不增加税收的情况下永久性增长，或者如何在不削减支出的情况下实现永久性减税。因此，难以想象真正永久的财政扩张。一种可能的情况是，如果政府意识到自己正在走上永久盈余的道路，它就可以减税而不冒长期失衡的风险。因为理性的代理人意识到政府有长期的预算约束，他们可能会认为任何财政政策实际上都是暂时的。这意味着"永久性"冲击看起来就像是暂时的。这与本章中问题 14 的讨论非常相似。

17. 高通货膨胀经济体应该会存在更高的价格转嫁效应，因为定价者已经习惯于对价格做出快速调整（随着人们学会如何更快地调整价格，菜单成本也会不断降低）。因此，在高通货膨胀经济体中，贬值可能导致价格迅速变化，而在低通货膨胀经济体中，企业可能会因为担心失去生意而不愿意提高价格，但前提是消费者对其价格变化不敏感。而且，在高通货膨胀经济体中，贬值很可能是由货币供给的增加造成的，这自然而然地就会使价格上升，从而价格转嫁效应更加明显。

18. "购买美国货"条款将导致 DD 曲线的右移幅度大于政府支出的无约束增长幅度，因为与用刺激资金购买一些进口商品相比，对美国产出的需求将更大。然而，如果政府支出的这一增长是永久性的，那么即使存在"购买美国货"条款，对产出的净影响也是相同的。政府支出的永久性增长将使美元的预期未来价值上升，导致 AA 曲线向左移动。财政刺激越大（DD 曲线右移），AA 曲线的抵消性左移越大。因此，如果政府支出的增长是永久性的，"购买美国货"条款对产出的影响不会比不受约束的财政政策更大。如果支出的增加是暂时的，那么"购买美国货"条款在短期内可能会产生更大的影响，但在长期内会导致更大的价格上涨，使净长期影响不变。

19. 我们假设经济初始时处于充分就业水平，$R=R^*$。因此我们知道，$Y=\dfrac{aE+I+G}{s+m}=$

$Y^f=\dfrac{aE^e+I+G}{s+m}$。政府支出的增加不会影响货币供给量、国内利率的长期价值或充分就业产出。这样，它不会对长期价格水平产生影响。因此，我们可以得出结论：政府支出的增加不会影响产出。如果是这样，那么由于实际货币供给量保持不变，产出的任何增加都将推动国内利率高于国外利率，以保持货币市场均衡：$M^s/P=bY-dR$。然而，由于利率平价，如果国内利率 R 提高，那么国内货币一定会贬值。然而，这不可能。当产出高于充分就业水平时，就会出现超额需求。如果货币贬值，这只会加剧这种超额需求。因此，政府支出的增加不可能使产出超过充分就业水平。相反，政府支出的增加将导致预期汇率下降（国内货币的预期升值），这反过来又必然导致当前汇率下降，因为 $R=R^*$。从我们导出的产出表达式 $Y=\dfrac{aE+I+G}{s+m}$ 来看，G 的任何增加都将被 aE 的成比例减少抵消，从而使产出保持不变。参数 a 越大，本国货币升值对政府支出增加的影响越小。

20. 从货币市场条件 $\dfrac{M^s}{P}=bY-dR$ 开始，插入利率平价的近似值 $R=R^*+(E^e-E)/E^e$。通过一些操纵，我们可以求解当前汇率 $E=-\dfrac{bE^e}{d}Y+\dfrac{E^e}{d}\left(\dfrac{M^s}{P}+d(R^*+1)\right)$。将其插入商品市场均衡，然后求解 Y，得到 $Y=\dfrac{a}{s+m+\dfrac{abE^e}{d}}\left(\dfrac{M^s}{P}+d(R^*+1)\right)+\dfrac{1}{s+m+\dfrac{abE^e}{d}}\times$

$(1+G)$。因此，政府支出乘数由 $\dfrac{1}{s+m+\dfrac{abE^e}{d}}$ 给出，类似于我们在问题 14 中发现的，

除了 $\dfrac{abE^e}{d}$ 之外。基于这个表达式，我们看到政府支出乘数在 a 和 b 中下降，但在 d 中增加。这是直观的。当产出对汇率变动敏感（a 值较大）时，导致汇率下跌（货币贬值）的政府支出增加对产出的影响较小。参数 b 表示货币需求对产出变化的响应。如果更多的产出导致货币需求增长更快（b 值更高），那么政府支出导致的产出增长将受到更大的货币需求推高利率的抑制。参数 d 衡量货币需求对实际利率的响应。随着利率的上升，货币需求将以更快的速度下降，d 值更大，从而使产出能够随着政府支出的增加而扩大。

第**18**章 固定汇率与外汇干预

主要内容

　　固定汇率下的开放经济宏观经济分析与弹性汇率分析具有双重性。在固定汇率下，采用给定汇率，注意力集中在政策对国际收支的影响上。相反，在没有官方外汇干预的弹性汇率下，国际收支等于零，货币供给量是一个政策变量，分析侧重于汇率决定。在有管理的浮动的中间情况下，货币供给量和汇率在某种程度上由中央银行政策决定，都是内生的。

　　本章分析了汇率灵活性有限的各种货币政策制度。在布雷顿森林体系崩溃 30 多年后，用一章专门讨论这一专题的原因包括工业化国家普遍实行的有管理的浮动汇率制度、发展中国家普遍使用的固定汇率制度，以及区域货币安排。其中，区域货币安排包括一些欧洲国家与欧元挂钩的汇率机制、呼声很高的基于更积极的汇率管理的新国际货币制度以及使用欧元的国家之间不可撤销的固定汇率（第 20 章将深入讨论该议题）。

　　首先，本章分析了典型的中央银行资产负债表，以显示国际收支、官方外汇干预和国内货币供给之间的联系。其次，本章描述了外汇冲销干预，它改变了公众持有的有息资产的组成，但不改变货币供给量。最后，本章将该分析与第 15 章的汇率确定分析相结合，以证明中央银行改变货币供给量以钉住名义汇率的方式。固定汇率下货币供给量的内生性是本次讨论的焦点。

　　第 17 章中开发的工具用于证明固定汇率制下货币政策的无能和财政政策的有效性。本章研究了贬值和重估的短期和长期影响。已经建立的机制表明，国际收支危机是一种自然的描述，即公众开始预期未来货币贬值的事件。这种预期会导致私人资本外逃，而与之相对应的是，官方储备遭受了大幅损失。本章对货币危机的不同解释进行了探讨，既有人认为危机源于不一致的政策，也有人认为危机不一定不可避免，而是源于自我实现的预期（详见本章附录 2）。

　　通过了解固定利率和浮动利率的极性，学生能够理解有管理的浮动的更现实的中间情况。对有管理的浮动的讨论集中在冲销性外汇干预的作用和不完全资产替代性理论上。在模型中加入风险溢价，使得各国政府在短期内有一定的空间实施独立的汇率和货币政策，从而丰富了分析。本章回顾了试图从经验上证明冲销性外汇操作的有效性的结果，但这些操作通常是负面的。本章还讨论了中央银行干预作为未来政策行动的"信号"的作用以及这种战略所带来的信誉问题。本章结尾的案例研究考虑了在危机中对储备的需求以及在危机期间获取储备的潜在困难导致了一种强烈的动机：如果想要缓冲国际收支危机，就要预防性地持有储备。

在这一点上，本章讨论放弃了小国框架，而是从系统的角度讨论了两种不同的固定汇率制度的性质：储备货币制度和金本位制。这些制度之间的一个关键区别是储备中心与世界其他国家之间的不对称性，而不是在金本位制下所有国家之间的对称调整。研究表明，这种不对称性使储备中心对世界货币状况具有排他性控制权（至少在利率平价连接各国货币市场时）。

本章最后讨论了金本位制和金汇兑本位制的利弊。本章附录1给出了一个更详细的关于资产的不完全替代的汇率确定模型。本章附录2分析了发生国际收支危机的时点。

▍关键术语

给出下列关键术语的定义：
1. 冲销性外汇干预
2. 资产的不完全替代
3. 金本位制
4. 金汇兑本位制
5. 风险溢价
6. 国际收支危机

▍复习题

1. 假设热带国家 Humidor 出口雪茄、进口空调。2000 年 Humidor 出口了价值 1 000 万赫元的雪茄、进口了价值 900 万赫元的空调，其中赫元代表本国货币。

   a. 如果中央银行不对外汇市场进行干预，既不买进也不卖出外币（像我们通常所假设的那样，资本账户为零），填写下面的国际收支平衡等式。

   国际收支余额＝经常账户余额＋资本账户余额
   　　　　赫元＝　　　　赫元＋　　　　赫元

   b. 表 18-1 是 Humidor 中央银行在 2000 年底的资产负债表。在 1a 部分的假设下，说明资产负债表是如何变化的，2001 年底 Humidor 的货币供给会发生什么变化。（假设中央银行不参与任何与国际收支平衡无关的公开市场操作。）

表 18 - 1　中央银行的资产负债表

2000 年 12 月 31 日		
	资产	负债
国内	1 亿赫元	_____赫元
国外	2 000 万赫元	

2001 年 12 月 31 日		
	资产	负债
国内	1 亿赫元	_____赫元
国外	_____赫元	

c. 假设该国采取固定汇率，且没有私人资本流动，请填写下列国际收支平衡等式。

国际收支余额＝经常账户余额＋资本账户余额

_____赫元＝_____赫元＋_____赫元

d. 假设该国采取固定汇率，没有私人资本流动，说明 2000 年底与 2001 年底之间中央银行的资产负债表是如何变化的，该国的货币供给是如何变化的，见表 18 - 2。

表 18 - 2　中央银行的资产负债表

2000 年 12 月 31 日		
	资产	负债
国内	1 亿赫元	1.2 亿赫元
国外	2 000 万赫元	

2001 年 12 月 31 日		
	资产	负债
国内	_____赫元	_____赫元
国外	_____赫元	

2. 尽管在实践中保持固定汇率的任务是由一个国家的货币当局完成的，但在理论上可以运用财政政策保证固定汇率体系成立，这样可以使货币政策能够用于实现其他目标。在这个问题中考虑 Fiscalia 国，它有一个固定汇率 E_0。这一固定汇率是通过政府支出和税收政策实现的。

a. 假设在 Fiscalia 国有一个突然的没有预期到的投资需求的增加。在图 18 - 1 中说明如果没有政府的干预，这将如何影响汇率。讨论在固定汇率下，当投资需求增加时，该国的政府支出或者税收必须发生什么变化。

b. 假设 Fiscalia 国有一个未预期到的货币需求的下降，在图 18 - 2 中说明其效应，财政政策有什么反应。

c. 在 Fiscalia 国，财政政策对于产出的改变有什么效果？货币政策呢？如果你的答案和本章的标准答案不同，请解释原因。

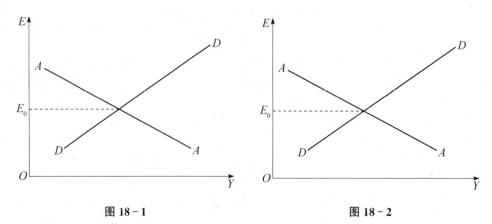

图 18 - 1　　　　　　　　　　　　图 18 - 2

3. 假设美联储和欧洲中央银行认为有必要让欧元对美元升值，但是双方中央银行都不希望外汇干预的结果是使其内部货币供给发生变化。

a. 表 18 - 3 是简化的美联储资产负债表，其资产包括以美元标价的债券和以欧元标价的债券。说明美联储将如何改变其资产持有量以达到使欧元升值的目的，同时保持美国货币供给不变。

表 18 - 3

干预前的美联储资产负债表		
	资产	负债
国内	5 000 亿美元	6 000 亿美元
国外	1 000 亿美元	
干预后的美联储资产负债表		
	资产	负债
国内	_____美元	_____美元
国外	_____美元	

b. 表 18 - 4 是简化的欧洲中央银行的资产负债表，说明它是如何改变资产持有量从而使得美元贬值同时保持欧元区货币供给不变的。

表 18 - 4

干预前的欧洲中央银行资产负债表		
	资产	负债
区内	20 000 亿欧元	28 000 亿欧元
区外	8 000 亿欧元	
干预后的欧洲中央银行资产负债表		
	资产	负债
区内	_____欧元	_____欧元
区外	_____欧元	

c. 在图 18-3 中说明在问题 3a 给出的政策下，美国债券风险溢价的变化。在图 18-4 中说明在问题 3b 给出的政策下，欧元区债券风险溢价的变化。

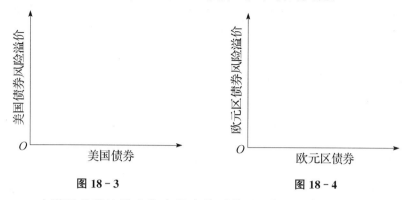

图 18-3   图 18-4

d. 在图 18-5 中说明美联储持有资产的变化对美元/欧元汇率的影响。在图 18-6 中说明欧洲中央银行持有资产的变化对美元/欧元汇率的影响。

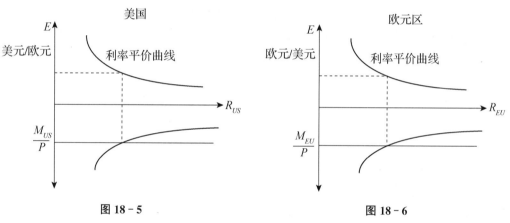

图 18-5   图 18-6

4. 本章附录说明了国际收支危机的发生时点问题，危机发生（即中央银行所有的储备都耗尽）在影子浮动汇率线穿过固定汇率线时，即图 18-7 和图 18-8 中的 T_0。

a. 影子浮动汇率线的斜率代表了货币供给的增长率。在图 18-7 中说明货币供给增长率减缓是如何影响国际收支危机的发生时点的。

b. 是否存在足够小的正的货币供给增长率从而使得国际收支危机永远不会发生？

c. 影子浮动汇率与纵轴的交点会随着中央银行最初持有的外币储备的增加而下降。在图 18-8 中说明中央银行持有的初始储备的增加会如何影响投机性攻击发生的时点。

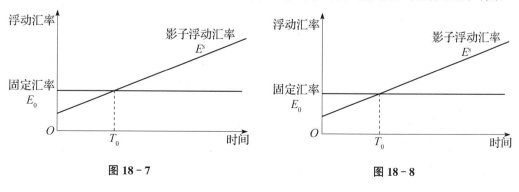

图 18-7   图 18-8

d. 如果货币供给存在正的增长率，是否存在足够大的储备水平从而得以避免国际收支危机？

5. 现实中冲击不是在某一时刻发生的。当货币冲击开始时，一国政府可以提高利率以避免币值过度变化。

   a. 用我们的模型解释为什么提高利率有助于避开投机性冲击。

   b. 政府的抵抗是怎样导致其他投资者认为汇率是不堪一击的（即使他们以前不这么认为）？

   c. 这种原本稳定的货币可能会因为某一次冲击——即使冲击不一定发生——而真正崩溃吗？

6. 在英国政治上有争议的一个事件是，20 世纪 80 年代末期和 90 年代初，英国是欧洲货币体系（EMS）汇率机制的一个潜在的成员。有反对者说这将迫使英国和德国一样削减货币政策的自主权。如果你是在 1991 年回答这个问题（即欧元还不存在，英国在 EMS 体系中）：

   a. 在图 18－9 中说明英国货币供给的增加将如何影响英镑/德国马克的汇率，并讨论英国作为（近乎）固定汇率的 EMS 成员，为什么在实行货币政策方面的自主权会降低。

   b. 德国马克似乎是 EMS 的储备货币，用图 18－10 说明德国货币供给的减少对英国货币当局政策的影响。

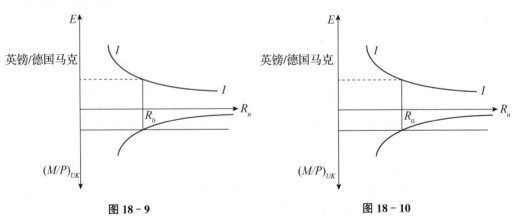

图 18－9   图 18－10

   c. 从 EMS 储备货币制度转向单一货币（欧元），对德国占据货币政策的统治地位会产生什么影响？（这个问题将在第 20 章中详细讨论。）

7. a. 运用本章附录 2 中描述的国际收支的货币分析法，讨论产出的增加对中央银行持有的外汇量的影响。对本国货币供给会产生什么净影响？

   b. 再一次运用国际收支的货币分析法，讨论中央银行持有的本币资产增长率的提高对国际收支的影响，以及中央银行持有的本币资产增长率的提高对本国货币供给增长率的影响。

   c. 运用货币分析法讨论，在面对货币需求下降时维持国际收支平衡会产生什么效应。然后运用货币政策工具讨论由于投资的下降而导致经济减速时维持国际收支平衡的效应。你认为两个例子中的失业情况类似还是有所不同？

教科书中习题的答案

1. 在中央银行债务不变（或者货币供给不变）的情况下，中央银行国内资产的扩张会导致它的国外资产等量下降。通过回忆国外储备是如何下降的，可以很容易地理解对国际收支账户的这种影响。中央银行用货币购买国内资产后，最初会存在货币超额供给。此时，中央银行为保持汇率不变必须干预外汇市场以应对货币超额供给。具体做法是，中央银行销售国外资产，购买货币，直到货币的超额供给被消除。因为私人部门获得了中央银行丧失的储备，所以非中央银行的资本流出（借记资本账户）等于私人部门持有的国外资产的增加。抵消性的贷记是，中央银行持有的国外资产减少，即为一笔官方资本流入。

2. 政府支出的增加使得收入和货币需求增加。中央银行通过从国内公众处购买外国资产使本国货币升值来防止最初的超额货币需求。中央银行的外国资产增加，中央银行的负债也增加，货币供给量也随之增加。中央银行的额外储备持有量表现为官方资本流出，即资本账户借方。抵消该借方的资本流入（信用）与公众减少的外国资产额度相同。

3. 一个一次性的未预期到的币值下调最初将增加产出；产出的增加又会增加对货币的需求。中央银行必须通过用本国货币购买外国资产来满足更大的货币需求，这不仅会增加中央银行的国外资产，而且会增加中央银行的债务（和本国的货币供给）。官方外汇储备增加的同时官方资本外流；在国际收支账户上与其对应的是公众持有的国外净资产的流出。（公众必须将所持有的国外资产换成其从中央银行购买的货币，或者通过销售国外资产，或者通过借入国外货币的方式。两者都是资本流入。）

    下面是一个更加微妙的问题：当以本币衡量的外币价格上升时，初始存有的外国储备的价值会上升。这个资本收益本身会增加中央银行的国外资产（在我们的分析中是用本币衡量的），那么，与其相对应的增加的负债在哪里？中央银行是否会将更多的货币或者银行系统的储备注入经济体系以平衡它的资产负债表？答案是，中央银行一般会创造虚拟的账户债务来抵消汇率波动对国际储备中本币价值的影响。这些资本收益和损失不会自动导致货币基础的改变。

4. 如图 18 - 11 所示，币值下调导致 AA 曲线转向 $A'A'$，这反映了经济中产出和货币供给的扩张。图 18 - 11 还包含一条 XX 曲线，沿着该曲线，经常账户处于平衡状态。初始均衡点点 0 在 XX 曲线上，反映了该点的经常账户处于平衡状态。币值下调后，新的均衡点位于 XX 曲线左方，即经常账户盈余区域。在固定价格的情况下，币值下调提高了经济的竞争力，增加了出口，减少了进口，提高了产出水平。

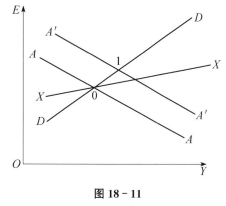

图 18 - 11

5. 出于几个原因，汇率稳定可能优于货币政策自主。首先，一个有着高通胀历史的国家可能需要致力于固定汇率制度以控制通胀。这在没有独立中央银行的国家最为常见，这些国家将货币政策作为支持扩张性财政政策的手段。其次，降低货币风险可以消除国际贸易和投资的重大障碍。最后，决策者可以选择牺牲自主权，与其他国家签订合作协议，以降低以邻为壑政策的风险。所有这些好处都必须与失去货币自主权的成本相衡量。如果一个国家将其汇率固定在一个与之有高度协调的经济周期的国家，这可能不是一个很大的成本。然而，如果该国受到频繁的特殊冲击的打击，货币政策作为应对这些冲击的工具的损失可能超过汇率稳定带来的任何收益。

6. 通过提高产出，财政扩张增加了进口，从而恶化了经常账户平衡。然而，经常账户的直接下降小于浮动不足时的直接下降，因为货币不会升值并挤出净出口。

7. 浮动汇率下暂时性和永久性财政扩张的效果不同的原因是，暂时性政策对预期汇率没有影响，而永久性政策对预期汇率有影响。AA 曲线随着预期汇率的变化而变化。根据图表，永久性财政扩张导致 AA 曲线向下和向左移动，与 DD 曲线的向外移动相结合，不会导致产出变化。然而，在固定汇率的情况下，两种政策的预期汇率都没有变化，因为根据定义，汇率是固定的。为了应对暂时性和永久性财政扩张，中央银行必须扩大货币供给量（使 AA 曲线外移），以防止货币升值（由于 DD 曲线的外移）。因此，当汇率固定时，在永久性或暂时性财政扩张之后，Y 上升，E 不变。

8. 通过增加产出，币值下调能够自动提高私人储蓄，因为增加的一部分产出被储蓄起来了。政府的税收收入会随着产出的增加而增长，所以预算赤字有可能下降，意味着公共储蓄增加。在教科书中我们假设投资是常数。如果投资与实际利率负相关（正如在 $IS-LM$ 模型中），由于币值下调会提高通货膨胀预期，从而降低实际利率，所以投资会增加。（名义利率保持在世界水平。）对利率敏感的那部分消费支出也会增加，而且如果利率的影响足够强，就会导致经常账户赤字。

9. 进口关税提高了国内消费者的进口价格，并将消费从进口转向国内生产的商品。这导致 DD 曲线向外移动，增加产出并使货币升值。由于中央银行不允许汇率变化，它必须增加货币供给量，这一行动在图形中被描述为 AA 曲线的向外移动。与这种货币扩张相对应的是国际收支顺差和官方外汇储备的同等增长。

一个国家进口的下降意味着另一个国家出口的下降，而该国的 DD 曲线也相应地向内移动，这就需要中央银行进行货币紧缩以维持其固定汇率。如果所有国家都征收进口关税，那么没有一个国家能够成功地将世界需求转向对其有利的方向，或者通过改善国际收支来获得储备。然而，由于贸易量萎缩，所有国家都失去了一些贸易收益，如图 18-12 所示。

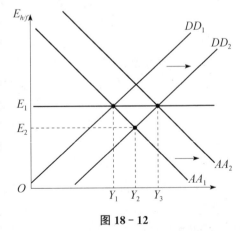

图 18-12

10. 如果市场预期币值下调是具有"黏性"的，则本国的名义利率会下降到世界水平，从而导致货币需求上升，中央银行就会用本国货币购买国外资产以抑制由于本国货币升值而导致的超额货币需求。根据我们的模型，中央银行会增加官方储备。即使在不远的将来再次发生币值下调，如果第一次币值下调降低了对未来的贬值预期，从而降低国内的名义利率，中央银行的储备也有可能增加，但是，最初不充分的币值下调会提高对未来的贬值预期，而且伴随着对国际收支的相反影响。

11. 如果日本银行持有美元而不是国库券，调整过程是对称的。随着美元票据停止流通并流入日本银行的金库，日本银行购买美元会导致美国货币供给量下降。日本的国际收支盈余增加了日本银行的货币供给量（如果没有冲销），同时减少了美国的货币供给。

12. 在持续的国际收支赤字时期，一个维持固定汇率的中央银行必须持有充分的用于缓冲的国外资产。如果中央银行耗尽了它的国外储备，在面对国际收支赤字带来的压力时，它就再也不能防止汇率贬值了。简单地说，中央银行可以选择汇率，允许储备持有的变化；或者选择所持有的外汇储备数量，允许汇率浮动。如果私人对储备的需求超过了储备的供给，中央银行就失去了控制储备数量的能力，它也就不能再控制汇率。因此，用国内资产还是国外资产来执行货币政策对于中央银行保持固定汇率是非常重要的。

13. 外汇稳定基金（ESF）支持日元的干预政策涉及将最初由 ESF 拥有的美元计价资产转换为最初由私营部门拥有的日元计价资产。因为这是一种债券与另一种债券的交换，货币供给量没有变化，因此，该交易自动冲销。该交易增加了私营部门持有的美元计价资产的未偿存量，从而增加了美元计价资产的风险溢价。

14. 由于资产的不完全替代性，中央银行可以在不影响汇率的情况下改变国内利率。例如，如果中央银行想降低国内利率，可以购买国内资产，增加货币供给量。为了冲销这种干预，中央银行还必须出售其持有的外汇储备资产。在图 18-13 中，货币供给量从 M_1 增加到 M_2 导致本国利率从 $R_{h,1}$ 下降到 $R_{h,2}$。然而，随着中央银行持有的国内资产存量从 A_1 上升到 A_2，购买国内资产导致国内资产必须支付的风险溢价从 $\rho(B-A_1)$ 下降到 $\rho(B-A_2)$。国外资产预期国内货币收益率的下降抵消了国内利率的下降，并使汇率保持在 E_1 不变。如图 18-13 所示。

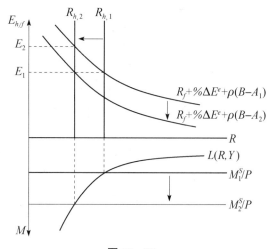

图 18-13

15. 中央银行的外国资产仍在下降，因此负债也必须下降。在这种情况下，货币没有变化，但在支票清算后，发行银行在中央银行的存款减少了 100 美元。见表 18-5。

表 18-5

资产	负债
国外资产：900	银行存款：400
国内资产：1 500	货币：2 000

16. 在目标区内仍有国内利率独立于国外利率运动的一些空间。考虑一年期利率，当国外利率 R^* 上升 1％时，本币将贬值 1％，从而可能存在本币升值预期，即重新回到浮动带中央，进而抵消这 1％的利差对本币的影响。在短期内，在理论上，我们可以预期 3 个月内汇率变动达 2％（从浮动带的最高到最低），这就使得 3 个月的利差达到 2％，意味着年利差可能超过 8％。期限越短，利差可能越大，但这要求固定汇率依然可信。例如，对于 10 年期债券，由于 10 年利差可达 2％，因此每年预期升值幅度最大也只有 0.2％，也就是说，年利差只有 0.2％。

17. 在三国世界中，中央银行固定一种汇率，但让其他汇率浮动。它使用货币政策的能力仍然受到限制。它必须操纵货币供给量，将利率维持在利率平价水平。它没有自主权。同时，它不能保持一种以上的固定汇率。

18. 考虑法国出售国内资产交换黄金的例子。如果其他中央银行想要保持它们的货币黄金，它们将会提高利率（通过出售国内资产来减少货币供给）以阻止黄金外流。结果可能是所有中央银行降低其国内资产的持有量，仍旧持有相同数量的黄金。不同的是，如果法国试图卖掉国内资产换取黄金，而且其他中央银行也这么做，净效应就是在所有中央银行资产负债表的资产方有相同数量的黄金，但是国内资产减少。因此，总资产减少，同时出现了货币紧缩效应。相反，如果法国在其储备货币体系里购买美元资产作为外汇储备，它们可以在公开市场上用国内资产购买美元。如果投资者想持有美元并且美元价格开始上升，美联储可以很容易地通过用美元购买外国资产来增加美元供给。因此，两国都增加了外汇储备，并且资产负债表的资产方不需要减少。

19. 当一国对储备货币贬值时，其外汇储备价值不变，但本币价值现在不同。币值下调，即外币现在可以购买更多的本币，导致以本币计量的储备价值增加。如果一个国家重新估值，这将导致本币损失。这些潜在的估值收益和损失将影响储备成本。一个国家收到的美国国库券利率低于其自身债务支付的利率，正经历着持有准备金的成本，但如果非抛补利率平价成立，这种利率缺口损失应该被汇率变化和估值收益完全抵消，因为当地货币预计将对美元贬值（因为当地 $R > R_{US}$）。另外，如果美元迅速贬值，拥有大量美元储备的国家将面临损失。只要美国利率高于当地利率（如果美元预计会贬值，则应高于当地利率），这些损失将由利率收益抵消。此外，如果汇率发生意外变化，我们将看到估值收益或损失在没有任何抵消利率支付的情况下实现。从某种意义上说，持有大量储备的一个成本是面临这些意外变化的风险。

20. 陷入流动性陷阱的经济体具有 AA 曲线，在产出水平远低于充分就业产出 Y_f 时，该曲线具有平坦部分。当利率等于零时，在保持预期汇率不变的情况下，利率平价将汇率确定为 $E_{h/f} = E^e / (1 - R_f)$。因此，任何通过扩大货币供给量使货币贬值的企图都将使汇率保持不变，因为利率不能为负。货币供给量的暂时增加只会将 AA 曲线向右移动，扩大 AA 曲线的平坦部分，并保持汇率和产出不变。因此，陷入流动性陷阱的国家很难通过货币政策增加产出。它们可以通过削减货币供给量来提高利率，但这实际上会使衰退（$Y_1 < Y_f$）变得更糟！

    然而，如果中央银行承诺永久增加货币供给量和永久下调汇率，它们可以通过货币政策刺激经济。如果可信，永久下调汇率将改变预期汇率。在图 18 - 14 中，预期汇

率从 E_1^e 上升到 E_2^e，这使 AA 曲线向右上方移动（因为永久下调汇率是通过增加货币供给量来实现的）。预期汇率的变化导致本币今天贬值，导致国内产出支出增加。所有这一切都取决于中央银行是否可信地承诺下调汇率。如果中央银行无法让人们相信它将永久下调汇率（而不仅仅是以后改变方向），预期汇率永远不会改变，产出也不会受到影响。如图 18－14 所示。

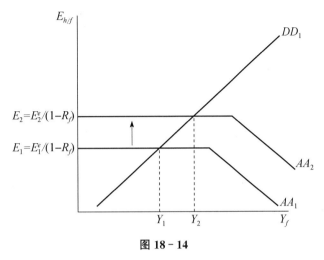

图 18－14

21. 由于瑞士处于流动性陷阱中，AA 曲线和 DD 曲线在 AA 曲线的平坦部分相交，因此，瑞士中央银行购买外国货币导致瑞士货币供给量的任何增加都只会拉长 AA 曲线的平坦部分，保持瑞士产出不变。基本上，在零利率下，人们满足于持有瑞士中央银行创造的额外货币，而通胀保持不变。

22. 利率平价条件规定 $R_{SWI} = R_{EU} + \%\Delta E_{Sfr/\epsilon}$。当 $R_{SWI} = 0$ 时，这意味着欧元利率必须等于瑞士法郎的预期升值（欧元贬值），以使利率平价成立。如果瑞士法郎预计升值幅度超过 R_{EU}，那么利率平价将不再成立，瑞士债券（甚至货币!）代表比欧元债券更好的投资。投资者将把资金转换为瑞士法郎，导致瑞士法郎今天升值。这将持续到瑞士法郎的预期升值再次等于欧元利率。

第 4 篇

国际宏观经济政策

第19章 国际货币体系：历史视角

布雷顿森林体系下美国的外部平衡问题

　　案例分析：布雷顿森林体系的瓦解、世界范围的通货膨胀和向浮动汇率的转向

　　输入型通货膨胀的机制

　　评价

浮动汇率制的例子

　　货币政策自主性

　　对称性

　　汇率具有自动稳定器功能

　　汇率与外部平衡

　　案例分析：1973—1990 年实行浮动汇率制的第一阶段

浮动汇率制下宏观经济的相互依存

　　案例分析：世界经济的转型与危机

　　案例分析：通货紧缩的危害

1973 年以来的经验

　　货币政策自主性

　　对称性

　　汇率的自动稳定器作用

　　外部平衡

　　政策协调问题

固定汇率对大多数国家来说称得上是一种选择吗？

第 19 章附录　国际政策协调的失败

主要内容

　　这是关于国际货币政策的四章中的第一章。这些章节以多种方式补充了前面的理论章节。它们提供学生所需的历史和制度背景，将他们的理论知识置于有用的环境中。这些章节还允许学生通过对历史和当前事件的研究，加深对理论模型的理解，并发展这些模型能够提供的直觉。（将该理论应用于当前感兴趣的事件，将有希望激励学生回到前面的章节，掌握第一次学习时可能遗漏的要点。）

　　第 19 章详述了国际货币体系从 1870—1914 年的金本位制到两次世界大战期间的演变、1973 年 3 月结束的二战后布雷顿森林体系以及此后盛行的有管理的浮动汇率制度。本章的焦点是每种体系如何解决或未能解决参与者的内部和外部平衡要求。当一个国家的资源得到充分利用，价格水平稳定时，该国处于内部平衡状态。外部平衡意味着经常账户的最佳时间路径，从长期来看是受其平衡影响的。在不同时期，其他因素在外部平衡的定义中都很重要，本章对此进行了讨论。然而，外部平衡的基本定义是适当的经常账户水平，这似乎抓住了大多数决策者的共同目标，无论具体情况如何。

　　每一种汇率体系的基础都是"开放经济的三重困境"，即你可以实现两个目标，但永远无法同时实现三个目标：汇率稳定、货币政策的独立，以及自由的资本流动。虽然金

本位制以货币政策的独立换取汇率稳定和自由的资本流动，但布雷顿森林体系通过以下方式允许自主的货币政策：限制资本流动，在现代浮动汇率时代牺牲汇率稳定来实现其他两个目标。大卫·休谟所描述的物价-硬币-流动机制表明了金本位制如何确保与外部平衡趋同。你可能需要展示以下物价-硬币-流动机制模型。该模型基于三个方程：

（1）中央银行的资产负债表。在最简单的层面上，这只是黄金持有量等于货币供给量：$G=M$。

（2）数量理论。假设速度和产出为常数，且均归一化为 1，则得出简单方程 $M=P$。

（3）国际收支平衡方程，其中经常账户是实际汇率的函数，没有私人资本流动：$CA=f(E\times P^{*}/P)$。

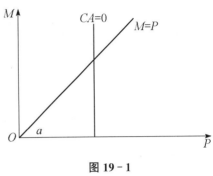

图 19-1

这些方程可以组合成图 19-1。45°线表示数量理论，垂线表示实际汇率导致的平衡经常账户的价格水平。当经济体失去平衡时，经济体沿着45°线向均衡点点 0 移动。例如，一个国家五分之四的黄金损失将使该国处于价格较低、货币供给量较低的点 a。由此产生的实际汇率贬值导致了经常账户盈余，随着国家从 a 沿 45°线向上走到0，这将恢复货币余额。

通过遵循游戏规则，物价-硬币-流动机制描述的自动调整过程得以加快。根据这个规则，当黄金储备下降（对应经常账户赤字）时，政府收缩其货币基础的国内来源部分，而当黄金储备上升（顺差情形）时，则扩大其货币基础。

实际上，黄金储备不断增加的国家几乎没有动力遵循游戏规则。这增加了持续经常账户赤字国家所承担的紧缩负担。金本位制也使内部平衡服从外部平衡的要求。研究表明，与 1945 年之后的时期相比，在金本位制下，价格水平稳定和高就业率的持续性较低。

在两次世界大战期间，经济严重不稳定。战争债务和赔款的货币化导致欧洲出现恶性通货膨胀。重回战前英镑与黄金平价的失败尝试导致了英国经济停滞。在大萧条期间，为了刺激国内经济增长，竞争性贬值和保护主义是徒劳的。这些以邻为壑的政策激起了外国的报复，并导致了世界经济的解体。其中一个案例研究表明，在大萧条期间，严格遵守金本位制似乎伤害了许多国家。

盟国经济政策制定者决心避免重蹈两次世界大战期间的覆辙，于 1944 年在布雷顿森林召开会议，为战后世界打造新的国际货币体系。本次会议形成的汇率制度以美国为中心。所有其他货币对美元都有固定汇率，而美元本身就有固定的黄金价值。该会议成立了国际货币基金组织来监督该体系，并通过向有暂时国际收支问题的国家提供贷款以促进其运作。

内部和外部平衡的正式讨论引入了支出-转换政策和支出-变动政策的概念。布雷顿森林体系强调不经常调整固定平价，这限制了支出-转换政策的使用。在 20 世纪 60 年代中期后，美国旨在为财政支出提供资金的货币增长上升，导致人们对美元失去信心，并终止了美元与黄金的可兑换性。本章中的分析表明了布雷顿森林体系是如何迫使各国从美国"进口"通货膨胀的，并表明当各国不再愿意接受这一负担时，该体系就会发生崩溃。

布雷顿森林体系崩溃后，许多国家转向浮动汇率制。理论上，浮动汇率制有四个主要优势：它们允许独立的货币政策；就赤字国和盈余国所面临的调整成本而言，它们是对称的；它们充当自动稳定器，从而能够减轻经济冲击的影响；它们有助于保持外部平衡，通过稳定投机使一个经常账户赤字较大的国家的货币贬值来实现平衡。

这些优势必须与实行浮动汇率制的国家的经验相匹配。浮动汇率制应给予各国更大的货币政策自主权。然而，证据表明，首先，一个国家的货币政策变化确实会跨越国界传播，限制了自主性。其次，汇率变得不太稳定。例如，在 20 世纪 70 年代中期美国选择追求货币扩张以对抗衰退，而联邦德国和日本则收缩货币供给以对抗通货膨胀。结果，美元对这些货币大幅贬值。浮动利率的对称性好处也受到以下事实的限制：美元仍然是世界储备货币，就像布雷顿森林体系下的情况一样。尽管浮动利率确实起到了自动稳定器的作用，但其影响在各国内部可能分布不均。例如，20 世纪 80 年代美国的财政扩张使美元升值，总体上限制了通货膨胀。然而，由于美元走强削弱了出口，美国农民受到了这一行动的伤害。在生产要素不流动的情况下，这些不对称效应可能产生长期后果。最后，经验证据表明，自采用浮动汇率制以来，外部失衡实际上有所增加。本章最后讨论了浮动汇率制下的政策协调。例如，一个拥有经常账户赤字的大国试图减少其失衡可能导致全球通货紧缩。此外，市场失灵也在起作用，因为一个国家的政策具有外部效应。又如，2007—2009 年金融危机引发了许多国家的财政扩张。又如，美国政府支出的增加不仅有助于提高美国的需求，也有助于提高其他国家的需求。由于财政扩张的好处没有完全内部化（尽管成本是通过累积预算赤字），因此从全球角度来看，将出现低效率的小规模扩张。因此，即使在汇率灵活的世界，国际政策协调也可能是必要的。鉴于资本流动性增加，在没有货币政策国际协调的世界中，固定汇率甚至可能不是大多数国家的选择，这一点尤其重要。

关键术语

给出下列关键术语的定义：
1. 内部平衡
2. 外部平衡
3. 国际收支平衡
4. 物价-硬币-流动机制
5.《布雷顿森林协议》
6. 支出-变动政策
7. 支出-转换政策

复习题

1. 19 世纪 90 年代末，阿拉斯加发现了黄金。（这一时期，美国是国际金本位制的成员之一。）

a. 用物价-硬币-流动机制说明阿拉斯加金矿的发现是如何影响美国的国际收支、价格水平和货币供给的。

b. 你认为阿拉斯加金矿的发现对美国的国际收支或者实际货币余额会产生永久性影响吗？

2. 当一个国家选择其货币政策时，所遇到的三重困境的组成部分是什么？该术语的含义是什么？

3. a. 如果一个国家采取的是金本位制，它的经常账户处于赤字状态并且遵循本章阐述的游戏规则，那么对这个国家的货币供给会产生什么影响？

b. 一国如何避免问题 3a 中所阐述的对货币供给的影响？这对坚持游戏规则又有什么意义？

c. 在对金本位时期的研究中，艾尔伯特·焦万尼尼（Alberto Giovannini）发现，德国在 1892—1907 年间的数据、法国在 1900—1907 年间的数据表明黄金的流入量和国内利率的变化有很强的关联性。然而，英国在 1889—1907 年间的数据并没有显示出这种关联性。如果我们把本国利率当作当局想要影响的一个目标，这些结果对这三个遵循游戏规则的国家而言意味着什么？（Alberto Giovannini，"How do fixed-exchange-rate regimes work? Evidence from the gold standard，Bretton Woods and the EMS，" in Marcus Miller，Barry Eichengreen，and Richard Portes，eds. *Blueprints for Exchange Rate Management*，Academic Press Inc.，San Diego，CA，c. 1989.）

d. 将你对问题 3c 的回答与金本位制不对称的问题联系起来。

4. 假设 Midas 国实行金本位制，且同时处于内部平衡和外部平衡状态。在下面的两幅图中，该国最初的位置在 *II* 线和 *XX* 线的交点上。

a. 假设在 Midas 国的主要出口市场上人们的偏好发生了改变，主要进口其他国家的商品。请在图 19 - 2 中显示出这是如何影响该国的内外平衡的。

b. Midas 国的经济学家论证，该国出口偏好的改变是一个"外生"事件，他们认为只能用外部政策工具——汇率来应对这种偏好的改变。你同意他们的看法吗？

c. 现在假设重新回到起始点 a 处，由于邻国领导权的改变，来自邻国的威胁不复存在，该国的军队被解散了，由此寻找工作的人数突然增加。在图 19 - 3 中说明这个突发事件是如何影响内外平衡的。

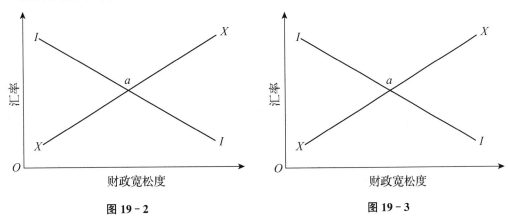

图 19 - 2　　　　　　　　　　　图 19 - 3

d. 因为军队缩小了规模，政府需要的支出也减少了，所以 Midas 国的官员决定减税。这次减税会使得该国恢复内外平衡吗？在图中用减税的影响来回答这个问题。

5. a. 假设实际收入上升 1 美元，对货币的实际需求也上升 1 美元。随着利率上升 1%，货币需求减少 2 美元。用这个关系完成表 19 - 1。

表 19 - 1

实际货币需求（美元）	收入（美元）	利率（%）
100	120	10
100	122	————
100	————	13
————	130	10
————	135	10

b. 在纯粹的金本位制下，每个成员的货币供给等价于其中央银行的黄金持有量。在问题 5a 的假设条件下，如果世界黄金存量的增长率是每年 2%，那么下列变量如何变动才能达到平衡？

　ⅰ. 如果价格水平和利率是常数，那么收入将如何变动？

　ⅱ. 如果收入和利率是常数，那么价格水平将如何变动？

　ⅲ. 如果每年的通货膨胀率是 2%，收入为常数，那么利率将如何变动？

　ⅳ. 如果没有通货膨胀，并且收入以每年 2% 的速度增长，那么利率将如何变动？

c. 解释一个储备货币体系，例如布雷顿森林体系，是如何使得世界货币的流动速度大于世界黄金存量的增长率的。（表 19 - 2 中的美国和联邦德国的简化资产负债表可能有所帮助。）

表 19 - 2

美国中央银行的资产负债表（换算为十亿美元）	
资产	负债
美元资产	美元货币供给

联邦德国中央银行的资产负债表（换算为十亿德国马克）	
资产	负债
$E \times$ 美元资产	联邦德国货币供给

d. 为什么当美元的增长速度超过世界黄金存量的增长速度时，美联储要将金价保持在 35 美元/盎司就会受到威胁？据此讨论"信心问题"。

e. 用你对问题 5a～5c 的回答讨论储备货币体系的两难困境；在维持对储备货币的信心的同时，怎样保持货币的流动性。

6. a. 在汇率固定条件下，假设美国增加其货币供给，这将对美国债券与加拿大债券的相对吸引力产生什么影响？

b. 如果加拿大人和美国人为了应对相关债券回报的改变，希望改变他们的资产持有量，那么美元/加拿大元的汇率将会受到什么影响？

c. 因为美国中央银行不持有任何以加拿大元升价的资产，所以加拿大中央银行必须采取行动来维持美元/加拿大元的汇率。加拿大中央银行为维持汇率将会怎么做？这对加拿大的货币供给会产生什么影响?

    d. 假设加拿大中央银行试图通过公开市场操作来增加其货币供给。这将对其持有的美元资产、加拿大元资产和货币供给产生什么影响? 对美国货币供给会产生影响吗?

7. 用图 19-4 来描述经济不协调的四个区域。

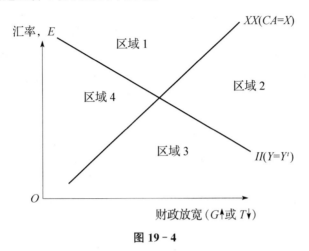

图 19-4

8. 使用 $DD-AA$ 模型比较浮动汇率制和固定汇率制下的国内经济反应与外国出口需求的暂时增长。

9. 从理论上讲, 哪种汇率体系最不利于世界工业国家之间的政策协调? 自 20 世纪 80 年代以来, 这种情况如何?

教科书中习题的答案

1. a. 因为开发铀矿需要相当大的投资, 所以要使你的国家利用外国储蓄为这些投资融资, 就要求有更大的经常账户赤字。

    b. 如果铜价上升使得你向铜业开采追加了更多的投资, 世界铜价的永久性上升会导致短期经常账户赤字。如果没有投资效应, 你就不会改变你的外部平衡目标, 因为花掉增加的收入将是最佳选择。

    c. 世界铜价的暂时性上升将导致经常账户盈余。你会希望通过储蓄一部分暂时性增加的收入来熨平国家的消费。

    d. 如果你是一个石油进口者, 那么世界油价的暂时性上升将会导致经常账户赤字。但如果你是一个石油出口者, 那么这种情况会导致经常账户盈余。

2. 由于收入的边际消费倾向小于 1, 收入从 B 国流向 A 国会增加 A 国的储蓄, 减少 B 国的储蓄, 因此, A 国有经常账户盈余, B 国有相应的赤字。这对应于休谟的国际收支不平衡, 必须由从 B 国到 A 国的黄金流动提供资金。这些黄金流动增加了 A 国的货币供给, 减少了 B 国的货币供给, 推高了 A 国的价格, 压低了 B 国的价格。一旦国际收支平衡恢复, 这些价格变化就会停止。

3. 对金本位制的调节反映了最初存在不匹配和国际收支平衡的危机。第二次世界大战以后试图重新恢复战前的金本位制的做法忽略了战争已造成经济基本条件的改变。这会使得一些汇率不完全可信，从而引发国际收支平衡危机。战后金本位制的中止，以及政府对内部经济条件关注的增加，使得中央银行承诺的金本位制也不那么可信。

4. 如果其他国家不采取类似政策，金本位制下的货币紧缩将导致签约国中央银行的黄金持有量增加。各国不可能同时做到这一点，因为黄金储备的总存量在短期内是固定的。然而，在储备货币体系下，货币收缩会导致国内利率的初步上升，从而吸引外国资本。中央银行必须适应外国资本的流入，以保持汇率平价。因此，中央银行持有的外汇储备的增加等于其持有的国内资产的减少。所有中央银行同时增加储备是没有阻碍的，因为中央银行获得了对储备货币国家的更多债权，而其公民最终承担了相应更大的负债。

5. 本国价格的上升使得本国的出口缺乏竞争力，导致经常账户赤字。这会减少一国货币供给，使这个国家出现通货紧缩的压力，这种压力有助于缓解并最终逆转工资和价格上升的趋势。

6. 随着国内居民用现金换取外国债券，世界利率的上升导致中央银行持有的外汇储备减少。这导致本国货币供给量的下降。一个"小国"的中央银行无法抵消这些影响，因为它无法改变世界利率。除非债券是不完美的替代品，否则通过公开市场操作来抵消储备减少的尝试将失败。

7. 资本账户限制使国内利率与世界利率隔离开来。货币政策和财政政策都可以用来实现内部平衡。由于没有可抵消的资本流动，货币政策和财政政策可以用来实现内部平衡。这种限制的成本包括当国内利率与世界利率不同时引入的低效率，以及执行限制的高成本。

8. 我们得出 GDP 的增长率公式为 $g=(\text{GDP}_{t+1}-\text{GDP}_t)/\text{GDP}_t$。求解时间 $t+1$ 时的 GDP 得出：$\text{GDP}_{t+1}=\text{GDP}_t(1+g)$。将此表达式与 IIP_{t+1} 的表达式联合使用，可以计算：$IIP_{t+1}/\text{GDP}_{t+1}=[(1+r)IIP_t+NX_t]/[\text{GDP}_t(1+g)]=[(1+r)iip_t+nx_t]/(1+g)$，其中小写变量表示与 GDP 的比率。

为了找到保持 IIP 与 GDP 比率不变的净出口与 GDP 的比率，我们只需要求解方程 $IIP_t/\text{GDP}_t=IIP_{t+1}/\text{GDP}_{t+1}\rightarrow iip_t=[(1+r)iip_t+nx_t]/(1+g)$。

解得 $nxt=iip(g-r)$。为了使国际投资头寸占 GDP 的比例保持不变，净出口的增长率必须等于 GDP 增长率减去外国资产（负债）赚取（支付）的利率。

9. a. 我们知道 A 国经常账户盈余数额巨大，在图 19-5 中表示为位于 XX 线的上方。同时，存在适度通货膨胀的压力［在问题中描述为"渐增"（gathering），表示压力不是很大］。这反映在图中就是位于 II 线上方不远处。由此可知 A 国的现实情况应该处于区域 1 的位置（见图 19-5）。

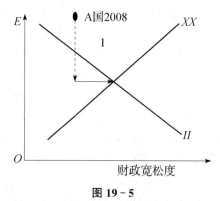

图 19-5

b. 为了达到均衡，A 国需要使汇率升值以使得图中点下移。（用下降的虚线表示。）

c. A 国需要增加政府支出以使得图中点右移并趋向均衡点。该政策有助于缓和这种负面的不断加剧的需求压力，而这种压力可能由货币升值导致。

10. 随着国内产品需求的增加（出口增加，进口下降），外国价格的上涨将使 DD 曲线向右移动，见图 19 - 6。如果预期汇率也下跌，那么随着外国资产支付较低的本币回报，AA 曲线将向左移动。最终，本币将以与外国价格上涨相同的比例升值，使产出保持不变。该国的内部平衡或外部平衡不会发生变化。

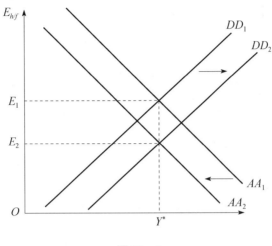

图 19 - 6

11. 随着消费者将消费转向相对便宜的国内商品，外国通货膨胀率的上升会导致本币短期升值。本币升值将通过降低进口商品的价格来减轻外国通货膨胀的影响。因此，与固定汇率制相比，浮动汇率制在保护经济免受外国通货膨胀影响方面效果更好。

从长期来看，外国通货膨胀率的上升将通过相对购买力平价导致国内利率相对于国内汇率下降。我们可以结合利率平价条件来看：$\%\Delta E_{h/f}=R_h-R_f$，相对购买力平价条件为：$\%\Delta E_{h/f}=\pi_h-\pi_f$，得到：$\pi_h-\pi_f=R_h-R_f$。因此，$\pi_f$ 的增加将导致 R_h-R_f 成比例下降。

12. 国内资产风险溢价的增加将使 AA 曲线向右移动，反映出资产市场均衡现在是在更高的汇率（贬值的本国货币）下实现的。在浮动汇率制的情况下，贬值的货币将刺激出口需求，导致其沿 DD 曲线移动，直到在贬值的货币（E_2）和更高的产出水平（Y_2）下恢复总体平衡。在固定汇率的情况下，中央银行将不得不通过提高国内利率来应对国内资产更高的风险溢价，以将汇率保持在 E_1 不变。结果，AA 曲线将移回其初始水平，产出将保持不变，见图 19 - 7 和图 19 - 8。因此，固定汇率制对产出的影响最小。

13. 储蓄和投资相对于实际利率的简单模型如图 19 - 9 所示。世界储蓄的增加可以表现为储蓄曲线的右移。其结果是，世界实际利率下降，储蓄和投资额上升。我们可以在这里想到"全球储蓄过剩"的故事。随着大规模储蓄（公共和私人），特别是新兴市场国家的大规模储蓄增加了世界储蓄的供给，世界利率下降。利率的下降应该会导致世界投资的增加。如果这种投资发生在增加储蓄的国家以外的国家，那么像美国这样的国家增加的投资和持续储蓄（或者可能由于世界实际利率下降而导致储蓄下降）将导致美国和类似国家的经常账户赤字以及储蓄国的经常账户盈余。

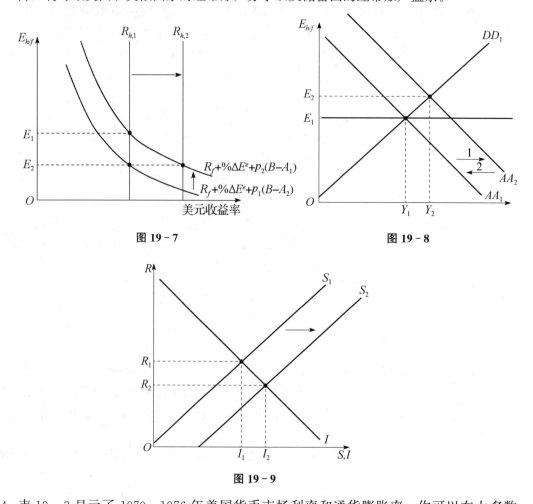

图 19 - 7   图 19 - 8

图 19 - 9

14. 表 19 - 3 显示了 1970—1976 年美国货币市场利率和通货膨胀率。你可以在大多数图书馆的国际货币基金组织国际金融统计数据库中找到这些数据。假设预期通胀等于实际通胀，我们就可以得到实际利率。第一次石油冲击始于 1973 年底，因此 1974年是受到影响的第一年。石油冲击发生后的三年实际利率为负，而不是前几年的正利率，这与理论一致。（请注意，如果在石油冲击发生后的几年里通货膨胀率高得惊人，因此预期通货膨胀率低于表 19 - 3 中的数字，那么实际利率就会更高，这一理论可能不会反映在数据中。）

表 19 - 3

年份	名义利率（%/年）	通货膨胀率（%/年）	实际利率（%/年）
1970	7.2	5.9	1.3
1971	4.7	4.3	0.4
1972	4.4	3.3	1.1

续表

年份	名义利率（%/年）	通货膨胀率（%/年）	实际利率（%/年）
1973	8.7	6.2	2.5
1974	10.5	11.0	−0.5
1975	5.8	9.1	−3.1
1976	5.1	5.7	−0.6

15. 如果其他中央银行将美元换成欧元，那么这相当于对美元的冲销式出售，因为美国中央银行和任何其他中央银行的资产负债表的资产都没有改变。因此，货币供给量在任何地方都是不变的。另外，相对于流通中的欧元资产，美元资产的供给量比以前更大。如果这不被视为美国或欧元区货币政策的信号，并且资产是可替代的，那么就不会对汇率产生影响。如果由于未偿供给量过大（且资产不完全可替代，见第 18 章）而导致美国资产的风险溢价移动，则该行动可能导致美元对欧元贬值。

16. 鉴于澳大利亚统计局网站上的信息量很大，学生们可能会发现浏览该网站很有挑战性。也就是说，一旦搜集到数据，这个问题的解决方案就相当简单了。从第 8 题中我们知道，当 $iip = nx/(g-r)$ 时，国际投资头寸占 GDP 的份额是恒定的。使用此方程，求解当 nx 和 g 处于历史平均值时保持 iip 不变的利率：

$$r = g - nx/iip$$

从澳大利亚统计局网站搜集 1992—2015 年的名义 GDP、NX 和 IIP 的年度数据，得出名义 GDP 的年均增长率为 $g = 6.445.69\%$，平均净出口与 GDP 之比 $nx = -1.06\%$。2015 年，IIP 与 GDP 之比为 -58.75%。因此，为了保持这一 IIP 比率，澳大利亚外国资产（负债）收取的（支付的）利率必须为：

$$r = 5.69\% - (1.06\%/58.75\%) = 3.89\%$$

第20章 金融全球化：机遇与挑战

主要内容

国际资本市场，包括欧洲货币、离岸债券和股权交易，以及国际银行业设施，最初可能会给学生们留下它是这门课中比较晦涩的领域的印象。在本章中，许多明显的谜团都被解开了。本章说明了这一领域中的问题与课程中已经讨论过的其他问题直接相关，包括宏观经济稳定、政府干预的作用和贸易收益。

使用我们应用于显示货物贸易收益或跨期贸易收益的相同逻辑，我们可以看到具有不同风险特征的资产的国际交换是如何使交易双方的境况都变好的。国际资产组合多样化允许人们减少他们财富的可变性。当人们规避风险时，这种多样化改善了福利。国际资本市场的一个重要功能是促进这种增进福利的债务工具（比如债券）和权益工具（比如股票）的交换。

离岸银行业务是国际资本市场的中心。离岸银行业务的核心是欧洲货币（不要与欧元混淆），即以另一国货币计价的一国银行存款。与在岸存款相比，欧洲货币存款的监管相对宽松，这使得银行能够支付相对较高的欧洲货币存款收益。这促进了离岸银行业务的快速增长。然而，经济增长也受到政治因素的推动，例如，在第一次石油危机之后，阿拉伯石油输出国组织成员不愿意将盈余资金存入美国银行，因为在 1979 年伊朗存款被没收后，它们担心它们的存款也被美国政府没收。

本章还介绍了资本市场监管问题。这项任务的核心是银行破产的概念，以及防止银行破产的举措。银行监管表现出在金融稳定和道德风险之间的权衡。你希望通过金融支持来增强对银行体系的信心，但过多的支持会鼓励银行冒险。存款保险、监管和最后贷款人都有助于防止对可能导致银行资产挤兑的银行系统缺乏信心。由于规则不统一、责任不明确以及执行困难，国际银行业务面临额外的挑战。这种紧张关系突出表现在"金融三重困境"上，结果就是你只能达成以下三个政策目标中的两个：金融稳定、国家对金融保障政策（如 FDIC 保险）的控制以及自由资本流动。例如，如果一个国家被认为更有可能拯救其银行系统，那么这将触发资本流向该国，并增加该国银行的冒险行为，降低金融稳定性。

工业化国家致力于协调其银行监管实践，以加强全球金融体系的稳定性。巴塞尔委员会制定了共同监督标准。然而，潜在的问题仍然存在，特别是在澄清国家间最后贷款人责任的划分以及非银行金融公司的作用越来越大方面，这使得监管者更难监督全球金融流动。教材通过对美国次级抵押贷款市场的案例研究强调了这些监管困难。该案例研究还用于说明监管者在制造道德风险和维持金融稳定之间面临的困难平衡。2007—2009 年的金融危机也凸显了非银行金融机构，即所谓的"影子银行体系"所发挥的越来越重要的作用。尽管这些机构的运作与银行非常相似，其利润与商业银行的利润交织在一起，但它们并不像商业银行那样受到监管。许多导致金融危机的危险行为都是由这些机构从事的。作为回应，美国国会通过了《多德-弗兰克法案》，该法案允许政府监管银行等机构。这表明了另一个难以平衡金融支持（金融机构救助）和道德风险（加强监管）的例子。

对中央银行互换额度的案例研究也突出了金融危机的全球层面。欧洲银行大量投资于抵押贷款支持证券，因为它们获得了良好的信贷评级，从而允许这些银行用较少的资本购买这些资产。然而，这些银行不想暴露于货币风险，因此它们通过在短期市场借入美元来为购买提供资金。当抵押贷款支持证券价值暴跌时，这些欧洲银行面临两难境地。它们无法得到当地中央银行的救助，因为它们需要用美元偿还债务。然而，它们不想以极低的价格出售以美元计价的资产。为了解决这一困境，美联储介入并向世界各地的中央银行发放了美元贷款，它们可以反过来用这些美元来拯救当地的商业银行。这表明了资本流动性增加的一个重要方面：各国政策协调的重要性。

关于国际资本市场运作的证据好坏参半。国际资产组合多样化在现实中似乎有限。20 世纪 80 年代中期的研究指出，缺乏跨期贸易是国际资本市场失灵的证据，这一点从小额经常账户失衡中可见一斑。然而，自那时以来的巨大外部失衡使人们对最初的结论产生了怀疑。事实上，当使用当代数据进行检验时，所观察到的储蓄率和投资率之间的强正相关性已经大大减弱。对同一货币的在岸利率和离岸利率之间关系的研究也倾向于支持国际资本市场一体化程度较高的观点。发展中国家债务危机代表着世界资本市场在将世界储蓄用于潜在生产用途方面的巨大失败，下一章将再次讨论这一主题。

国际资本市场的一个组成部分——外汇市场最近的表现一直是公众辩论的焦点。如果汇率波动反映了市场基本面，政府干预可能是不必要的，但如果国际资本市场是一个效率低下的投机性市场，在没有基本面支撑的情况下浮动，则政府干预可能合理。外汇市场的表现已通过利率平价测试、基于预测误差的测试、风险溢价建模尝试和过度波动测试进行了研究。这一领域的研究结果参差不齐，难以解释，还有许多工作要做。

▊ 关键术语

给出下列关键术语的定义：
1. 银行资本
2. 欧洲银行
3. 最后贷款人
4. 宏观审慎视角
5. 离岸银行业
6. 影子银行体系
7. 欧洲货币

复习题

1. 计算下面表 20 - 1 和表 20 - 2 中的预期收益，其中 q_1 和 q_2 分别是情形 1 和情形 2 的概率。

表 20 - 1

q_1	q_2	情形 1 的收益	情形 2 的收益	预期收益
0.4	0.6	800	−600	
0.55	0.45	600	−800	
0.6	0.4	1 200	−1 400	
0.55	0.45	1 200	−1 400	

表 20 - 2

q_1	q_2	情形 1 的收益	情形 2 的收益	预期收益
0.5	0.5	1 000	−1 000	
0.5	0.5	200	−200	
0.5	0.5	300	−100	
0.6	0.4	1 000	−1 000	

2. 解释为什么伦敦银行在吸引美元存款方面比纽约银行具有竞争优势。

3. 谁是巴塞尔委员会？讨论它在《巴塞尔协议》中的参与以及《巴塞尔协议》在国际银行业务中的作用。

4. 假设利率平价成立，计算表 20 - 3 中的 E_{t+1}^e。

表 20 - 3

情形	R_t	R_t^*	E_t	E_{t+1}^e
A	5	4	6	
B	6	3	6	
C	8	4	6	
D	7	3	6	
E	5	4	6	
F	5	5	6	

5. 通过使用公式 $R_t - R_t^* = (E_{e+1} - E_t)/E_t^*$，利率平价是否适用于表 20 - 4 中的每种情形？如果不成立，计算风险溢价。

表 20 - 4

情形	R_t	R_t^*	E_t	E_{t+1}^e	风险溢价
1	5	3	5	17	
2	6	4	5	5	
3	7	5	5	8	
4	8	3	5	15	

续表

情形	R_t	R_t^*	E_t	E_{t+1}^e	风险溢价
5	5	4	6	6	
6	5	5	3	10	
7	5	6	2	8	
8	5	3	0	20	
9	5	9	7	3	
10	5	10	8	7	

教科书中习题的答案

1. 更好的多元化资产组合是包含牙医服务公司和牛奶制品公司股份的资产组合。糖果公司的好年景可能与牙医服务公司的好年景相关联，相反，由这些股票组成的资产组合的收益将比由牙医服务公司和牛奶制品公司股份组成的组合的收益更具波动性。

2. 我们的两国模型（第 19 章）表明，在浮动汇率制下，本国货币扩张导致本国产出上升，但外国产出下降。因此，如果所有冲击都是货币性的，则在浮动汇率制下，国家产出（和两国公司收入）将倾向于负相关。然而，第 18 章表明，如果所有冲击都是货币性的，那么在固定汇率制下，相关性将为正。因此，在假设的条件下，在浮动汇率制下，国际资产交易的收益可能更大。

3. 主要原因是政治风险——正如第 14 章附录中所讨论的。

4. 准备金要求对银行偿付能力至关重要。保持充足的准备金能够使银行保持偿付能力，即使是在其面临相对于存款而言较高金额的提款的时期。然而，银行面临的准备金要求越高，银行的盈利能力就越低。与没有国外分行的美国银行相比，为有国外分行的美国银行创造一个"公平竞争环境"，重要的是确保有国外分行的银行不能以降低其存款准备金率的方式转移其资产，这是一个不向没有国外分行的美国银行开放的选项。

5. 这又是一个开放性问题。对斯沃伯达理论的主要批评是，外国中央银行以有息形式持有美元，因此美国只在其支付的利息低于如果美元不是储备货币所支付的利率的情况下才从发行储备中提取铸币税。美元的高流动性使得这一点看似合理，但无法确定美国提取的铸币税金额是否具有经济意义。

6. 对美国银行的更严格管制增加了它们的运营成本，使它们相对于监管不那么严格的银行而言竞争力下降。这使得美国银行更难与外国银行竞争，并导致美国银行业务份额在存在直接、不受监管的外国竞争市场上出现下降。

7. 与其他金融机构相比，银行监管更严格，报告要求更严格。证券化增加了监管机构控制较少的非银行金融机构的作用。监管机构对非银行金融机构的监管也较少。当非银行金融机构的作用随着证券化而增大时，银行监管机构监管的金融市场比例下降，这些监管机构跟踪金融系统风险的能力也下降。

8. 国际多样化的程度可能会下降，因为一些消费现在完全取决于当地条件。在这种情况下，经济主体希望资产与消费价格相关。当山莓昂贵时，当地山莓导向资产的价格会上涨，当山莓便宜时，价格会下跌。这有助于消费者顺利消费山莓。他们仍然需要一些国际多样化，但一些非贸易的消费意味着多样化程度较低。

9. 不，实际利率均等不是衡量国际金融一体化的准确晴雨表。正如我们在第 16 章中所看到的，有一个实际利率平价条件，即 $r = r^* + \%\Delta^e q$。其中 r 为国内实际利率，r^* 为国外利率，$\%\Delta^e q$ 为实际汇率的预期百分比变化。如果各国的生产率或世界需求趋势之间存在实际差异，导致实际汇率随着时间的推移发生预期变化，我们可能会看到不同的实际利率，尽管一体化金融市场功能完善。

10. 加拿大的经常账户与国内生产总值的比率为 $-4\% \sim 3\%$，净利率略为正值，但接近于零。1999—2003 年的适度经常账户盈余当然减少了净债务，但还不够。在此期间，加元汇率从 1.3 加元/美元贬值至 1.54 加元/美元。这种贬值意味着加拿大持有的外国资产在当地价值上升，而对外负债主要以加元计价。这种估值效应可能会减少净外债。如果某些外国负债以外币计价，则这种影响较小。

11. 随着巴西人对该基金拥有债权，美国的外债总额增加；随着该基金购买更多巴西股票，美国资产增加。同样，巴西的外国资产和负债也在增加。但没有一个美国人改变了他在国外的持股，巴西人也购买了巴西的股票。诚然，市场更全球化了，但个体经济人不再多样化。

12. 这一问题在银行希望将尽可能多的运营资本用于赚取收益的愿望与发出强大金融偿付能力信号的愿望之间进行了权衡。当银行通过借贷为其购买风险资产提供资金时，银行将获得更高的潜在利润。然而，这样做会降低银行的资本与资产比率，降低银行破产的门槛损失。鉴于这一策略的风险更大，该银行将不得不以更高的利率补偿储户。这些利率可能足以使增发股份成为更好的选择。

13. 如果银行的债权人希望政府在银行破产时为其纾困，那么问题 12 的情况就会发生变化。在这种情况下，事实上，银行通过额外借款为其业务融资会更好，因为银行将支付的借款利息现在会更低。如果银行的债权人相信政府会在破产的情况下弥补银行的损失，那么他们就不需要为银行的风险行为得到几乎相同的补偿。

14. 全球金融危机后，欧洲美元利率超过了美国银行存款利率，因为投资者认为欧洲美元存款的风险高于美国存款。对更大风险的看法可能与这样一种看法有关，即美国政府比欧洲同行更愿意也更有可能救助陷入困境的美国银行。

第**21**章 最优货币区与欧元区

主要内容

建立一个共同的欧洲货币以及对其可能的收益和成本的辩论是 20 世纪 90 年代的关键经济话题之一。学生们应该熟悉欧元，但可能不了解其技术或历史方面的知识。本章为他们提供了理解这一问题所需的历史和制度背景，并介绍了最优货币区的概念，且为理解这一概念提出了一个分析框架。

本章的讨论指出，欧洲货币一体化一直是一个持续的过程。欧洲的固定汇率是布雷顿森林体系的一个副产品。当布雷顿森林体系开始产生压力时，人们对欧洲国家之间广泛波动的汇率的影响产生了担忧。20 世纪 70 年代初的《维尔纳报告》呼吁在欧洲实现固定汇率的最终目标。这样做的原因包括稳固欧洲在世界货币体系中的地位，降低对美国将其国际货币责任置于国家利益之前的信心，以及将欧盟变成一个真正的统一市场。此外，许多欧洲人希望经济上的统一能够鼓励政治上的统一，防止欧洲重蹈战争覆辙。

欧洲在布雷顿森林体系之后的第一个尝试是"蛇形"浮动汇率制度。参与这一努力的成员有限，并给货币疲软的国家带来了过高的调整负担。成立于 1979 年的欧洲货币体系（European Monetary System，EMS）更为成功。EMS 最初的成员包括联邦德国、法国、意大利、比利时、丹麦、卢森堡、荷兰和爱尔兰。在后来的几年里，成员增加了西班牙、英国和葡萄牙。EMS 采用一个中心平价固定汇率。大多数货币被允许在其中心汇率之上或之下波动 2.5%，尽管意大利里拉的原始波幅以及西班牙比塞塔和葡萄牙埃斯库多的波幅允许在中心平价的任何方向上波动 6%。

经过早年的波动和调整，EMS 逐渐变得比它的前身更加稳健。存在小幅波动，而不是纯粹的固定汇率，以及从强势货币国家到弱势货币国家的信贷保证，都发挥了作用。从某种意义上说，EMS 只与德国马克挂钩。许多人认为，德国马克的主导地位使其他国家能够引进德国对抗通货膨胀的信誉，这是欧洲固定利率的另一个优势。

EMS 的一个关键组成部分是资本控制的存在。然而，对资本流动的限制与统一的欧洲市场是相悖的。从 1987 年开始，资本控制被逐步取消。这些控制的取消促成了 1992—1993 年的 EMS 危机。德国的统一导致了德国利率的提高（以对抗通货膨胀的压力），但其他国家却没有能力跟随利率的提高。激烈的冲击随之而来，一些国家（英国和意大利）在 1992 年脱离了 EMS，而在 1993 年 8 月，波动幅度被扩大到 15%。

1986 年，欧盟推出了一个更积极的一体化方案，被称为"1992"，旨在到 1992 年建成内部市场。为了进一步实现这一目标，欧洲经济与货币联盟（European Economic and Monetary Union，EMU）的计划开始了，其中涉及一种单一货币，并体现在《马斯特里赫特条约》（Maastricht Treaty）中，到 1993 年已被所有欧盟国家接受。追求单一货币的原因包括进一步推进市场一体化，推广通过将决策权从联邦银行转移到欧洲中央银行来扩大货币政策的观点，解决在资本自由流动的情况下维持固定利率的困难，以及支持政治统一。

EMU 的一个重要方面是马斯特里赫特融合标准和《稳定与增长公约》（Stability and Growth Pact，SGP）所体现的经济融合的目标。这些协议规定了低赤字和债务－GDP 比率，是低通货膨胀国家为防止自由消费的国家将欧元变成弱势货币而做出的尝试。1999

年有 11 个国家启用欧元，英国和丹麦选择不加入，瑞典没有通过汇率稳定标准，希腊没有通过所有标准（两年后希腊加入）。欧元区国家已经将货币控制权交给了欧元体系（Eurosystem），该体系由欧洲中央银行（European Central Bank，ECB）和欧元区的 18 个国家中央银行（书稿付梓时）组成。国家中央银行现在是由欧洲中央银行管理委员会领导的总体结构的一部分。欧洲中央银行是一个非常独立的中央银行，没有政治控制，几乎没有问责制。此外，一个新的汇率机制开始形成，非欧元欧盟成员与欧元挂钩。

这种形成共同货币联盟的决定既有好处也有坏处。最优货币区理论为分析单一货币的收益和成本提供了一个框架。共同货币的好处是在贸易和支付不受贬值风险影响时实现的货币效率收益。这些好处随着贸易量或要素流动的增加而增加，也就是说，随着经济一体化程度的加强而增加。共同货币也迫使各国放弃其在货币政策方面的独立性（至少是那些不在体系"中心"的国家）。这可能会导致更大的宏观经济不稳定，尽管不稳定的程度会随着国家与共同货币区其他成员的一体化程度的加强而降低。对加入共同货币区的好处和成本的分析，在教材中分别作为 GG 曲线和 LL 曲线提出。GG - LL 框架也可被应用于判定欧洲是否为一个最优货币区。

对这一问题的一种启迪是将美国与欧洲进行比较。证明欧洲是一个最优货币区的证据相较于证明美国而言的要弱得多。美国各地区之间的贸易量比欧洲国家之间的贸易量要大。劳动力在美国境内的流动性也比在欧洲境内更大。这一点很重要，因为资本的流动性增大表明一个国家受到负面的经济冲击，这实际上可能会导致更严重的失业，因为资本会流向其他国家，而劳动力不会。此外，在美国，联邦转移支付和联邦税收支出的变化为特定地区提供了更大的缓冲，而欧盟的类似收入和支出则没有明确的财政联邦制。最后，欧洲的要素禀赋差异更大，这可能会促进地区专业化，以利用规模经济的优势。这种地区专业化增加了出现不对称冲击的可能性，而共同的货币政策很难应对这种冲击。

本章接着考虑了欧洲经济与货币联盟的未来。欧盟可能不是一个最优货币区，经济联盟远远领先于政治联盟，欧盟的劳动力市场非常僵化，以及 SGP 限制了财政政策，这些事实都将在未来几年给欧洲的经济和政策制定者带来挑战。鉴于目前欧洲经济与货币联盟成员与 2004 年加入欧盟的中欧和东欧候选国之间存在较大的结构差异，欧洲经济与货币联盟在向东扩展的进程中将面临更多挑战。此外，由反移民恐惧引发的经济民族主义日益流行，推动了英国脱欧投票，这对进一步的经济一体化构成了障碍。教师不妨利用当前的事件和新闻来说明如何应对这些挑战。

可以考虑的一个当前事件是 2010 年起源于希腊的欧元区债务危机。希腊的预算赤字和债务实际上比报告的要高得多，导致了希腊资产的大量抛售。由于投资者担心债务危机会迅速蔓延，不仅希腊，而且欧元区其他成员如爱尔兰、意大利、葡萄牙和西班牙的借贷成本也在上升。然而，这场危机的根源甚至可以追溯到对这些欧元区外围国家的债务的信心（后来发现是错误的）。这些国家与使用欧元的信用最好的国家（如德国）之间的利率差缩小，为这些国家注入了资本。借款和支出急剧增加，导致这些外围国家的现金账户出现大量赤字。因此，当金融危机开始时，这些国家中的许多国家已经深陷债务危机。

若拥有强势货币的欧洲经济与货币联盟成员迅速展开救助本可以解决危机，但像德国这样的国家并不想为其他国家的过度政府开支买单。欧洲经济与货币联盟和国际货币基金组织最终达成了一个联合救助计划，但该计划遭到了剧烈反对，这突出了管理货币联盟的困难之一。从这场危机中，人们认识到需要进一步协调整个欧元区的财政政策。
由 16 个国家在 2013 年签署的《财政稳定条约》试图实现这一目标。

关键术语

给出下列关键术语的定义：
1. 最优货币区
2. 欧洲经济与货币联盟
3. 财政联邦制
4. 货币效率收益
5. 经济稳定性损失
6. 欧洲货币体系的信誉理论
7.《马斯特里赫特条约》

复习题

1. 欧洲货币体系的一个经常被引用的成功是，自 1979 年 EMS 成立以来其成员之间通货
膨胀率的趋同性。表 21-1 给出了一些 EMS 成员的年度 CPI 通货膨胀率。在图 21-1
中画出这些点并回答下列问题。

表 21-1

年份	1979	1980	1981	1982	1983
法国	10.8	13.3	13.4	11.8	9.6
联邦德国	4.1	5.4	6.3	5.3	3.3
意大利	14.8	21.3	19.5	16.5	14.6
爱尔兰	13.2	18.2	20.4	17.1	10.5
	1984	1985	1986	1987	1988
法国	7.4	5.8	2.5	3.3	2.7
联邦德国	2.4	2.2	—0.2	0.3	1.3
意大利	10.8	9.2	5.9	4.7	5.0
爱尔兰	8.6	5.4	3.8	3.1	2.1

a. 在整个 20 世纪 80 年代，表 21-1 中各国的通货膨胀率发生了什么变化？基于这些
数据，如果要你挑选一个统领其他国家的国家，会是哪个国家？
b. 数据与认为 EMS 是一个不对称的体系的观点之间有什么关系？上面列出的四个国
家中哪一个是中心国家？

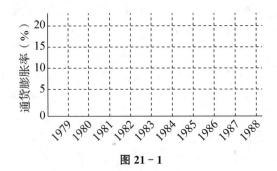

图 21 - 1

c. 表 21 - 2 给出了美国与英国的通货膨胀率，它们在 20 世纪 80 年代并非 EMS 成员。在图 21 - 2 中画出如下各点，以及 EMS 中心国的通货膨胀率。

表 21 - 2

年份	1979	1980	1981	1982	1983
英国	13.4	18.0	11.9	8.6	4.6
美国	11.3	13.5	10.4	6.2	3.2
年份	1984	1985	1986	1987	1988
英国	5.1	6.1	3.4	4.2	4.8
美国	4.3	3.6	1.9	3.7	4.0

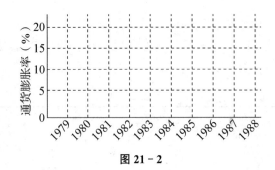

图 21 - 2

d. 有观点认为，欧盟通货膨胀的趋同应归功于 EMS，说明英国和美国的数据是如何提供反面证据的。

2. 1979 年欧洲货币单位（European Currency Unit，ECU）的平均价值是 2.51 德国马克、5.83 法国法郎和 1 139 意大利里拉。在一系列调整之后，1985 年欧洲货币单位的平均价值为 2.23 德国马克、6.8 法国法郎和 1 431 意大利里拉。

a. 计算名义汇率，填写表 21 - 3。

表 21 - 3

	1979 年	1985 年
德国马克/意大利里拉	—	—
德国马克/法国法郎	—	—
法国法郎/意大利里拉	—	—

b. 在表 21 - 4 中使用上述数据和法国、联邦德国以及意大利的 CPI 数据填写这三个国

家的双边实际汇率。如果没有任何汇率重新调整，且 1985 年的名义汇率与 1979 年的名义汇率相同，再次计算 1985 年的实际汇率。

表 21 - 4

CPI 情况			
年份	法国	联邦德国	意大利
1979	100	100	100
1985	179	128	233
双边实际汇率			
	1979 年	1985 年实际值	如果没有调整
德国马克/意大利里拉	100	—	—
德国马克/法国法郎	100	—	—
法国法郎/意大利里拉	100	—	—

  c. 你的计算是如何说明 EMS 早期需要进行汇率再调整的？

3. 1992 年 8 月底，1 英镑等于 2.8 德国马克。此时，EMS 开始承受巨大压力。

  a. 假设在这一年英镑有 25％的概率贬值为 1 英镑＝2.6 德国马克，有 75％的概率英镑兑德国马克的汇率保持不变。1993 年 8 月德国马克/英镑的汇率的预期值是多少？

  b. 此时，1 年期英镑存款利率与 1 年期德国马克存款利率的利差应是多少？

  c. 1992 年 9 月初，德国中央银行行长汉姆·施莱辛格（Helmut Schlesinger）评论说德国的政策不大可能缓解。这就意味着英国虽然已经忍受了高失业率的痛苦，但也不能指望从德国的货币扩张中得到什么好处，因而英国继续留在 EMS 的成本将会上升。假设在施莱辛格的评论之后，英国继续留在 EMS（2.8 德国马克/英镑）的概率下降为 50％，而到 1993 年 8 月英镑贬值到 2.6 德国马克/英镑的概率上升到 50％，那么 1993 年 8 月德国马克/英镑新的预期汇率是多少？

  d. 如果英国离开 EMS（汇率为 2.6 德国马克/英镑）的概率上升为 50％，且利差为 2％（以英镑计价的证券支付的利率较高），新的德国马克/英镑即期汇率是多少？

4. 假设魁北克的选民通过选举决定是继续让加拿大元作为本地区的货币，还是启用一个被称为魁北克法郎的新货币，且该新货币——魁北克法郎将会对加拿大元浮动。从魁北克人的角度来看，分析下列问题中的每个因素将使得魁北克法郎在经济上更可行还是更不可行。

  a. 魁北克的主要语言和文化与加拿大其他地方不同，这会使得魁北克法郎的启用更可行还是更不可行？为什么？

  b. 魁北克的主要贸易伙伴是安大略省，这使得魁北克法郎的启用更可行还是更不可行？为什么？

  c. 魁北克的大部分收入来自服务业和制造业，而加拿大西部地区和东部地区的沿海省份主要从事农业和渔业。这使得魁北克法郎的启用更可行还是更不可行？为什么？

  d. 加拿大中央政府向地方政府的转移支付程度小于类似情况下的美国联邦政府与州政府之间的转移支付。这使得魁北克法郎的启用更可行还是更不可行？为什么？

5. 欧洲内部一直存在关于欧盟成员的增加与相应的欧元区的争论。假设 Scandia 和 Cyrillica 两个国家想成为欧元区的成员，用教科书中的 *GG - LL* 分析说明对于 Scandia 和

Cyrillica 两个国家而言，下列因素是如何影响其以欧元代替本国货币的相对净收益的。

a. Scandia 国的工业结构与德国和法国的相似度要高于 Cyrillica。

b. 在 Cyrillica 国，有一个很大的反对党出于文化方面的考虑而反对放弃本国货币，而 Scandia 国人则一致同意加入欧元区。

c. 与 Cyrillica 国人持有的资产相比，Scandia 国人持有的资产更大部分用于对欧元区的投资。

d. Cyrillica 国生产的产品与欧盟生产的产品差别很大，而 Scandia 国生产的产品与欧盟非常类似，所以，较之 Scandia 国，欧元区与 Cyrillica 国之间开展贸易的可能性更大。

6. 正如教科书中所描述的，欧洲中央银行（ECB）的政策是由包括 17 个成员的委员会制定的，其中 6 个成员来自执行委员会，11 个成员是各国中央银行行长。而在美国，中央委员会（管理委员会）在政策制定委员会的 12 席中占有 7 席。使用欧洲中央银行体系（ESCB）运作的这些细节回答下列问题：

a. 我们建立的模型的哪些方面可能使这个投票程序存在问题？

b. 投票的哪些方面会使得接收像德国这样的国家进入欧元区，比接收新的成员加入欧洲货币体系（EMS）更加困难？

c. 欧元一开始承诺的好处有：低的通货膨胀率和稳定的货币政策。这个承诺可信吗？

■ 教科书中习题的答案

1. 欧洲货币体系的稳定取决于成员中央银行捍卫其货币的能力。一个中央银行可以获得的外汇储备水平会影响其捍卫其货币的能力，即储备的存量越大，中央银行就越有能力捍卫其货币。一个强势货币国家的中央银行的信贷可以帮助弱势货币国家的中央银行在其货币受到威胁时提供更多的储备来捍卫其货币。如果外汇市场的参与者知道有充足的储备来保护弱势货币，可能就不太愿意对弱势货币进行投机。

2. 意大利里拉/德国马克汇率的最大变化是 4.5%（例如，意大利里拉开始时位于其区间的顶部，然后移动到其区间的底部）。如果不存在重新调整的风险，1 年期德国马克存款和 1 年期意大利里拉存款之间的最大差异将反映出意大利里拉/德国马克汇率在一年内可能移动 4.5% 的可能性，因此，根据利率平价，利息差异将是 4.5%。6 个月期的德国马克存款和 6 个月期的意大利里拉存款之间的最大可能差异将是 9% 左右。这反映了意大利里拉/德国马克的汇率在 6 个月内可能移动 4.5%，即年化变化率约为 9%（$1.045 \times 1.045 = 1.092$）。3 个月期存款的差异可能高达 19.25%（$1.045^4$）。对这些差异的直观解释是，没有保持 4.5% 的汇率变化的时间不变，而是以年化数据为基础来表示所有的利率。

3. 一个 5 年期债券的年利率的 3% 的差异意味着 5 年内的差异为 $1.03^5 = 1.159$（也就是 15.9%）。这意味着 5 年内意大利里拉/德国马克汇率的预测变化远远超过与维持 EMS 区间一致的数额。因此，用这些 5 年期债券的利息差来维持欧洲货币体系波幅的长期可信度很小。

4. 前面两个问题的答案是基于利率平价所隐含的利率和汇率之间的关系，因为这一条件将以不同货币计价的资产的收益联系在一起。风险溢价会在这种关系中引入其他因素，从而使利息差不等于汇率的预期变化。

5. 对一个国家商品需求的有利转变会使该国的实际汇率升值。世界对非挪威 EMU 出口产品需求的有利变化，会使欧元（以及挪威克朗）对非欧元货币升值。这对挪威的产出产生了不利影响。挪威与其他欧元区国家之间的贸易比例越大（因此挪威与非欧元区国家之间的贸易比例越小），对挪威的不利产出影响就越小。

6. 比较两个相同的国家，而其中一个国家的货币需求函数有更大和更频繁的意外变化。在每个国家的 DD - AA 图中，货币需求更不稳定的国家，其 AA 曲线的变化更大更频繁，导致其产出的变化更大。货币需求更不稳定的国家会从当局抵消货币需求变化的政策规则中受益更多；其中一个规则就是固定汇率。因此，对于货币需求不稳定的国家来说，固定汇率带来的经济稳定性损失（economic stability loss）会更低；它的 LL 曲线会低于货币需求稳定的国家的 LL 曲线，并靠左。GG - LL 分析表明，与货币需求相对稳定的国家相比，货币需求相对不稳定的国家在货币一体化水平较低时加入货币联盟更有利。

7. a. 在欧洲汇率机制（ERM）中，英国货币当局有义务将名义利率维持在与保持英镑在货币区间相称的水平上。如果这一义务被取消，英国货币当局可以采取扩张性政策来刺激经济。这将导致英镑相对于马克和其他货币的贬值。

   b. 《经济学家》的作者们认为，如果英国脱离 EMS，未来的预期通货膨胀率将上升，这将通过费雪效应导致名义利率上升。

   c. 通过在 ERM 中的成员资格维持英镑价值和坚定地致力于抗击通货膨胀，英国的政策制定者可能已经获得了信誉，因为他们愿意让英国经济经历一个长期的低迷，而不诉诸货币扩张，而后者将危及他们在 ERM 中的成员资格。

   d. 相对于德国的利率，英国的利率水平较高。根据费雪关系，这表明英国未来的通货膨胀率相对于德国的通货膨胀率较高。英国较高的利率也可能是由于英国的货币需求相对较高（也许是由于英国的产出相对较高）或英国的货币供给增长相对低于德国。

   e. 如果英国的产出相对较高，英国的利率可能高于德国的利率。在撰写所引文章时的较小差距可能反映了过去两年英国产出增长相对较差。另外，德国的实际利率可能已经上升，因为统一后投资德国东部的资本需求增加。

8. 每个中央银行都会从发行货币中受益，因为它在印制货币时可以获得税收收入；也就是说，它可以用货币换取商品和服务。创造货币会导致通货膨胀，这是中央银行不喜欢的。然而，在一个中央银行系统中，每个国家的中央银行都会从货币创造中获得全部税收收入，只是部分地承担了更高的通货膨胀成本，因为这种影响在整个 EMS 中会有一定程度的消解。在这种情况下，中央银行不承担其行动的全部成本，是一个外部性的例子。它导致了更多的货币创造，而不是在中央银行的行动得到协调的情况下会发生的状况。

9. 一个单一的劳动力市场将促进成员对特定国家冲击的反应。假设对法国商品的需求下降，导致法国的失业率上升。如果法国工人可以很容易地移居到就业机会更多的其他国家，那么需求减少的影响就会得到缓解。然而，如果工人不能流动，法国就会有更大的动力使法国法郎贬值，使法国工人相对于其他国家的工人更有竞争力。EMU 的成功在许多方面取决于劳动力市场是否有能力进行调整，而这些调整不能再由汇率来完成。如果没有一个统一的劳动力市场，就意味着所有调整都必须通过内部工资调整来实现，这是一个困难重重的前景。

10. a. 表 21-5 是利用世界银行的数据对 1998—2015 年英国和欧元区的平均通货膨胀率、失业率和实际 GDP 增长率进行的比较。

表 21-5

	通货膨胀率（%）	失业率（%）	实际 GDP 增长率（%）
英国	1.99	6.11	2.02
欧元区	2.08	9.72	1.42

与整个欧元区的平均水平相比，英国在 1998 年以来的大部分时间里经济都比较强劲。实际 GDP 增长率一直较高，失业率较低。这是在通货膨胀率略低的情况下实现的。从表面上看，这可能表明，尽管（或许是因为）英国不是欧元区的成员，但还是做得不错。然而，我们不能做出这样的结论，因为我们不知道英国作为一个成员会有怎样的表现。作为欧元区的成员，它完全有可能拥有一个更强大的经济。

b. 图 21-3 给出了 1999—2016 年英国和欧元区的中央银行利率。

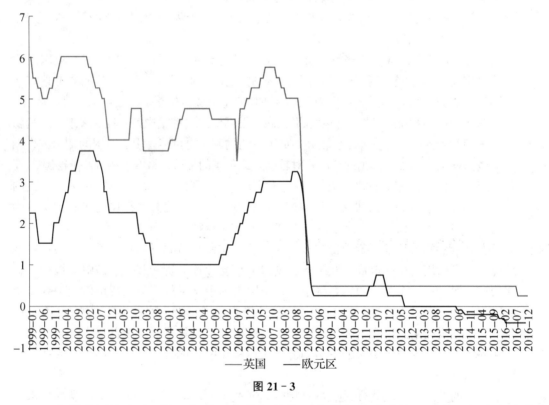

——英国　——欧元区

图 21-3

如果英国是欧元区的一部分，它将与其他国家共享货币政策。一方面，这意味着利率对英国来说可能太低，加速了英国的经济增长，并可能将通货膨胀率推到英国倾向的 2% 的目标范围之外。另一方面，英国加入欧元区意味着欧元区的平均增长率和通货膨胀率会更高。这可能导致欧洲中央银行采用更高的利率，而这对于像德国这样此时正经历缓慢增长和低通胀的国家是不合适的。自 2009 年以来，利率差异已经小得多，反映了英国和欧元区相似的通货膨胀率和实际 GDP 增长率。这表明，自 2009 年以来，如果英国采用欧元，货币政策产生不对称效应的机会就会减少。但有一点需要注意：在此期间，整个欧元区的失业率始终高于英国的失业率。

11. 当 2007 年欧元对中国货币升值时，在第三国出口市场上与中国竞争的欧盟国家应该看到总需求的更大下降，因为各种客户可能转而使用突然变得相对便宜的中国产品。基于问题中的假设，德国受到的损害应该比希腊小。如果希腊有自己的货币，它可能会允许其货币对德国略微贬值，这样它对中国的升值幅度会小一些。这可能减轻了对其出口商的影响。

12. 就像人们担心个别国家的政府会借贷过多并给欧洲中央银行带来印钞压力一样，个别国家的过度经常账户赤字可能预示着该国的过度借贷，并可能预示着未来需要由货币当局进行救助。此外，尽管如此，当地国家与 EMU 的过度经常账户赤字可能预示着欧元对特定国家的主要贸易伙伴严重升值，或者货币政策已经在一个国家创造了过度的支出或投资繁荣。这两种情况都是不良症状，说明单一的货币政策对这些国家可能是有问题的。

13. 所有这些国家的经常账户余额都出现了大幅增长（尽管意大利的增长比其他国家更温和）。这并不奇怪，因为这些国家在 2007—2009 年金融危机期间都遭受了大规模的经济衰退。随着一个国家的收入下降，消费者将购买更少的进口商品，导致经常账户上升。当许多国家在危机期间作为接受财政援助的条件而进行紧缩改革时，这一趋势将被放大。

14. 如果一个国家有"逃脱条款"，可以随时离开欧元区，那么货币联盟提供的货币稳定性就会被削弱。如果欧洲中央银行发出信号，它将不再充当该国银行的最后贷款人，对该国的贷款将变得更有风险。把这两个结果结合起来就会发现，该国将具有一个明显更大的信贷风险。随着资本逃离该国，该国很可能会选择执行"逃脱条款"，离开欧元区。这样做可以让它对自己的货币政策有一定的控制权，并允许其货币贬值，减轻大量资本外流带来的一些损失。

15. 对塞浦路斯的救助计划的一个条件是，塞浦路斯银行中的一些银行存款实际上将被征税，以帮助支付金融支持的费用。为了使这一税收具有约束力，政府必须对资本离开该国施加限制，否则塞浦路斯银行的储户会把钱取出来以避免这一税收。

在另一个层面上，这一要求又回到了开放经济的三重困境，即永远不可能同时实现以下三个目标：固定汇率、独立的货币政策和资本流动性。金融危机对整个欧元区的不同影响造成了各国利率不同的局面，基本上打破了货币联盟的共同货币政策。因此，欧洲中央银行不得不决定是维持货币稳定还是资本流动。在塞浦路斯的情况下，它选择通过限制资本流动来保持货币稳定。

16. a. 德国的财政扩张将使欧元区的 DD 曲线向右移动。如果这是一个永久性的财政扩张，那么预期汇率的变化也会使 AA 曲线下移，反映出资产市场在欧元升值时的清算。最后，若产出保持不变，欧元对其他货币的汇率将变得更强。对其他欧元区国家的影响将取决于它们与欧元区以外的国家有多少贸易。贸易越多，欧元升值对产出和价格的负面影响就越大。如果财政扩张是暂时的，只有 *DD* 曲线会向右移动。这仍将导致欧元升值，因为更高的产出增加了货币需求并提高了利率，但这将是暂时的。假设欧元区在财政扩张之前就实现了充分就业，那么政府支出的增加最终将被整个欧元区的价格上涨所抵消。

b. 如果欧元区处于流动性陷阱中，那么，如果该地区最初靠近 *AA* 曲线的平坦部分，那么暂时的财政扩张有可能使产出恢复到充分就业水平。然而，永久性的财政扩张也会使 *AA* 曲线向下移动，因为预期欧元会升值。这可能会恶化流动性陷阱的情况。

第22章 发展中国家：增长、危机与改革

对全球资本流动与全球收入分配的理解：地理位置决定了一切吗？

专栏：资本悖论

主要内容

　　本章为学生提供了理解发展中国家的宏观经济特征、这些国家面临的问题以及一些拟议解决方案所需的理论和历史背景。学生应该对亚洲金融危机有所了解。本章深入介绍了东亚经济增长奇迹和随后的金融危机。不过，本章首先介绍了发展中国家的一般特征及其在世界市场上广泛借贷的经济学，以及拉丁美洲的通货膨胀经历、债务危机和随后的改革。

　　本章首先讨论了发展中国家与工业化国家在经济发展方面的区别。所有国家中不同阶层的人均收入和预期寿命的巨大差异是惊人的。一些经济理论预测增长收敛，而且有证据表明工业化国家中存在这种模式，但发展中国家中没有出现明确的模式。一些国家经济增长迅速，而另一些国家则举步维艰。然而，总的来说，发展中国家在全球 GDP 和全球经济增长中所占的比重越来越大。

　　发展中国家和工业化国家之间存在着重要的结构性差异。发展中国家的政府在经济发展中发挥着普遍作用，在不同市场中制定多种价格并限制交易可能会导致更严重的腐败。这些政府经常通过铸币税来为预算赤字提供资金，从而导致高额和持续的通货膨胀。发展中国家的经济通常不是很多样化，少数商品占了大部分出口。这些商品可能是自然资源或农产品，在过去的 20 年里呈现出波动的繁荣和萧条周期。最后，发展中国家的经济通常缺乏发达的金融市场，往往依赖固定汇率和资本控制。

　　在教材中有关于发展中国家铸币税使用的讨论。教材中关于铸币税的讨论可以作为一个跳板，以对这个话题进行更深入的讨论。特别是，可以提出一个模型，其中铸币税是所选择的通货膨胀率的函数。这个函数是凹形的，起初是增加的，但最终会减少，因为高通货膨胀导致人们持有更少的货币（见图 22 - 1）。它很像税收的拉弗曲线。这有助于解释为什么类似的税收收入可能来自不同的通货膨胀水平。

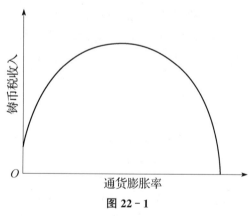

图 22 - 1

　　原则上，发展中国家（以及贷款给它们的银行）应该从跨期贸易中获得高额收益。相对于国内储蓄而言，发展中国家拥有丰富的投资机会，它们可以通过借贷建立自己的资本存量，然后可以用资本产生的未来产出来偿还利息和本金。发展中国家借款可以采取股权融资、对外直接投资或债务融资的形式，包括债券融资、银行贷款和官方贷款。这些跨期贸易的收益可能受到发展中国家违约的威胁。随着时间的推移，从 19 世纪的美国到大萧条时期的大多数发展中国家，再到 20 世纪 80 年代的债务危机国，发展中国家在很多情况下都会违约。如果贷款人失去信心，它们可能会拒绝提供更多的贷款，从而迫使发展中国家实现其经常账户的平衡。这些危机是由类似汇率危机或银行挤兑的自我实现机制所驱动的（并且经常被称为"突然停止"，即资金流似乎毫无征兆地停止向发展中国家流动），对债务违约的讨论提供了一个机会：在对亚洲金融危机进行全面讨论之前，重新审视货币危机和银行挤兑观点的机会。

认识到各国可利用的不同类型的融资是很重要的。债券融资、银行贷款或官方贷款都可以提供以债务为导向的资金，而对外直接投资或对公司的证券投资可以提供股权融资。此外，国家可以借入以自己的货币或其他货币计价的款项。本章讨论了"原罪"问题，即许多国家由于全球资本市场的问题和国家本身不良经济政策的历史而无法以本国货币借款。

本章的下一节重点介绍了拉丁美洲的经历。在 20 世纪 70 年代，通货膨胀成为拉丁美洲的一个普遍问题，许多国家尝试采用爬行钉住汇率制。但是，这种策略并未能阻止通货膨胀，而是出现了大量实际升值。政府担保的贷款很普遍，导致了道德风险。到 20 世纪 80 年代初，商品价格的崩溃、美元价值的上涨和美国的高利率导致了墨西哥违约，其他发展中国家也纷纷效仿。债务危机持续了十年，并使许多地区的发展中国家的增长放缓。到 20 世纪 90 年代初，债务重新谈判终于减轻了许多国家的负担。

在债务危机似乎要结束后，资本开始回流到许多发展中国家。这些国家终于进行了严肃的经济改革，以稳定其经济。本章详细介绍了阿根廷、巴西、智利和墨西哥采取的相关措施，并讨论了危机如何不幸地重回其中一些国家。

接下来，本章涉及亚洲的成功和随后的亚洲金融危机。本章考虑了亚洲经济取得成功的原因，如高储蓄、强大的教育、稳定的宏观经济和高水平的贸易，同时也讨论了经济中一些仍然薄弱的方面，如低生产力增长率和薄弱的金融监管。本章对从 1997 年 8 月开始的亚洲金融危机，连同对其他发展中国家的蔓延，都进行了详细的解释。这些年从增长和危机中得到的教训有：选择正确的汇率制度，银行业务的重要性，改革的适当顺序，以及传染的重要性。然后，有一个框架考虑了货币局是否能使固定汇率更具可持续性。

最后，本章以增长文献中当前的辩论为结尾，主要是讨论地理和制度在推动收入增长和水平方面的相对重要性。这些因素对于理解"卢卡斯之谜"至关重要，即尽管发展中国家的资本水平很低，表明这些国家的收益率很高，但资本似乎并没有流向这些国家。相反，资本似乎正从发展中国家流向富裕国家！对这一难题的可能解释包括发展中国家较低的人力资本水平以及较弱的经济机构。

关键术语

给出下列关键术语的定义：
1. 铸币税
2. 私有化
3. 传染
4. 收敛
5. 货币局
6. 美元化
7. 原罪

复习题

1. 表 22 - 1 给出了一些国家 1987 年的通货膨胀率和铸币税占 GDP 的百分比［数据来自 1989 年世界银行发布的《世界发展报告》（*World Development Report*）］。

表 22 - 1

国家	铸币税占 GDP 的比重（%）	通货膨胀率（%）
阿根廷	4.0	174.8
加纳	2.0	34.2
墨西哥	3.7	159.2
尼日利亚	0.9	9.6
秘鲁	4.8	114.5
菲律宾	0.6	7.5
土耳其	2.8	55.1
扎伊尔	4.2	106.5

a. 在图 22 - 2 上画出铸币税和通货膨胀率的数据。

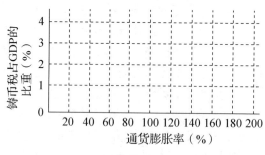

图 22 - 2

b. 如果铸币税随着通货膨胀率按 1∶1 的比例上升，这个图形将如何变化？这个图形是否再现了 1∶1 的关系？产生变化的原因是什么？

2. 通常许多发展中国家的官方固定汇率与当政府允许自由浮动时可能达到的汇率存在差异。正是由于这个原因，许多发展中国家的汇率黑市比较活跃。

a. 你认为与官方汇率相比，黑市汇率将升值还是贬值？

b. 发达国家经常建议发展中国家将官方汇率与黑市汇率并轨，其中政治上的分歧何在？

c. 假设出口商必须以官方汇率将它们赚取的外汇交给政府。说明为什么这相当于对出口征收的一种税。另外，为什么黑市的市场溢价，即黑市汇率和官方汇率之间的差值，反映了税额的大小？

3. 正如本章所讨论的，生活标准的趋同已经在发达国家中有所体现，却不能在更广泛的范围内实现。预测经济趋同的增长模型的一个重要假设是技术的跨国流动。

a. 为什么在发展中国家这更不可能发生？

b. 高速发展的亚洲国家是如何避免这些问题，并使得自己的生活水平上升至一些发达国家的水平的？

4. 正如本章所讨论的，阿根廷、智利和乌拉圭等各国政府都建立了爬行钉住汇率体系。在这个汇率制度下，它们货币的贬值率是依照一个事先给定的速度进行的，并最终下降到零。但是这些国家的人们预期政府会放弃爬行钉住汇率体系，并且其所在国家的货币将出现大幅贬值。这种预期对这些国家的资本流动会产生什么影响？

5. 政治上的裙带关系（即政府支持那些有权势者的亲朋的商业利益）是如何导致过度冒险并增加危机发生的可能性的？

6. 一些发展中国家不一定总存在媒体或其他信息自由交流的模式，该事实结合我们的模型，是如何对传染性不仅仅是投资者的群体意识和不理智这个问题做出解释的？

7. 尽管在 16 世纪恶劣的地理位置是增长的障碍，但是如今科技已经在很大程度上克服了这个问题，你能预测到在优劣不同的地理区域上不同的收入水平和收入增长率吗？

教科书中习题的答案

1. 政府征收的铸币税金额并不随货币扩张的速度单调增长。铸币税的实际收入等于货币增长率乘以公众持有的实际余额。但是，较高的货币增长会导致较高的预期未来通货膨胀，并（通过费雪效应）导致较高的名义利率。如果较高的货币增长提高了名义利率，减少了人们愿意持有的实际余额，就会导致实际铸币税下降。在名义利率等于恒定的实际利率加上货币增长率的长期均衡中，只有当实际货币需求对预期通货膨胀率的弹性大于 −1 时，后者的上升才会提高实际铸币税收入。经济学家认为，在非常高的通货膨胀率下，这种弹性会具有更大的负值（绝对值相当大）。

2. 正如在问题 1 的答案中所讨论的，来自铸币税的实际收入等于货币增长率乘以公众持有的实际余额。更高的货币增长导致更高的预期未来通货膨胀、更高的名义利率以及人们愿意持有的实际余额的减少。在通货膨胀率为 100％ 且不断上升的年份中，人们愿意持有的实际余额比通货膨胀率为 100％ 且不断下降的年份要少，因此，在 1980 年通货膨胀率下降时，铸币税收入会比 1990 年通货膨胀率上升时要高。

3. 尽管巴西的通货膨胀率在 1980—1985 年期间平均为 147％，但其铸币税收入占产出的百分比还不到塞拉利昂铸币税收入的一半，塞拉利昂的平均通货膨胀率为 43％。由于铸币税是通货膨胀率和公众持有的实际余额的乘积，铸币税收入的差异反映了巴西的实际余额持有量低于塞拉利昂。在面对较高的通货膨胀率时，巴西人发现，相对于塞拉利昂的居民，节约他们的货币持有量更有利。这反映在一个金融结构中，就是由于自动取款机等创新，人们不需要通过长时间持有货币来进行交易。

4. 在利率平价下，实行爬行钉住汇率制的国家的名义利率将超过外国利率 10％，因为预期货币贬值（等于 10％）必须等于利息差。如果爬行钉住汇率制不完全可信，利息差会更大，因为大幅贬值的可能性使预期贬值大于所宣称的 10％。

5. 资本外逃加剧了债务问题，因为政府自己会持有更大的外债，但可能无法识别和向购买中央银行储备的人征税，这些储备是债务的对应物，人们现在在外国银行账户中持有这些钱。因此，为了偿还更高的债务，政府必须向那些没有从资金转移出国的机会中获益的人征税。因此，国内的收入分配发生了变化，有利于那些可能已经相当富裕的人。这种倒退的变化可能会引发政治问题。

6. 如果贷款人认为国家担保能确保国有企业还债，那么提供给私营企业的贷款可能比提供给国有企业的贷款少（然而，在某些情况下，比如在智利，政府在事后受到压力，甚至接管了私人借款人的债务）。私营企业也可能面临来自市场的更多约束——它们的经营损失不太可能由公共收入来弥补。因此，私营企业不得不将借款限制在高质量的投资项目上。

7. 首先，通过使经济对贸易和贸易中断更加开放，自由化可能会提高一个发展中国家向国外借款的能力。相对地，对违约的惩罚也会增加。其次，当然，较高的出口水平会使未来的贷款人相信该国未来的偿债能力。最后，通过选择国际贷款人认为合理的政策，如开放市场，各国可以改善贷款人对其信用度的评估。

8. 今天削减投资会导致明天的产出损失，所以这可能是一个非常短视的策略。然而，政治上的权宜之计使得削减投资比削减消费更容易。

9. 如果阿根廷将其经济美元化，它将用货物、服务和资产从美国购买美元。这实质上是将美联储的资产换成绿背纸币，作为国内货币使用。由于阿根廷已经运作了一个持有美国债券作为资产的货币局，因此，阿根廷的美元化不会像一个中央银行持有国内资产的国家那样激进。阿根廷可以将其持有的美国债券换成美元作为货币使用。当货币需求增加时，货币局不能简单地印刷比索并将其兑换成商品和服务；它必须出售比索并购买美国政府债券。因此，在转向美元化的过程中，政府并没有交出通过征收铸币税向自己的人民征税的权力；它已经没有这种权力了。

不过，通过美元化，阿根廷还是因为持有不计息的美元钞票而不是计息的美国国债而损失了利息。因此，每年给美国的铸币税规模将是损失的利息（美国的名义利率乘以阿根廷的货币总量）。在此基础上，任何货币供给量的扩张都需要将真实的商品、服务或资产送到美国以换取美元（正如阿根廷在货币局下对债券所做的那样）。这不是一个长期损失，因为阿根廷可以随时用这些美元（如同可以用债券）换取美国的商品和服务。所以，损失的是每年持有美元应该得到的利息。

10. 仅仅看目前工业化国家并发现收敛，并不是检验收敛的有效方法。目前富裕的国家可能由于不同原因而繁荣起来，但如果只选择目前富裕的国家，就会强行发现收敛。这是一个可以理解的错误，因为目前富裕的国家是那些更有可能拥有足够长的数据序列来测试收敛的国家，但只有通过对大量国家的广泛观察，才能真正检验是否应该期望那些目前贫穷的国家"赶上"它们更富裕的贸易伙伴。

11. 道德风险来自这样一个事实，即借款人可能以外币借款，假设政府会遵守其承诺，保持汇率不变。这些借款人不是对冲汇率波动的风险，而是假设政府会防止风险的发生。道德风险也来自这样一个事实，即这些借款人参与了一种风险行为，并假设政府会保持汇率固定——部分原因是政府承诺会这样做，但部分原因是为了防止这些以外币借款的公司受到损害。

12. 债务美元化意味着不仅全球金融市场的参与者面临汇率风险，而且许多仅仅参与当地市场的民众也将面临这些风险。这意味着贬值会对整个经济产生更广泛的影响。

如果抵押贷款是以美元计价的（如 2001 年的阿根廷），那么赚取当地货币的工人将突然无法支付他们的抵押贷款，因为他们用于债务支付的当地货币价值上升了，但他们的收入却没有。这可能会导致整个经济的普遍违约，除非采取一些措施来缓解这种影响。不过，为数不多的选择之一是将美元贷款转换为当地货币贷款，但如果贷款人的美元资产与美元负债相平衡，这将对他们产生严重影响。最后，如果有足够多的本地借款人因资产负债表的不利影响而破产，可能会造成过多的违约，从而致使整个银行系统破产。

13. 这两个国家的生产函数是由 $Y=AK^\alpha L^{1-\alpha}$ 得出的。我们可以通过两边都除以 L，将其转换为每个工人的生产函数。$Y/L=AK^\alpha L^{-\alpha}=A(K/L)^\alpha$。为了便于记述，用小写字母表示每个工人的价值，因而 $y=Ak^\alpha$。

从教科书的表 22-2 中可以看出，2014 年，$y_{Ind}=3\,413$ 美元，$y_{US}=41\,858$ 美元。因此，这两个国家每个工人的产出比率为 $y_{Ind}/y_{US}=3\,413$ 美元 $/41\,858$ 美元 $=0.08$。印度每个工人的产出是美国每个工人产出的 8%。

基于这些数字，A（多要素生产率）的什么值会使两国的资本边际产品相等？可以通过查看 MPK 函数来解这个问题。

$$MPK=\alpha AK^{\alpha-1}L^{1-\alpha}=\alpha Ak^{\alpha-1}$$

比较 MPK 与 y，可以看到 $MPK=\alpha y/k$。假设取印度和美国的 MPK 比率，将得到 $MPK_{Ind}/MPK_{US}=(y_{Ind}/y_{US})(k_{US}/k_{Ind})$。如果这两个国家的 MPK 相等，那么这个比率将等于 1。因此可得，要使 MPK 相等，必须有 $y_{Ind}/y_{US}=k_{Ind}/k_{US}$。

可以证明，$k=(y/A)^{1/\alpha}$。代入上面的表达式，可以得到 $y_{Ind}/y_{US}=[(y_{Ind}/A_{Ind})/(y_{US}/A_{US})]^{1/\alpha}$。求解 A_{Ind}/A_{US} 可得：

$$A_{Ind}/A_{US}=(y_{Ind}/y_{US})^{1/\alpha}=0.08^{1-\alpha}$$

例如，如果 $\alpha=0.3$（资本在产出中的份额为 30%），那么 A_{Ind}/A_{US} 的比率必须等于 0.173。要使两国的资本边际产品相同（因而投资收益率相同），印度的多要素生产率必须远低于美国的多要素生产率，因为美国的资本水平要高得多。

本书复习题答案

第 2 章复习题答案

1. 将以下国家填入教科书中的图 2-2：

   a. 加拿大：加拿大位于 45 度线的上方，且距离 45 度线很远。因为加拿大距离美国很近，所以在决定其与美国贸易规模的因素中，GDP 的影响显得微不足道。

   b. 蒙古国：位于 45 度线下方。蒙古国远离美国，且属于内陆国，与美国进行贸易时运输成本高昂；同时，蒙古国与美国也不存在十分紧密的经济联系。因此，我们可以预测，蒙古国与美国的贸易量会很小。但是，在预测过程中，起关键作用的是距离，而不是因为蒙古国的 GDP 很小。

   c. 挪威：恰好落在 45 度线上。在与美国的地理距离和各种往来关系方面，挪威与欧洲其他国家十分相似。由于德国落在 45 度线上，所以我们得出类似结论。

2. 根据 $T_{ij} = A \times Y_i \times Y_j / D_{ij}$，我们可以通过 A 国向 B 国的出口值为 16 000 亿美元推算出 A 的值：$1.6 = A \times 4 \times 4/100$，即 $A = 10$。而后，我们可以将 A 值和其他 GDP 以及距离值代入公式，得出待求的其余出口量，见表 A2-1。

表 A2-1　出口量　　　　　　　　　　　　　　　　　　　　　　单位：万亿美元

	A	B	C	D
A	×	1.6	0.04	0.4
B	1.6	×	0.04	0.2
C	0.04	0.04	×	0.01
D	0.4	0.2	0.01	×

3. 表 A2-2 已经给出正确的预计符号。我们认为，两国使用同种语言会减少贸易成本，从而增加贸易量，因此为正号。如果某国为内陆国，那么其贸易的运输成本会增加，因此为负号。如果两国使用同种货币，贸易成本会随之减少，因此为正号。如果两国正在交战，贸易条件将恶化，贸易量会减少。最后，如果两国同为某一自由贸易区的成员，这必定会降低二者的贸易壁垒。

表 A2 - 2

变量	预计符号
距离	－
GDP	＋
两国使用同种语言	＋
一国为内陆国	－
两国使用同种货币	＋
两国正在交战	－
两国同为某一自由贸易区成员	＋

4. 以下技术有助于将题中的非贸易品转换为贸易品。

 a. 易腐食品：具有冷藏功能的货车车厢、卡车、集装箱。若没有冷藏工艺的保护，易腐食品是经受不起长途运输的考验的。

 b. 呼叫中心：价格低廉的宽带接入服务。虽然电话线路已被人们使用了几十年，但是价格低、速率高的通信技术的发明使远程客户服务变成了现实。

 c. 法律服务：传真技术。正是由于传真技术的普及，法律服务才有了远程提供的基础。

 d. 内陆省份的农产品：铁路运输。美国和阿根廷修建了纵横交错的铁路之后，两国内陆省份种植的农作物才可被方便地运输到全球市场上进行交易，两国也因此成为农产品出口大国。

 e. 铁或者重工业品：轮船。轮船的发明使重型产品的运输速度和成本发生了革命性变化，其发明对全球化第一阶段的贸易增长也是至关重要的。

5. 贸易占 GDP 的比重不太可能回落到 20 世纪 50 年代的水平，这意味着贸易将发生瘫痪。然而，目前许多企业的生产过程涉及多个国家，消费者也习惯了使用国际化的产品。贸易下降到 20 世纪 50 年代的水平的效率损失是巨大的，而且这在政治上也是不可持续的。1905 年，人们认为贸易可以带来巨大便利，极大地提高效率，因此是不可能受到影响或打击的。然而事实上，战争和保护主义政策可以导致贸易长期且大幅地萎缩。有两个原因可能会导致贸易大瘫痪：一是各大洲的多个国家发起旷日持久的战争，在这种情况下，贸易的成本会急剧上升，各国也会采取封锁贸易的战争手段；二是传染病大肆暴发，各国采取合法的和仇外的保护性措施来减少与外国的接触，受抵制国会采取相应的报复措施，从而导致贸易保护主义的爆发。对进口影响的不确定性可能使一些国家制定贸易保护主义政策以减少贸易量。以上情况在现实生活中不太可能发生，因此，贸易占 GDP 的比重不太可能回落到 20 世纪 50 年代的水平。

第 3 章复习题答案

1. a. 本国在生产粮食上更有效率，具有绝对优势；而外国在生产衣服上更有效率，具有绝对优势。

 b. 给定题目中的单位劳动投入，当本国生产两种产品时，可以以 5 单位粮食交换 1 单位衣服。而如果本国可以以 5 单位粮食交换外国 3 单位衣服，本国就赢得了 2 单位衣服或者节省了 2 小时劳动。同样，当外国与本国进行贸易时，外国获得的 5 单位粮食需要用 5 小时劳动来生产，而 5 小时劳动可以生产 15 单位衣服。通过贸易，外国净收益为 12 单位衣服。

c. 如果本国以 5 单位粮食交换外国 6 单位衣服，本国将赢得 5 单位衣服，因为在外国，5 单位粮食等同于 15 单位衣服，外国只需要用 6 单位衣服就能换到 5 单位粮食，外国净获益 9 单位衣服。

2. a. 本国和外国的生产可能性边界如图 A3－1 所示。

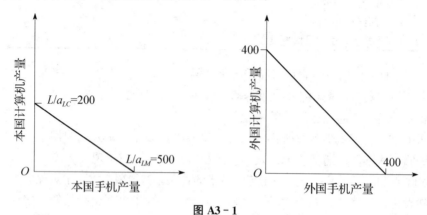

图 A3－1

b. 本国的相对价格：$p_C/p_M = a_{LC}/a_{LM} = 5/2 = 2.5$。

外国的相对价格：$p_C^*/p_M^* = a_{LC}^*/a_{LM}^* = 3/3 = 1$。

c. 在没有贸易的情况下，正如答案 2a 所示，本国和外国的消费可能性都受限于它们各自的生产可能性边界。而在进行贸易的情况下，各国能消费的计算机和手机的数量大于仅仅本国生产的数量。而且，在存在贸易的情况下，本国的消费集会从 AB 扩展到 TB，而外国的消费集则会从 A^*B^* 扩展到 A^*T^*（见图 A3－2）。

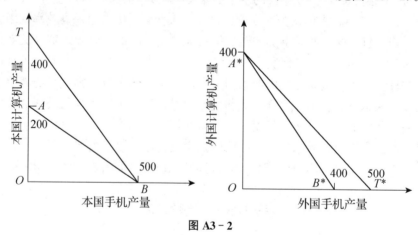

图 A3－2

3. a. 本国在网球拍的生产上有比较优势。

b. 本国的机会成本为 $a_{LR}/a_{LB} = 2/6 = 1/3$，外国的机会成本为 $a_{LR}^*/a_{LB}^* = 4/1 = 4$。

c. 网球拍相对于棒球拍的世界均衡价格将处于两国自给自足的价格之间：$1/3 < (p_R/p_B)^w < 4$。

d. 给定 $p_R/p_B = 2$，通过比较工人在网球拍行业获得的相对于棒球拍行业的工资，可以确定各国的专业化生产模式。本国工人生产网球拍将赚得 $p_R/a_{LR}=2/2=1$，生产棒球拍将赚得 $p_B/a_{LB}=1/6$。工人会寻求最高工资，从而向网球拍行业转移，并最终导致本国专业化生产网球拍。通过类似的推理，你可以说明外国将专业化生产棒球拍。

e. 在自给自足条件下，外国劳动 1 小时能够生产 1 个棒球拍或者 1/4 个网球拍。假设外国劳动者选择生产棒球拍，并以 $p_R/p_B=2$ 的价格换得 1/2 个网球拍。这是外国自己生产和消费的网球拍数量的 2 倍，即外国将从贸易中获益。

4. a. 本国生产的相对优势由 a_{Li}^*/a_{Li} 给出。因此，本国在产品 A 上具有最大的生产优势 12（＝12/1），而在产品 D 上生产优势最小，为 2（＝30/15）。相反的次序可以说明外国的优势所在。

  b. 本国将生产产品 A 和 B。外国将生产产品 C 和 D。为了确定哪个国家生产哪种产品，你必须知道相对工资率（w/w^*）。如果对于一种产品，相对劳动生产率（a_{Li}^*/a_{Li}）大于相对工资率（w_i/w_i^*），那么本国具有成本优势。如果对于一种产品，相对劳动生产率（a_{Li}^*/a_{Li}）小于相对工资率（w_i/w_i^*），那么外国具有成本优势。

  c. 直接比较一国生产一种产品与生产另外一种产品的劳动力成本，并与进行贸易后相比计算出贸易利得。如果相对工资率为 8，答案 4b 说明本国不会生产产品 C 或者 D，相反，会从外国进口这些产品。生产 1 单位产品 C 需要 24 单位外国劳动，而只需要 4 单位本国劳动，但是，给定工资 8：1 的差异，这需要花费本国 32（＝4×8）单位成本，而外国的成本为 24（＝24×1）单位。结果是外国生产产品 C 的成本更低。你还可以通过生产产品所需要的工时来说明这个观点。

  d. 如果 $w/w^*=6$，本国还将生产产品 A 和 B，外国生产产品 D。而且，当 $a_{LC}^*/a_{LC}=w/w^*=6$ 时，两国可能都将生产产品 C。

  e. 由于某些产品的长途运输会带来较高的成本，因此，即使一些国家在生产这些产品上不具有比较优势，也有可能选择自给自足，即不进行贸易。

5. a. 在不存在贸易的情况下，本国用生产 1 单位衣服所需的劳动时间的一半可以生产 1 单位粮食。这就意味着在自给自足的情况下，本国生产 1 单位粮食的相对价格为 $p_F/p_C=1/2$。在没有贸易的情况下，外国需要用两倍于衣服的时间来生产粮食，所以贸易前的相对价格为 2。

  b. 贸易前的相对价格反映了本国在粮食生产上的比较优势，以及外国在衣服生产上的比较优势。

  c. 粮食相对于棉布的世界价格会处于两国自给自足时的相对价格之间。

  d. 如果在存在贸易的情况下 $p_F/p_C=1$，本国可以通过从外国以相对低的价格进口衣服而获益，即要低于在本国生产衣服时的价格。如果存在贸易，本国能够通过放弃 1 单位粮食而进口 1 单位衣服；如果不存在贸易，本国要放弃 2 单位粮食才能获得 1 单位衣服。

第 4 章复习题答案

1. 在特定要素模型中，若粮食与棉布的价格均上涨 5%，将导致工资也上涨 5%，但棉布和粮食的产量不会变化。

2. a. 葡萄酒生产是劳动密集型的，奶酪生产是土地密集型的。

　b. 必须满足下列约束条件：

$$a_{Lc}^{C}+a_{Lw}W=L$$
$$a_{tc}^{C}+a_{tw}W=T$$

根据已知条件，$a_{Lc}=4$，$a_{tc}=8$，$a_{Lw}=10$，$a_{tw}=5$。另外，$L=400$，$T=600$。如果 $C=50$，$w=90$，那么不满足劳动和土地的约束条件。因为这两个约束条件都没有得到满足，所以均衡并不反映可行的生产点。

　c. 见图 A4 - 1。

　d. 如果 L 增加了 100，LL 约束线会向上移动，扩展生产可能性集。

3. a. 见图 A4 - 2。

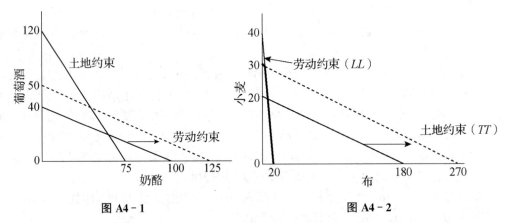

图 A4 - 1　　　　　　　　　　　图 A4 - 2

其中，$L/a_{Lw}=120/3$，$L/a_{Lc}=120/6$，$T/a_{tw}=180/9$，$T/a_{tc}=180/1$。

　b. TT 线会向上移动，达到新的生产可能性边界，其中 $T/a_{tw}=270/9$，$T/a_{tc}=270/1$。土地的供给会使得 TT 增加，约束条件被放松，生产可能性扩张，并偏向于土地密集型产品小麦的生产。这就解释了为什么一国在生产密集使用本国充裕要素的产品时非常有效率。

4. a. 竞争经济中任何产品的价格都恰好等于它的生产成本，这意味着下列约束条件必须成立：

$$p_c=a_{Lc}W+a_{tc}r$$
$$p_w=a_{Lw}W+a_{tw}r$$

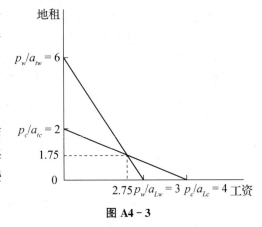

图 A4 - 3

但是，代入约束方程，价格要小于生产两种产品的边际成本。也就是说，生产者每销售 1 单位产品都会招致损失，从而这些价格在竞争经济中是不可能存在的。

　b. 见图 A4 - 3。

　c. 求解单位成本＝价格的两个方程，对于葡萄酒是 $10w+5r=30$，对于奶酪是 $4w+$

$8r=16$。解得 $w=8/3$，$r=2/3$。

d. 奶酪价格的上升使奶酪的价格线向外移动，新的要素价格均衡点表现为土地租金更高，而工资率更低。与奶酪价格上升相比，土地租金会有更大比例的增加。

e. 由于奶酪价格的上升会导致土地租金的上升，从而土地所有者以奶酪和葡萄酒衡量的购买力都增强。但是，如果劳动者只获得工资收入，那么他以葡萄酒和奶酪衡量的购买力都降低了。这说明了斯托尔珀-萨缪尔森效应，其中奶酪是土地密集型商品，奶酪价格的上升使得土地所有者获利，工人受损。

5. a. 根据基于资源禀赋的标准模型，在自给自足的情况下，劳动充裕国的服装相对价格较低，而资本充裕国的汽车相对价格较低。因而资本充裕国将进口服装、出口汽车。

b. 就每类要素而言，假设短期要素投入不变，那么在资本充裕国，由于汽车相对价格上升，而服装相对价格下降，因此汽车行业的短期生产要素收入将上升，而服装行业将遭受损失。总的来说，因为一国充裕要素的所有者将从贸易中获益，而稀缺要素的所有者将从贸易中受损，所以资本要素将受益，而劳动则受损。表 A4-1 显示的是资本充裕国每一类要素收益变化的结果。

表 A4-1

类别	短期影响	长期影响
汽车行业的劳动	受益	受损
汽车行业的资本	受益	受益
服装行业的劳动	受损	受损
服装行业的资本	受损	受益

6. 点 A 为从国内向国外迁移后的均衡工资率，点 B 为移民前国外的工资率，点 C 为移民前国内的工资率。

第 5 章复习题答案

1. 在一个两种产品、两种要素的模型中，比如原始的赫克歇尔-俄林模型，要素的密集度是相对密集度。因此，相关的数据是单位土地的工人数，或者单位出租的工资。为了使上述逻辑更加明了，我们假设生产 1 把扫帚需要 4 名工人和 1 英亩土地，同样，我们假设生产 1 蒲式耳小麦需要 40 名工人和 80 英亩土地，那么生产扫帚的每名工人需要 1/4 英亩土地，然而，生产小麦的每名工人需要 2 英亩土地。这样，小麦就是（相对）土地密集型的，扫帚就是（相对）劳动密集型的。

2. 在 P 国，相对稀缺生产要素的所有者也是资本的所有者。他们相对的并且真实的收入将会减少，所以他们可能会游说反对自由贸易，这就可能阻止国家达到自由贸易均衡。

3. a. 赫克歇尔-俄林理论认为，各国将倾向于生产密集使用本国充裕要素的产品并用于出口。在这个例子中，尽管外国比本国的劳动数量要少，但外国被认为是劳动充裕国（注意，充裕度是以相对量来定义的）。本国是土地充裕型的。所以我们认为，本国出口稻米，外国出口电视机（劳动密集型产品）。

b. 在真实世界中，许多复杂情况可能改变赫克歇尔-俄林理论的预测结果。里昂惕夫悖论阐述了一些这样的复杂情况。里昂惕夫认为，尽管人们普遍认为美国是资本充裕国，但美国出口品的资本密集度没有进口品那么高。对这个悖论的一些解释是以对生产要素的定义和度量为基础的。劳动有不同类别（技术工人和非技术工人），仅仅归为一类劳动可能产生误导。在资本的定义方面也存在一些问题，因为它没有反映与进口相比，出口产品的技术密集度。

c. 见图 A5-1。

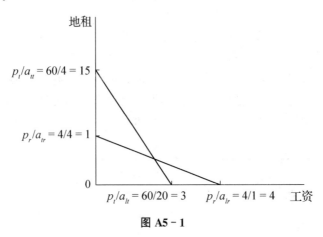

图 A5-1

4. a. 国家 R 将出口食物。和赫克歇尔-俄林模型一致。相对资本充裕的国家将出口相对资本密集的产品。

   b. 贸易条件将处于 P_c/P_f 轴上两国封闭状态下的相对价格的中间。相对工资 (w/r) 在垂直的轴上，在最高值与最低值中间，不会重合。这个结果和模型中要素价格均衡的预期相违背。

   c. 两个国家将产生一个相对价格，这是因为两个国家间相对要素的可用性相差不大，因此相互重叠的区域的存在导致了这个结果。

   d. 国际贸易下 P 国的生产点将处于点 5 的上方。P 国将转变生产结构，将更大的权重放在劳动密集型产品布上。每个产业的生产技术将变得更加资本密集。由于相对工资的上涨，最佳生产点将顺着节省目前相对更昂贵的劳动力的方向，沿着等产量线移动。

5. 在这个案例中我们不能定义或鉴定一种产品的相对要素密集度，因此，赫克歇尔-俄林模型在该种情况下不适用。

6. 这个问题有许多可能的答案，可以被分为三种。第一种认为这个模型或理论是错误的。第二种认为该理论是正确的（内部一致并描述了现实世界的数据），但是现实世界的数据被错误地感知、定义或测量。第三种认为这种表述本身就是错误的，并且里昂惕夫悖论本身没有得到研究，而是基于对原模型的错误逻辑解读。

第 6 章复习题答案

1. a. 在新的相对价格 $p_c/p_w=6$ 时，等价值
   线会变得更陡峭（从最初的 V_1V_1 旋转
   到 V_2V_2），如图 A6–1 所示。

   b. 在新的均衡点 2 处，生产转移的特征
   是降低葡萄酒产量并提高奶酪产量，
   奶酪的相对价格上升。

   c. 当奶酪的相对价格下降时，等价值线
   会变得更平坦。生产点移动到点 3，新
   的等价值线为 V_3V_3。奶酪的产量下
   降，而葡萄酒的产量上升。

   d. 奶酪的相对供给与它的相对价格正
   相关。

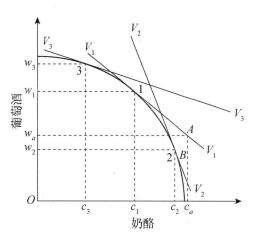

图 A6–1

2. a. 给定一国的 PPF，点 A 说明该国的消费偏好会导致该国进口奶酪、出口葡萄酒。
   因为生产点在点 1，葡萄酒和奶酪的产出水平分别为 w_1 和 c_1；葡萄酒和奶酪的消
   费分别为 w_a 和 c_a；葡萄酒的出口价值和奶酪的进口价值相等。

   b. 奶酪相对价格的上升会使得等价值线移动到 V_2V_2，同时生产集移动到点 2，即奶酪
   产量上升、葡萄酒产量下降。消费点由点 A 移动到点 B。

   c. 相对价格的变化会使得该国处于更低的无差异曲线上，并降低消费者福利。进口变
   得更加昂贵，出口变得更不值钱。

   d. 替代效应是当产量维持在点 1 时，相对价格变化后消费需求模式的改变，导致新的
   等价值线和更低的无差异曲线相切。生产调整会使得等价值线与 PPF 在更高的奶
   酪产量、更低的葡萄酒产量处相切，消费需求的其他变化反映了收入效应。

   e. p_c/p_w 下降会使得生产更偏向于葡萄酒，而降低奶酪产量。该国贸易条件的改善将
   导致更高的等价值线，以及在更高的无差异曲线上进行消费。

3. a. 在点 A 处，该国沿着等价值线 V_1V_1 可
   以达到更高的无差异曲线，见图 A6–2。
   该曲线描述了一个国家出口奶酪、进口
   葡萄酒的情形。

   b. p_c/p_w 下降会使得等价值线变得更为
   平坦，导致葡萄酒产量上升、奶酪产
   量下降。

   c. 贸易条件恶化，而且贸易均衡反映了等
   价值线与更低的无差异曲线相切。综
   合考虑收入效应与替代效应，可以认
   为这个国家福利水平下降了。

   d. 一国贸易条件的改善（恶化）会增加

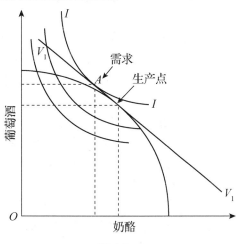

图 A6–2

（降低）其福利。

4. a. 随着经济发生偏向型增长，生产可能性扩张有利于土地密集型商品——葡萄酒的生产。

   b. 特定要素和要素比例模型都说明，一国某种生产要素禀赋的增加，将导致该国的生产可能性发生偏向型扩张，并有利于使用特定要素的商品，或者是相对密集使用这种要素的商品。

   c. 如果在偏向于葡萄酒的生产扩张中，奶酪的相对价格没有变化，这意味着新的均衡特征是更高的葡萄酒产量和更低的奶酪产量，见图 A6 - 3。

   d. 如果政策目标是稳定奶酪的产量，那么尽管生产倾向于葡萄酒，奶酪的相对价格还是会上升。政府可以通过对奶酪生产进行扭曲型补贴，或者对葡萄酒生产征税来达到这一目的。即使奶酪的相对价格上升了，但发生偏向型增长后，在新的均衡点下葡萄酒的相对产量也将增加。

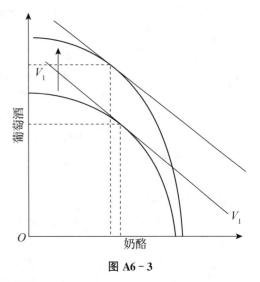

图 A6 - 3

5. a. 保持运动鞋和甜菜的相对价格不变，在新的生产点上，运动鞋产量上升，而甜菜产量下降。经历了偏向型增长的商品产出都会扩大，这就相当于从低增长部门抽走一些资源，从而导致低增长部门的产出缩减。

   b. 世界相对供给曲线向右移动，表现为在每个 p_s/p_b 水平下运动鞋相对于甜菜的更高的相对供给。这会导致运动鞋的相对价格下降，以及世界对运动鞋的均衡消费量上升。

   c. 因为运动鞋是这个国家的出口品，出口价格的相对下降意味着该国贸易条件的恶化。尽管贸易条件的恶化会带来贫困化增长，但可能性并不大。更可能的是，这个国家的福利水平会上升。

   d. 如果在进口竞争部门发生了偏向型增长，运动鞋的相对供给曲线向左移动之后，贸易条件将得到改善。由于增长而导致的贸易条件的改善会提高该国的福利。

6. a. 消费者和生产者面临的葡萄酒与奶酪的相对价格将比国际市场上的相对价格高25%。本国奶酪的相对价格要比国际市场上的相对价格低。

   b. 本国的生产者将减少奶酪的产量、增加葡萄酒的产量，从而本国消费者对奶酪的需求上升、对葡萄酒的需求下降。奶酪相对于葡萄酒的新的均衡价格要比征收关税前高。只有首先确定相对需求曲线和相对供给曲线的移动幅度，才能确定奶酪相对于葡萄酒的均衡产量总的来说是扩张还是缩减，以及相对价格的调整是否超过了25%的关税。

   c. 本国的贸易条件会改善。

   d. 结果取决于这个国家是大国的假设条件。与大国不同，小国不能通过征收关税来改变世界相对价格或者数量。

7. a. 正确。

b. 正确。

c. 正确。

d. 错误。实际利率下降，所有其他因素保持不变，将导致一国当前消费增加。

第 7 章复习题答案

1. a. 根据平均成本等式 $AC=F/X+c$，当 $F=20$，$c=2$，$X=5$、10、20、40 时，平均成本分别为 6、4、3 和 2.5。

b. 由于企业可以在更多的产出上分摊固定成本，从而当产出增加时，平均成本下降。

c. 当边际成本为常数 2 时，如答案 1a 所示，平均成本下降。平均成本曲线和边际成本曲线不相交，见图 A7－1。

d. 当产出增加时，平均成本趋近于边际成本。

e. 在其他条件不变的情况下，一个行业中的企业数量越多，平均成本越高。这是因为当每个企业的产量下降时，企业平均产出减少，从而平均成本上升。

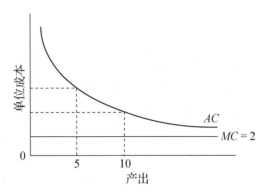

图 A7－1

2. a. 从等式 $AC=n\times F/S+c$ 中可以得到 CC 曲线，而等式 $P=c+1/bn$ 则描述了 PP 曲线，其中 $b=1/1\,000$，见图 A7－2。两条曲线都必须通过表 A7－1 中的点。

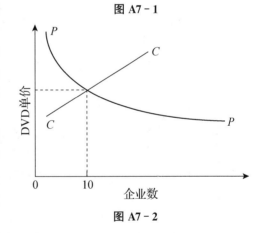

图 A7－2

表 A7－1

n	PP	CC
1	1 100	110
10	200	200
20	150	300
40	125	500

b. PP 曲线向下倾斜说明，如果一个行业中企业数量增加（进而竞争程度加大），那么每个企业的定价会降低。而当行业中有新的进入者时，每个企业的产量会下降，单个企业面临的平均成本也就越高，所以 CC 曲线向上倾斜。

c. 在没有贸易的条件下，大概有 $n=10$ 个企业生产 DVD，单价为 200 美元。

d. 在存在 10 个企业时，每个企业的利润为零，因为当 $n=10$ 时，$P=AC$。

e. 在 PP 曲线和 CC 曲线交点的左侧，$P>AC$，这说明会有新的企业进入行业以赚取剩余利润。

3. a. 根据与习题 2 一样的等式，CC 曲线和 PP 曲线上的点见表 A7 - 2。

表 A7 - 2

n	PP	CC
10	12 000	10 000
20	10 000	12 000
30	9 333	14 000
40	9 000	16 000

b. $n=14$，$P=10\,800$（近似值）。

c. 为了确定长期均衡，必须证明：（1）$MR=MC$；（2）$P=AC$。为了检验第一个标准，我们将等式中需求参数的真实值——边际成本和企业的数量代入，检验 P 是否为 10 800。这在 $n=14$ 时大致成立。为了检验第二个标准，我们将其代入平均成本等式，检验在 $n=14$ 时 AC 是否等于价格，结果也大致正确，所以可以认为新进入者消除了所有垄断利润。所以，在长期均衡中，14 个企业将以每单位 10 800 美元的价格生产 42 800 单位拖拉机。

4. a. 规模经济说明了产出的增长大于生产中的投入或者要素的增长。规模经济之所以产生，是因为运作的规模足够大，以至劳动力的分工与专业化成为可能。另外，在更大规模的生产中，能够采用更多的专业化和高效率的机器。规模经济对于企业来说可能是内部的或者外部的。

b. 如果两国在每个方面（要素禀赋、技术和偏好）都是相同的，在自给自足的情况下，两国商品的相对价格将是一样的。根据要素比例理论，两国没有进行贸易的动机。但是，如果两国商品的生产都具有规模经济，那么每个国家可以专业化生产某种产品，并且由于贸易存在，各国都会因为两种商品供给的增加而达到更高的满意度。

c. 不会。

d. 如果某一给定地区首先开始在某一行业中生产产品，外部规模经济意味着该地区针对该行业中某一特定产品建立起低成本生产网络的时间早于其他地区。也就是说，随着时间的流逝，该地区在该行业中形成了比较优势，该比较优势源于"起步早"，而不是由于该地区拥有的技术优势或者某些资源禀赋。

5. a. 正确。

b. 错误。存在内部规模经济时的长期市场供给曲线将向下倾斜，存在外部规模经济时则将向下倾斜。[※]

c. 错误。如果从长期来看产量增加，则存在内部规模经济时平均生产成本将下降，而存在外部规模经济时平均生产成本也将下降。

d. 错误。如果一个市场中的企业在内部规模收益不变，而市场有外部规模经济，那么企业的长期供给曲线将保持水平，市场的长期供给曲线将向下倾斜。

※ 英文书原文如此。——译者注

第8章复习题答案

1. a. $Q=40$，所以 $MR=30-(40/2)=10$。
   b. $Q=20$，所以 $MR=40-(20/2)=30$。
2. a. 对于任意 Q，$MC=4$。
   b. $C=100+4\times10=140$。
   c. $C/Q=(100+4\times10)/10=14$。
   d. $F/Q=100/10=10$。
3. 据推测，每个国家都会专门生产最终产品的某些部件。这将导致大量产业内贸易。
4. a. 垄断者将以 5 美元/吨的价格出售 1 000 万吨。
   b. 5 美元/吨。
   c. 400 万吨，10 美元/吨。
5. a. 它将以 8 美元/吨的价格出售 500 万吨。
   b. 这对美国客户来说是好事。如果把倾销定义为以低于国内销售价格的价格在国外销售，这就是倾销。如果把倾销定义为以低于边际成本的价格销售，这就不是倾销。这不是掠夺性行为，因为这样做不是为了占领市场份额，而是"单纯的"静态利润最大化行为，正如任何垄断者所期望的那样。

第9章复习题答案

1. 根据题目给出的信息得到的进口需求如表 A9-1 所示。

表 A9-1

价格（美元/瓶）	进口需求（瓶）
5	70
10	60
15	20
20	0

2. a. 从价税是根据进口商品价值的一部分来衡量的。假设我们对外国电视机征收 30% 的从价税，从而使得电视机价格上升至 6 500（=5 000+0.30×5 000）美元/台，即等于国内价格。给定这样的税率，本国消费者不会因为低价格而购买外国产品。通过这种方式可以保护本国幼稚的电视机工业，但正如你所见，这样的保护成本可能会很高。可以看到，我们的分析框架并没有完全说清楚幼稚工业的问题，因为你真正需要分析的是在当前的保护期内，由于更高的保护而导致的本国该行业未来成本的潜在减少量。
   b. 当不存在关税时，只有当成本低于 2 000 美元时才能重建本国电视机生产线。而当征收关税时，即使成本为 3 500 美元/台，也有可能建立生产线，即 6 500 美元/台与零部件成本之间的差额。所以，30% 的从价税税率给本国生产者提供了 75% 的有效保护率。

c. 提高电视机的国内价格，而降低其国外价格，会导致进口国（本国）的消费者受损，而外国消费者获益。本国生产者福利水平上升，外国生产者却面临福利水平降低。另外，本国政府获得关税收入。

3. a. 伏特加酒的国内产量会从 20 瓶上升到 30 瓶，而消费量则会从 60 瓶减少到 50 瓶。

   b. 生产者获得相当于面积 a 的收益；而本国消费者的福利损失则相当于面积 $a+b+c+d$。

   c. 关税收入是税率和进口量的乘积。因为关税是 6 美元/瓶，进口量为 20 瓶，所以政府关税收入是 120 美元/瓶，在图中表示为面积 $c+e$。

   d. 如果政府希望帮助消费者，它可以通过税收返还、消费者补贴以及增加社会服务等形式将关税收入返还给消费者。

   e. 如果本国是小国，进而不能使外国出口价格降低到 9 美元/瓶，那么，它将损失以面积 e 表示的从关税中获得的贸易条件改善。显然，在这样的关税下，小国的福利明显下降。

4. a. 尽管出口国（本国）的价格从 6 000 美元/台上升到 6 450 美元/台，外国价格从 6 000 美元/台下降到 5 550 美元/台，但由于两国的需求弹性不同，所以本国价格的上升幅度小于出口补贴。

   b. 价格上升，使得本国拖拉机产量从 70 台上升到 80 台；而出口扩大了 20 台，从 50 台上升到 70 台。

   c. 本国拖拉机消费者由于价格上升而受损，而拖拉机厂商则获益。政府也遭受损失，因为与征收关税相比，政府不但不能得到收入，而且必须支付出口补贴。

   d. 在图中，消费者损失等于面积 $a+b$，生产者所得等于面积 $a+b+c$，政府损失则为 $b+c+d+e+f+g+h+i$。

   e. 出口补贴通过降低外国市场上的出口价格使本国贸易条件恶化，这与关税对贸易条件的影响刚好相反。

5. a. 在自由贸易条件下，本国进口 $60(=65-5)$ 磅奶酪。在进口配额下，奶酪进口限于 40 磅。

   b. 进口配额提高了本国奶酪价格，导致消费者剩余减少了 $a+b+c+d$ 的面积。本国奶酪生产者可以从更高的价格中受益，收益数量等于面积 a。

   c. 配额租金等于面积 c。

   d. 这里不存在贸易条件效应，因为本国是一个小国，不能改变世界价格，这与政策是否为配额没有关系。

第 10 章复习题答案

1. a. 当对小国征收 25% 的关税时，汽车的新价格为 $(1+t)p_w=10\,000$ 美元/辆。

   b. 在大国条件下，征收关税会提高被保护商品的国内价格，降低该商品的国外价格。但是在小国条件下，世界市场价格和贸易条件都不受其影响。

   c. 关税会导致外国（小国）产生净损失，可以通过生产扭曲三角和消费扭曲三角来衡量。

d. 相比其他大的工业化国家，美国更不依赖于贸易。美国市场上的保护主义也相对较少。

2. 总的来说，虽然发达国家的农业补贴常常被视为是为了阻止发展中国家向其出口农产品，以至于对发展中国家造成损失，但并不是所有国家都是这样。当农业补贴低于该产品的世界价格时，该产品的任何出口国都会遭受损失，而进口国则会受益。因此，那些进口农产品而出口制成品（或是旅游服务）的国家实际上因发达国家的补贴而受益。只出口农产品的国家将肯定遭受损失，而出口一些农产品同时又进口其他农产品的国家则处于中间地带，其损益将取决于贸易额及价格的影响。

3. a. 当 $t < t^*$ 时，任何关税税率的增加都会增加国内福利；而当 $t > t^*$ 时，任何关税税率的下降（无论幅度多大）都会增加国内福利。见图 A10 - 1。

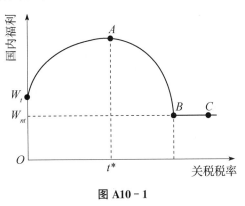

图 A10 - 1

　　b. 大国能够影响外国出口价格，可以使得进口品的世界价格下降，因而其可以通过征收小额关税提高本国福利。t^* 为最优关税税率，此时大国因贸易条件改善而提高的边际收益，在数值上恰好等于由于征收关税而带来的效率的边际损失。

　　c. 在点 B，关税税率太高以至于所有贸易都停止了。与自由贸易条件（$t = 0$）或者更低的关税税率相比，国内福利状况会恶化。因为已经不存在贸易，从而进一步提高关税不会再产生新的影响。

　　d. 大国虽然能够潜在地利用国家垄断力量，从贸易伙伴那里榨取租金，但若这样做，大国会面临与他国经济关系恶化并遭到报复的风险。

4. a. 次优理论说明，如果某种类型的市场（例如，劳动力市场或者资本市场）运行不正常，而且政府干预可以抵消市场失灵带来的一些成本，那么政府干预就能够真正增加国内福利。减少市场失灵带来的收益有可能超过关税和其他保护主义政策带来的负的扭曲效应。将这个理论运用于贸易政策，可以说明国内市场的不完善能够论证对外部市场进行干预的合理性。这个论证的前提是，直接针对本国市场失灵的国内政策是无效的。

　　b. 小国面临的价格会上升为 $p_w + t$，导致本国纺织品的生产量上升，消费量下降。

　　c. 标准贸易理论认为，这样的关税将带来消费和生产的扭曲。不存在潜在的、可以抵消效率损失的贸易条件所得。

　　d. 生产者剩余的计算中必须包括纺织品生产带来的额外社会收益，所以，如果这个额外的社会收益（面积 c）大于生产和消费的无谓损失（面积 $a + b$），小国能够从征收关税中受益。

　　e. 关税带来了纺织品产量的增加，也可以通过直接对该产业进行生产补贴来实现等量的增加，从而可以避免消费者剩余损失（面积 b）。

5. a. 征收关税的小国会预期世界市场价格不变；本国进口品价格的上升幅度恰好等于关

税的数量；进口品在本国的产量上升，这将影响世界市场，以致本国消费的进口品数量下降，小国的福利下降。

b. 见图 A10-2。

如果小国对进口棉布征收 100% 的从价税，世界市场上 p_C/p_W 维持在 1，但对本国生产者和消费者而言价格会上升到 2，这样就完全反映了贸易条件没有调整情况下的关税影响。在这个新的相对价格下，小国将在点 C 进行生产，消费者将在点 D 进行消费，较低的无差异曲线反映了本国福利的下降。

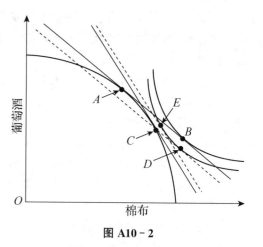

图 A10-2

6. a. 50% 的从价税使得本国价格由 2 美元/单位上升到 3 美元/单位，完全反映了关税的作用，而对外国价格没有任何影响。在新的价格水平下，本国消费量减少了 20 单位（从 100 单位下降到 80 单位），本国棉布的生产量增加了 20 单位（从 20 单位上升到 40 单位）。结果对贸易的净影响是，棉布的进口量减少了 40 单位。因为还需要进口 40 单位棉布，所以政府的收益是 1×40＝40（美元）。

b. 需求曲线和供给曲线的弹性越大，对消费、生产和贸易条件的影响也越大。但是，当需求曲线和供给曲线都非常有弹性时，征收关税会减少收益。这就意味着政府能够对更多无弹性的商品征收更高水平的关税。但是必须注意，获得这种关税收入并不是贸易政策的主要目的。

c. 禁止性关税是指高到使得所有商品进口都停止了的关税税率。如果棉布的本国价格上升到 4 美元/单位，那么本国的产量足以满足本国的需求，进口量为零。本国也可以通过对初始价格征收 100% 的从价税达到同样的目标。

第 11 章复习题答案

1. a. 很多人批评传统的贸易政策是静态的，即它只能够确定某一时点上一国的比较优势和贸易模式，而没有充分考虑到经济增长的可能性。为了合理地将经济增长思想纳入考虑范畴，我们需要一个更加动态的框架。传统的贸易理论认为，发展中国家应该在它们具有比较优势的领域实行专业化生产。对许多发展中国家而言，这就意味着生产和出口原材料、纺织品和农产品；同时，从发达国家进口制成品和高科技产品。发展中国家担心这将会使得它们降至发达国家的附庸以及依赖性的地位。

b. 传统理论的支持者认为，将传统观点扩展到考虑要素禀赋、技术和发展中国家偏好的任何变化是非常自然的。随着发展中国家获得新的资本、工艺和技术，即使是传统的贸易理论也会改变对发展中国家的生产定位。当然，有人会辩解说通过采用最初的生产和增长战略，一国可以培养某些方面的技术并产生既得利益，但这等同于变相延迟其他产业本来可能有的发展。

2. 西方世界 19 世纪的快速发展和强劲的经济增长的推动力来自人口过多的欧洲资本的大量流入和技术型劳动力的流入。工业革命还伴随着对食品、原材料和其他来自发展中国家产品的需求。

   但是，今天的发展中国家一般都人口众多、资源匮乏（石油出口国例外）并同时面临着产品的贸易条件恶化，其中包括食品和原材料的贸易条件恶化，这不仅严重影响了它们出口驱动型增长的前景，还使得它们不得不对农业产品和原材料部门进行保护，这又进一步加剧了各种困难。各国的增长缺乏需求驱动（实际上，需求已经进入淡季），加上它们不愿意在经济部门之间转移资源，从而使得发展中国家不能像西半球国家那样发生集体性的经济快速增长。

3. 见图 A11-1。

   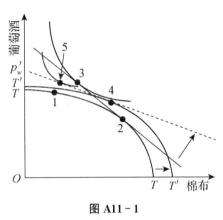

   如果偏向出口的发展战略使得发展中国家的贸易条件严重恶化，那么发展中国家可能就会因为出口增长而使得福利恶化。在出口偏向型增长下，生产可能性边界会偏向于棉布的生产而向外移动到 $T'T'$。该国的生产点会移动到点 4，消费点会移动到点 5。因为贸易条件恶化为 p'_w，与生产可能性边界相切的价格线会变得平坦，达到更低的无差异曲线。在这种情况下，发展中国家可能会因为它的发展战略而使得福利状况恶化。但是要发生这种情况，发展

   图 A11-1

   中国家在世界棉布市场上必须有足够的影响力，使得它能够真正影响世界价格。

4. 一个问题是，如果在出口区实施特殊的优惠投资政策，这个政策将损害以本国为中心的产业，因为这些产业要和出口区的公司竞争人才和资本。另外，这个计划可能使经济二元化问题变得更加严重。如果出口区的工资比该国现行的工资高出很多，即使获得工作的机会很小，也会有过多的劳动力涌向出口区，从而导致城市失业人员和无家可归者数量上升。

5. a. 如果大国的本国市场足够大，大国可以尝试采用进口替代战略，而且如果大国生产这种产品的资源丰富，它在这种产品的生产上就可能具有长期比较优势。这种产品现在由一个外国垄断者生产，这意味着本国现在在向外国生产者支付租金，同时进一步论证了有必要进行贸易干预。有些问题会对这个政策构成威胁，其中包括长期内本国生产这种产品可能并不具有比较优势。在这种条件下，仅仅依赖关税而得到发展的低效率产业，可能会使得消费者为质量更差的产品支付更高的价格。

   b. 一国具有自己的强势产业以及本国是小市场这些给定条件意味着只为本国市场服务的生产者的生产规模不够大，出口导向可能是最佳选择。选择特定的产业可能很危险，因为政府可能会集中精力于错误的产业，但是对轻工业的一般性支持，以及集中必要的资本进行投资都是有益的。

   c. 基于这个国家风景优美、先天缺乏制造业和商业基础这些给定条件，这个国家可能最好集中发展自己的比较优势产业，即旅游业或者文化和艺术品出口。旅游业的过度增长会导致这个国家经济单一和过度发展，但是对制造业的保护可能只会带来低

效率的工业和消费者成本的增加。

6. a. 捷克的劳动力受过很好的教育，并位于如欧盟这样大的消费市场附近。该国会因为促进制造业和出口政策（还有对教育的一贯重视）而受益。

   b. 因为印度是一个大国，农村人口众多，建立一个制造业的出口部门可能有利于印度的经济，但是不能解决所有问题。而提高农业部门生产率、对农村人口进行教育、增加全国人民接受教育的机会等诸如此类的各种政策可能会更加有益。

   c. 马拉维是一个内陆国家，难以达到以向大型发达国家出口为中心的目标。

7. 这两个理论都有一定道理。事实上，这些经济体确实倾向于以一套一致的政策促进出口。然而，它们倾向于通过有意识的工业政策来实现这一点（例如，韩国使用"日本制度"），因此并没有为自由贸易的长期影响提供良好的试验。

第 12 章复习题答案

1. a. 正如市场失灵可以为某些贸易政策成为解决扭曲的次优选择提供合理解释一样，对产业活动和经济增长的政府干预也是次优的。如果仅依靠市场力量，部门之间资源转移会特别缓慢或根本就不存在，那么鼓励部门之间资源转移的积极的政府战略性贸易政策就是合理的。政府干预在行业发展中取得的成功进一步鼓励资源转移，而这正是市场不能直接支持的。市场失灵可能是由生产者不能解决社会的外部性问题造成的。

   b. 政府不应该评估哪个部门比单纯由市场力量决定下发展得更快，而是应该经常试图预测哪个产业会与未来产业的增长相关。被选中并给予额外鼓励的通常是具有高附加值的产业、关联性产业、具有高增长潜力的产业，以及那些外国政府集中精力发展的产业，但这些选择标准都是错误的。相反，政府应该评估一个产业的市场失灵程度，以及这些市场失灵带来的成本。

   c. 仅仅因为外国集中精力发展某个产业，本国也将其作为加速增长的目标产业是不合适的。因为这没有考虑到市场失灵，忽略了比较优势原则，还因为它将剩余资源引入了一个供给已经在扩张，所以利润率逐渐降低的部门，这种选择可能会对经济造成损害。

2. a. 工业化国家里发生的两类市场失灵包括：（1）高科技产业中的企业不能完全获得与它们对知识投资相对应的社会回报（一方面是因为对其他国内企业的溢出效应；另一方面则是因为对外国企业的溢出效应）；（2）高度垄断产业存在的垄断利润。

   b. 高技术产业的技术创造能够通过扩大最终应用范围使得最初的创新得到延伸。许多创新从未发展到产品阶段，也没有得到实际运用。研发充当了双重角色，既产生了许多从未得到实际应用且不能获得利润的创新，也产生了一些改善社会福利并可获利的创新。

3. 国际互联网产业的成功，尤其是美国互联网产业的成功，突出说明了战略性贸易政策难以执行的原因，而且该政策实际上还是有害的。10～15 年前，几乎没有人关注互联网，更不用说是国际互联网公司以及国际互联网经济的各个部分。那些由企业家驱动的企业的巨大成功，以及为这些企业融资的风险资本与资本市场的能力，都对政府推动产业发展的必要性或能力提出了质疑。即使今天，还是难以预测这个产业将向何处发展，或者政府将怎样帮助它。在美国，这类企业在没有战略性贸易政策的帮助下获得了成功，而且实际上，如果政府更广泛地执行以其他高科技产业为目标的战略性贸易政策，人才和资本就可能会从国际互联网经济中转移出去，美国就不会取得今天的成功。企业家和资本市场发挥了重要作用，并且从某种程度上来说，这正是美国具有的比较优势。从传统贸易理论的角度来看，国际互联网的成功是合理的。

4. 关键是要检验美国和外国的公司是否享有公平的待遇。如果许多美国公司可以免于遵守这些标准，或执行得不那么严格，而外国公司在任何情况下都要符合所有标准，那么可以认为该法律违背了 WTO 规则。相反，如果本国公司和外国公司享有同样的待遇，那么这个法律是符合要求的。如果只有美国公司符合要求，情况就更复杂。在执行法律条文时，该法律的目的可能是禁止或阻止进口。这可能会使得 WTO 倾向于在法律中寻找漏洞，以减少事实上的保护主义。尽管对该法律投赞成票的一些人完全是出于环境考虑，但对 WTO 的任何阻碍美国达到该目标的行为，他们都会感到非常不舒服，特别是当其符合法律要求的时候。

5. 当低工资国家生产的产品价格上升而高工资国家生产的产品竞争性下降时，富国的工人会受益，但富国的消费者会受损，因为他们必须为外国制造的产品支付更高的价格。个人是否受益，则取决于他们工作的行业和他们的消费集。

发展中国家工人的状况可能会好转，也可能不会好转，这取决于工作环境的改善或工资增长速度是否足够快，以弥补由于生产成本的上升而可能出现的失业。肯定会有人失业，但是继续就业的工人得到的收益可能会大于就业减少带来的成本。对发展中国家来说，这取决于如何提高劳工标准。如果可以通过关于出口部门和出口产业的特定法律来实现，那么对当地消费者的消费集几乎不会产生影响。而如果通过更普遍的劳动力市场改革来提高劳工标准，当地消费者可能就要为他们平时消费的产品支付更高的价格。

6. 正如教科书中所说，贸易对环境的影响是极其复杂的。尽管基于库兹涅茨曲线，我们可以认为中美之间的贸易增加会产生两种相互抵消的效果，但是它可以使两个国家都更加富裕，使中国沿着库兹涅茨曲线上移，变为中高收入国家，而使美国沿着库兹涅茨曲线下移，变得更加富裕。如果商品生产从美国的清洁工厂转移到中国的有污染的工厂，我们会认为环境遭到了破坏，但是如果这意味着关闭美国的旧工厂而在中国开设新的而且较为清洁的工厂，那么这对环境有利。美国和韩国之间的贸易关系则更为明朗，因为它会使两国都变得更为富裕，都沿着曲线下降部分向下移动。而且由于两国变得更加富裕，因此两国都有能力达到更高水平的环境标准。总体上说，环境收益将会超过成本。

第 13 章复习题答案

1. a. 对于封闭经济：
　　ⅰ. 支出法：$Y = C + I + G$
　　ⅱ. 收入法：$Y = C + S^p + T$
　　ⅰ＋ⅱ得：$S^p - I = G - T$
　　b. 对于开放经济：
　　ⅰ. 支出法：$Y = C + I + G + EX - IM$
　　ⅱ. 收入法：$Y = C + S^p + T$

ⅲ. 经常账户定义：$CA = EX - IM$

加总 ⅰ、ⅱ 和 ⅲ 得：$S^p - I = G - T + CA$

2. a. 见表 A13 - 1。

表 A13 - 1

国家	S/GNP	I/GNP	$(G-T)$/GNP	CA/GNP
Oceania	0.22	0.20	0.02	0.00
Armansk	0.22	0.15	-0.01	0.08
Naboo	0.17	0.22	0.00	-0.05
Klingon	0.21	0.15	0.05	0.01

b. 没有一致的关系，因为财政预算和经常账户的差额仅仅反映了国民储蓄或投资率之间的差异。

c. 没有一致的关系，因为国民储蓄或者投资率之间存在差异。

3. Freedonia 国的国际收支账户（以百万 Freedonia 国货币计）见表 A13 - 2。

表 A13 - 2

经常账户	
1. 出口	48
2. 商品	e+h+j+k+r
3. 已收到的投资收入	p
4. 进口	-44
5. 商品	c+d+i+n+q+t
6. 支付的投资收入	b
7. 净单边转移支付	m-u
8. 经常账户余额	8
金融账户	
9. 该国在外国持有的资产	-28
10. 官方储备资产	1
11. 其他资产	g
12. 外国在该国持有的资产	32
13. 官方储备资产	o
14. 其他资产	a+f+s
15. 金融账户余额	4
16. 净错误与遗漏	-12

说明：外国援助除非是外债豁免，否则是经常账户。外债豁免单列的原因是为了防止豁免在借出者和借入者两方的经常账户上同时造成一次性变化。

4. 见表 A13 - 3。

表 A13－3

GNP	消费	投资	政府购买	出口	进口
135	100	40	5	20	30
280	200	30	30	30	10
530	400	60	100	20	50
630	50	75	50	15	10
550	300	100	200	50	100
800	600	200	40	20	60
975	800	150	75	150	200
680	500	80	300	100	300
740	400	40	200	200	100

第 14 章复习题答案

1. 假设购买 1 欧元需要 1.1 美元，购买 1 英镑需要 1.5 美元，那么欧元/英镑的价值可以通过（美元/英镑）/（美元/欧元）＝1.5/1.1＝1.36 欧元/英镑来计算。

2. a. 见表 A14－1。

表 A14－1

大学（国家）	T 恤的价格	汇率	美元价格
索邦神学院（法国）	12.0 欧元	1.0 欧元/美元	12.00
新德里大学（印度）	350.0 卢比	35.0 卢比/美元	10.00
首尔国立大学（韩国）	8 080.0 韩元	800.0 韩元/美元	10.10
希伯来大学（以色列）	24.0 谢克尔	3.0 谢克尔/美元	8.00
牛津大学（英国）	8.0 英镑	0.7 英镑/美元	11.43

b. 见表 A14－2。

表 A14－2

货币	法郎	卢比	韩元	谢克尔	英镑
汇率	0.9 欧元/美元	30 卢比/美元	880 韩元/美元	2.5 谢克尔/美元	0.6 英镑/美元
升值还是贬值	升值	升值	贬值	升值	升值
美元价格是上升还是下降	上升	上升	下降	上升	上升

3. 现在，以美元标价的 1 年期债券的利率为 6％，而一只风险和流动性相同但以韩元标价的债券的利率是 7％。这就意味着外汇市场潜在的预测是，明年美元对韩元将**升值** 1％。

本月，购买 1 美元需要 1 500 韩元。TCIS 预测，明年这个时候购买 1 美元需要 1 575 韩元，这表示美元对韩元**升值** 5％。

基于我们的预测，我们**不建议**你购买以韩元标价的债券，因为利率的差异**不能够完全弥补由韩元对美元贬值所带来的价值损失**。

例如，如果你用 1 000 美元购买以美元标价的债券，明年这个时候你将拥有 **1 060** 美元。如果你用同样的 1 000 美元购买以韩元标价的债券，一年以后你将拥有 **1 019** 美元。

有些人可能会认为，我们主要关注名义收益而忽视了实际收益。这是因为**作为对美国商品的消费者来说，无论你的资产组合如何，你都将对美国的通货膨胀感兴趣。**

4. 见表 A14 - 3。

表 A14 - 3

美国的利率	英国的利率	即期汇率	远期汇率
10%	5%	2 美元/英镑	2.10 美元/英镑
8%	6%	2 美元/英镑	2.04 美元/英镑
10%	10%	2.10 美元/英镑	2.10 美元/英镑
8%	9%	2 美元/英镑	1.98 美元/英镑

5. a. 我们可以画出如教科书中所给出的负斜率的曲线，该线上的点包括（6%，100 日元/美元）、（8%，98 日元/美元）和（1%，105 日元/美元）。当日本利率为 4% 时，即期汇率为 102 日元/美元，而当日本利率上升为 7% 时，即期汇率为 99 日元/美元。

b. 利率平价线向右上方移动，这条线上的点有（6%，102 日元/美元）、（8%，100 日元/美元）和（1%，107.5 日元/美元）。

c. 利率平价线向右上方移动，这条线上的点有（1%，116 日元/美元）、（6%，110 日元/美元）和（8%，108 日元/美元）。当日本利率为 4% 时，即期汇率为 112.2 日元/美元；当日本利率为 7% 时，即期汇率为 108.9 日元/美元。

d. ⅰ. 日本利率下降；日本汇率贬值（日元/美元比率上升）。

ⅱ. 美国利率上升；日本汇率贬值（日元/美元比率上升）。

ⅲ. 预期日元/美元汇率的未来值将上升：日本汇率贬值（日元/美元比率上升）。

第 15 章复习题答案

1. a. 向下倾斜的货币需求曲线必须与垂直的货币供给曲线相交于 8% 处（这是从实际货币余额＝10 推导出来的）。

b. 货币供给曲线会向外移动至 15。GNP 增加，货币需求曲线会向外移动，并在 6% 处相交。

c. 不需要。1999 年与 1997 年的曲线相同。实际货币余额、实际 GNP 也一样。

d. 货币需求曲线和货币供给曲线在 2000—2001 年间会向外移动，货币供给曲线从 7.5 移动到 10，从而净效应表现为利率下降。

2. a. 货币供给的暂时性增加会使得货币供给曲线向外移动，利率降低，货币贬值。

b. 价格水平的上升会降低实际货币余额，使得货币供给曲线向上移动，利率上升，促使货币升值。如果这个价格变化是暂时性的，那么就不影响利率平价线。

c. 预期未来汇率的下降（即升值）会使利率平价线向内移动，但对货币市场没有影响，进而会导致即期汇率升值。

3. 见表 A15 - 1。

表 A15‑1

	短期效应	长期效应
价格	N	I
产出	I	N
名义汇率	I（贬值）	I（贬值）
实际汇率	I	N
实际货币余额	I	N

4. 图 15‑6 说明了当货币供给为 4 亿美元时，美国价格水平为 100、美国利率水平为 7%以及美元/英镑汇率等于它的长期均值 2 的条件下的均衡，图中没有标出英国的价格水平，其值为 50。

　　a. 货币供给暂时性减少至 3 亿美元会使得实际货币余额降低，利率上升，从而名义汇率和实际汇率升值。这个效应表现为货币供给曲线向外移动。

　　b. 当货币供给曲线向内移动时，利率平价线向下移动。相对于货币供给暂时变化的情况，此时会导致货币初始（瞬时）更大的升值幅度。

　　c. 美国价格水平的长期值为 75，长期中美国利率仍然为 7%。美元/英镑汇率是 1.5（为了达到相同的实际汇率水平 $2\times50/100=1$，我们需要将汇率升值到 1.5，因为 $1.5\times50/75=1$）。

　　d. 一段时间过后，随着价格水平的下降，货币供给曲线向外移动，并最终回到其初始水平。价格水平稳定地下降到新水平；实际货币余额先下降然后恢复到原来水平；汇率升值，一开始时相对于其长期水平超调，然后再贬值到 1.5 美元/英镑的水平。

第 16 章复习题答案

1. a. 根据下列公式计算：

美元/英镑的实际汇率＝美元/英镑的名义汇率×（英国的 CPI/美国的 CPI）

　　b. 绝对购买力平价理论认为实际汇率不随时间推移而变化。

　　c. 一般来说，我们不能使用 CPI 数据来检验绝对购买力平价是否成立，因为不同国家 CPI 指数计算的商品篮子不同，更重要的是，由于它们为指数选定的基期各不相同，这使得进行绝对比较很困难。这些数据仅仅用于说明相对变化，并没有告诉我们各种商品的价格是否相等。所以，尽管实际汇率在 20 世纪 60 年代期间保持稳定，我们却不能认为在这一时间内，绝对购买力平价成立。从数据中我们也可以看到 20 世纪 80 年代和 21 世纪初两个时期内购买力平价并不成立，因为它们的实际汇率并非常数（见表 A16‑1）。

表 A16‑1

年份	美元/英镑实际汇率	相对于前一年的变化百分比
1961	1.223	
1962	1.262	3.2%

续表

年份	美元/英镑实际汇率	相对于前一年的变化百分比
1963	1.269	0.6%
1964	1.289	1.6%
1965	1.331	3.2%
1966	1.341	0.8%
1967	1.314	−2.0%
1980	1.909	
1981	1.688	−11.6%
1982	1.490	−11.7%
1983	1.309	−12.2%
1984	1.160	−11.4%
1985	1.152	−0.6%
1986	1.324	14.9%
1987	1.485	12.2%
2000	1.516	
2001	1.426	−6.0%
2002	1.487	4.3%
2003	1.629	9.6%
2004	1.831	12.4%
2005	1.810	−1.2%
2006	1.832	1.2%

2. a. 相对购买力平价理论认为实际汇率不会随时间推移而变化。

   b. 根据问题1的数据，我们发现相对购买力平价似乎在20世纪60年代成立，但在80年代不成立。

   c. 20世纪60年代实行的是固定名义汇率，而80年代实行的是浮动汇率。实际汇率的大部分波动是源于名义汇率的波动，显然，20世纪80年代名义汇率的波动率要比60年代大。

3. $q = \dfrac{b(P_n^*/P_t^*) + (1-b)}{a(P_n/P_t) + (1-a)}$。

4. a. 支出增加使得牙买加非贸易品的价格上升，以致实际汇率升值。

   b. 铜价的下降会减少智利的收入，导致该国非贸易品的价格下降，进而使得智利的实际汇率贬值。

   c. 哥伦比亚的非贸易品价格会随着收入的增加而上升，导致实际汇率升值。这个答案似乎与生产率上升导致实际汇率贬值的观点相违背，因为在这个例子里，仅仅是贸易品的生产率上升。如果这次好收成使得咖啡的世界价格下降，进而导致哥伦比亚从咖啡丰收中获得的收入减少，那么答案就相反（福利恶化型增长）。

   d. 当尼日利亚的非贸易品价格随着收入的下降而下降时，其实际汇率会贬值。

   e. 这个纯粹的货币变化不会产生影响，至少在长期内不会产生影响，而在短期内名义汇率和实际汇率都将贬值。并且随着价格的调整，实际汇率会回到其最初水平。

5. a. 美国相对于其他国家生产率的一次性下降将导致美元的实际汇率升值，但这个实际升值和美国相对产出的下降却导致长期中名义汇率的变动方向不明确。

   b. 在这种情况下，人们会预期美元对其他货币的实际汇率存在持续升值，从而名义汇率的贬值程度会更大。

6. 对美元/欧元的未来实际汇率贬值预期的上升会导致长期汇率的贬值。正如利率差异、预期通货膨胀率差异和实际汇率的预期变化的关系所展示的，对实际汇率贬值预期的上升将提高本国的名义利率。本国名义利率的上升导致了过多的货币供给。由于价格水平的上升，实际的平衡遭到破坏，因此货币市场再次回归平衡。由购买力平价可知，价格水平的上升导致了货币的贬值。

7. 见表 A16 - 2。

表 A16 - 2

年份	美元/日元实际汇率	美国/日本实际利率差异
1996	0.010 0	
1997	0.008 9	−10.5％
1998	0.008 2	−8.1％
1999	0.009 1	11.5％
2000	0.009 3	1.6％
2001	0.007 9	−14.4％
2002	0.007 5	−5.4％
2003	0.007 9	5.5％
2004	0.008 3	4.2％
2005	0.007 8	−5.2％
2006	0.007 2	−8.1％

提示：你们的答案可能会略有不同，这取决于你四舍五入保留的小数位数。

第 17 章复习题答案

1. a. 外国产出的暂时性增加会使得 DD 曲线向右下方移动，在不考虑 AA 曲线移动的情况下，这会提高本国产出，使得本国货币升值。

   b. 外国利率的暂时性增加会使得 AA 曲线向右且向外移动，导致本国货币贬值，产出增加。

   c. 财政扩张会使产出增加，利率上升。货币扩张则会增加产出，降低利率。

   d. 外国财政扩张会使得 DD 曲线和 AA 曲线同时向外移动，使得本国产出增加，但对利率的影响不明确。外国货币扩张也会使得 DD 曲线向外移动，但是 AA 曲线会向内移动，进而使得汇率升值，而对产出的影响不明确。

2. a. 这会使得预期汇率升值，AA 曲线向内移动，以致今天的汇率升值，产出减少。

   b. 预期汇率会贬值，AA 曲线向外移动，以致今天的产出增加，汇率贬值。

   c. 既然对预期汇率的影响不明确，从而对 AA 曲线的影响也不明确，那么我们不能确定这两条消息对今天的汇率或者产出会产生什么影响。

3. 这是不正确的。如果货币紧缩伴随着减税，那么相对于不执行货币政策或执行扩张性货币政策，经常账户会出现更大的赤字。这在图中表现为：

a. DD 曲线会向外移动。

b. 正如评论中所说，这会使得收入增加，汇率升值，经常账户恶化。

c. 如果货币紧缩，AA 曲线会向内移动。

d. 这的确缓解了收入的增加，但是与 AA 曲线没有变化时相比，经常账户会出现更大的赤字。可以通过货币扩张恢复经常账户平衡，但是这会给经济带来更大的通货膨胀压力。

4. a. 随着对外国资产征税额的变化，AA 曲线会发生移动。T 的增加会使得 AA 曲线向左下方移动。

b. T 的暂时性增加会导致汇率升值，产出下降。

5. a. 在这种情况下，AA 曲线是垂直的，DD 曲线则维持其原来的正斜率。

b. 当我们假设汇率总等于其长期水平时，货币供给的暂时性增加对汇率和产出的影响更大。

c. 同样，当我们假设远期汇率总等于其长期水平时，政府支出的暂时性增加对产出没有影响，但对汇率的影响更大。

6. 汇率的贬值可能是由财政紧缩或者货币扩张引起的。如果进口价格受汇率影响，那么货币贬值可能会导致进口价格上升。如果进口价格还受到需求条件的影响，那么给定贬值幅度，货币扩张带来的进口价格的上升幅度会大于财政紧缩带来的上升幅度，因为前者与需求增加相联系，而后者与需求减少相联系。

第 18 章复习题答案

1. a. 国际收支余额＝经常账户余额＋资本账户余额

    0 赫元＝100 万赫元＋(－100 万赫元)

  b. 见表 A18－1。

表 A18－1　中央银行的资产负债表

	2000 年 12 月 31 日	
	资产	负债
国内	1 亿赫元	1.2 亿赫元
国外	2 000 万赫元	
	2001 年 12 月 31 日	
	资产	负债
国内	1 亿赫元	1.2 亿赫元
国外	2 000 万赫元	

  c. 国际收支余额＝经常账户余额＋资本账户余额

    100 万赫元＝100 万赫元＋0 赫元

  d. 见表 A18－2。

表 A18－2　中央银行的资产负债表

	2000 年 12 月 31 日	
	资产	负债
国内	1 亿赫元	1.2 亿赫元
国外	2 000 万赫元	
	2001 年 12 月 31 日	
	资产	负债
国内	1 亿赫元	1.21 亿赫元
国外	2 100 万赫元	

2. a. DD 曲线向外移动会导致汇率升值。财政当局为了保持汇率水平不变，必须通过增税或者减少政府支出将汇率维持在 E_0 水平。

  b. 货币需求下降会导致 AA 曲线向外移动。为使汇率维持在 E_0 水平，财政当局需实行扩张性财政政策，例如增加政府支出或者减税等。

  c. 财政政策不能改变 Fiscalia 国的产出，这是因为任何试图运用财政政策的行为都会导致向固定汇率制的逆转。但是由于政府有义务维持固定汇率，从而货币政策会使得政府在财政方面做出反应，并扩大对产出的影响。

3. a. 例如，我们可能会发现下列情况（仅为例子，而不是真实数量），见表 A18－3。

表 A18－3

干预前的美联储资产负债表		
	资产	负债
国内	5 000 亿美元	6 000 亿美元
国外	1 000 亿美元	
干预后的美联储资产负债表		
	资产	负债
国内	4 000 亿美元	6 000 亿美元
国外	2 000 亿美元	

  b. 例如，我们可能会发现（仅为从该问题中推导变动的方向，并非实际值），美联储减少美元资产的持有量，增加欧元资产的持有量，从而增加了公众的美元资产供给量，减少了欧元资产的持有量，见表 A18－4。

表 A18－4

干预前的欧洲中央银行资产负债表		
	资产	负债
区内	20 000 亿欧元	28 000 亿欧元
区外	8 000 亿美元	
干预后的欧洲中央银行资产负债表		
	资产	负债
区内	23 000 亿欧元	28 000 亿欧元
区外	5 000 亿欧元	

  c. 两种政策中的任何一种都将导致美国债券的风险溢价上升、欧元区债券的风险溢价

下降。如果市场上流通的公众持有的美国债券增加，那么反映在美国风险溢价图中则是垂直线向外移动；欧元区风险溢价图中的变化方向相反。

    d. 美国的利率平价曲线向右上方移动。由于美国货币供给或者货币需求条件没有变化，进而货币贬值，所以利率不会发生变化。欧元区利率平价曲线的变化方向相反。

4. a. 当货币供给的增长率下降时，影子浮动汇率的斜率减小，从而延迟国际收支危机发生的时点。

    b. 因为任何正的货币供给增长率最终都将导致国际收支危机，所以没有正的货币供给增长率能够最终避免危机的产生。

    c. 中央银行持有的初始储备的增加会使得影子浮动汇率线向下移动（不影响其斜率），从而延迟投机性攻击发生的时点。

    d. 如果货币供给的增长率为正，只有持有无限数量的储备（除非我们假设存在无限的借款机会，但显然这是不可能的），才可以避免国际收支危机。

5. a. 根据利率平价的逻辑关系，提高利率可以使得货币回流到该国，从而使得汇率升值，至少可以平衡投机性攻击。在攻击性模型下，降低货币供给的增长率可以减小影子汇率的倾斜度，即降低斜率。

    b. 提高利率的行为可能会使得一些投资者认为维持固定汇率所需的政策成本太高，以致政府并不能够继续维持固定汇率。这些成本主要是由于利率上升所引起的政府的债务负担加重，或者是由于紧缩性货币政策而进一步恶化的高失业率。这些成本可能会使得国内的一些机构要求贬值，进一步提升投资者的关注程度。

    c. 会。即使固定汇率最初是合理的，如果抵御攻击的成本将政府的能力削弱到看起来不再具有维持现有汇率的能力的地步，那么那些原来认为汇率是合理的投资者现在可能会觉得汇率的改变是必要的。例如，在攻击的时点上高额的利息支付成本可能会使政府更有可能通过铸币税来募集资金（这样会提高货币供给的增长速度），从而使得更多的投机者倾向于攻击这种货币，即使他们在最初的攻击发生前并不打算这样做。

6. a. 英国货币供给的扩张（德国货币供给没有相应扩张）将使得英国的利率降低，英镑相对于德国马克贬值。这意味着，在德国马克的（近乎）固定汇率体制下，英国实行货币政策的自由度要小得多。

    b. 德国紧缩货币供给会使得利率平价曲线向外移动。为了保持英镑/德国马克的固定汇率，英国货币当局将被迫紧缩货币供给。

    c. 因为（从广义上说）德国马克是 EMS 体系的储备货币，所以加入 EMS 则意味着跟随德国的货币政策。如果使用共同货币，则不再是德国一国决定货币政策，而是由一个超国家机构——欧洲中央银行执行政策。两者都会使得英国丧失国内货币自主权，但在使用欧元的情况下，德国不再占据货币政策的统治地位。

7. a. 产出的增加会提高货币需求，增加中央银行持有的外国资产，本国货币供给将增加。

    b. 因为货币需求没有变化，中央银行持有的本币资产增长率的提高，会恰好被中央银行持有的外币资产数量的下降所抵消，对本国货币供给没有净效应。当然，正如问题 4 所述，这个过程将最终导致危机。

c. 当货币需求下降时，国际收支平衡会通过减少货币供给得以维持。另外，投资的减少会使得产出进而货币需求下降，这也要求货币供给减少。第一种情况下的产出变动比第二种情况下小，因为我们预期投资需求将随着货币紧缩而下降，这也将导致产出的大幅下降。

第 19 章复习题答案

1. a. 阿拉斯加金矿的发现反映了美国货币供给的增长，从而使得美国的价格水平上升，实际汇率升值；导致了经常账户赤字。经常账户赤字又导致了国际收支赤字，从而降低了美国的货币供给。

b. 长期中金矿的发现对美国的实际货币余额没有影响。

2. 组成部分包括：（1）汇率；（2）国内目标；（3）国际资本流动。货币三重困境之所以存在，是因为三个组成部分中只有两个可以受到货币政策的影响。

3. a. 一个经常账户赤字的国家如果遵循这一游戏规则，其货币供给量将下降。

b. 一国如果可以在公开市场上买卖本国资产，那么就可以避免货币供给的下降，但是这意味着违背了游戏规则。

c. 这些发现意味着德国和法国遵循了游戏规则，而英国没有遵循游戏规则。

d. 金本位制可以说是一种以英国为中心的不对称体系。该框架使得英国能够控制其货币政策，而其他国家则不能对各自的货币政策有相应的控制权。另外，当一国处于经常账户盈余时，可能会更加容易违反游戏规则。在我们讨论的那些年份中，英国倾向于拥有经常账户盈余。

4. a. XX 线将向左上方移动到 $X'X'$。如果汇率和财政政策没有变化，Midas 国将继续维持在其内部平衡点 a 处，但是在这一点存在外部失衡，即国际收支赤字（见图 A19-1）。

b. 贬值（到点 a'）可以使其达到外部平衡状态，但是 Midas 国不可能用一种政策同时实现外部平衡和内部平衡。点 a' 处存在以过度就业和通货膨胀为特征的内部失衡。

c. II 线将向外移动到 $I'I'$ 点。尽管外部平衡不受影响，但是现在存在失业和通货紧缩（见图 A19-2）。

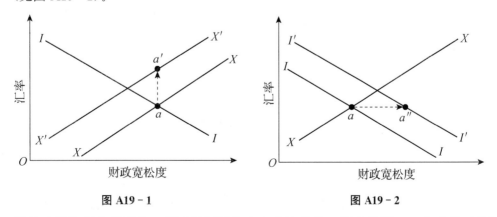

图 A19-1　　　　　　　　　　图 A19-2

d. 虽然这将恢复内部平衡，但需以国际收支赤字为代价。再次说明，一个政策工具不足以同时恢复内部平衡和外部平衡。

5. a. 见表 A19 – 1。

表 A19 – 1

实际货币需求（美元）	收入（美元）	利率（%）
100	120	10
100	122	11
100	126	13
110	130	10
115	135	10

b. ⅰ. 收入每年提高 2%。

ⅱ. 价格水平每年提高 2%。

ⅲ. 利率为常数。

ⅳ. 利率为常数。

c. 因为美元"与黄金一样好"，从而世界货币的流动速度等于黄金存量的增长速度加上美元的世界供给增长速度（即美国货币供给的增长速度）。

d. 当美元存量的增长速度大于世界黄金存量的增长速度时，就会发生"信心问题"。当美元的供给速度大于黄金的增长速度时，黄金的美元价格存在上升压力。

e. 正如我们在问题 5a 中所看到的，除非世界货币的流动速度大于黄金的流动速度，否则世界经济的增长速度将被迫小于黄金存量的增长速度，除非存在通货紧缩的情况。问题是如何在保持流动性（通过美元货币供给的增加）的同时保持对美元的信心。显然，这两个目标不能同时达到，因而布雷顿森林体系崩溃。

6. a. 在汇率固定条件下，与加拿大债券相比，由于美国债券的利率会下降，因而美国债券会变得更没有吸引力。

b. 由于利率存在差异，美元对加拿大元有贬值的压力。

c. 加拿大中央银行为了防止美元贬值必须购买美元资产，从而使得加拿大的货币供给增加。

d. 如果加拿大中央银行试图增加货币供给，持有以加拿大元计价的债券的人会希望把他们的资产兑换为以美元计价的资产，而加拿大中央银行为了维持汇率必须满足这些需求。最终，对公开市场操作中的货币供给没有净影响；而只会减少加拿大中央银行持有的美元资产数量。

7. 见图 A19 – 3。

8. 在浮动汇率制下：DD 曲线向右移动。AA 曲线不会改变，因为暂时增加不会影响长期预期汇率。产出上升，E 下降（贬值）。

在固定汇率制下：DD 曲线向右移动。中央银行进行干预以防止汇率变化。通过出售本国货币，中央银行扩大了国内供给，AA 曲线向右移动，E 保持不变。然而，由于 DD 曲线和 AA 曲线在其先前位置右侧实现了新均衡，产出将增加。

9. 支持固定汇率的理论家预测，在浮动汇率制的情况下，各国只能制定以牺牲世界经济为代价的自救政策（尽管经验证明，在短期内政策决策是倾向于出口的，需要"肮脏浮动"）。

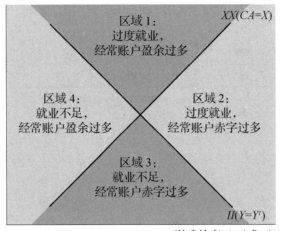

图 A19 - 3

支持浮动汇率制的人反驳说，固定汇率制只是通过赋予美国主导地位来提供协调。在 20 世纪 80 年代，工业化国家本可以通过更有效地协调其政策来集体减少衰退的影响，也就是说，浮动汇率制没有像预期的那样提供更多的协调。

第 20 章复习题答案

1. a. 见表 A20 - 1。

表 A20 - 1

q_1	q_2	情形 1 的收益	情形 2 的收益	预期收益
0.4	0.6	800	−600	−40
0.55	0.45	600	−800	−30
0.6	0.4	1 200	−1 400	160
0.55	0.45	1 200	−1 400	30

b. 见表 A20 - 2。

表 A20 - 2

q_1	q_2	情形 1 的收益	情形 2 的收益	预期收益
0.5	0.5	1 000	−1 000	0
0.5	0.5	200	−200	0
0.5	0.5	300	−100	100
0.6	0.4	1 000	−1 000	200

2. 它可以支付更多，因为伦敦银行不受任何准备金要求（美国或英国）的约束，而纽约银行受美国准备金要求的约束。

3. 1975 年，巴塞尔委员会达成了一项协议，称为《巴塞尔协议》，该协议分配了监督跨国银行机构的责任。此外，《巴塞尔协议》要求共享有关银行的信息，并允许监管任何此类银行。

4. 见表 A20 - 3。

表 A20 - 3

情形	R_t	R_t^*	E_t	E_{t+1}^e
A	5	4	6	12
B	6	3	6	24
C	8	4	6	30
D	7	3	6	30
E	5	4	6	18
F	5	5	6	6

5. 见表 A20 - 4。

表 A20 - 4

情形	R_t	R_t^*	E_t	E_{t+1}^e	风险溢价
1	5	3	5	17	18
2	6	4	5	5	−0.4
3	7	5	5	8	2.4
4	8	3	5	15	3
5	5	4	6	6	1
6	5	5	3	10	2.333
7	5	6	2	8	−4
8	5	3	0	20	2
9	5	9	7	3	−4.571
10	5	10	8	7	−5.125

第 21 章复习题答案

1. a. 20 世纪 80 年代各国的通货膨胀率都在下降，并向联邦德国的通货膨胀率靠近。

   b. 在像 EMS 一样的准固定汇率体系下，各国不能独立制定货币政策。相反，EMS 的成员必须服从一个中心国家的政策，或者像金本位制下一样服从某种固定的规则。相关数据说明联邦德国与其他 EMS 成员不同，联邦德国并没有对货币政策进行大的变动（通过联邦德国在这一时期内相对稳定的通货膨胀率可以看出）。这说明 EMS 是一个不对称的体系，它以联邦德国为中心（其他以不同类型的数据为基础进行的研究也得出了同样的结论）。

   c. 这些数据说明大体上 20 世纪 80 年代美国和英国的通货膨胀率在下降。

   d. 与假设工业化国家通货膨胀率的下降是 20 世纪 80 年代世界经济的普遍现象相对立的假设是，一些欧洲国家通货膨胀率的趋同是由于它们是 EMS 的成员。美国和英国的数据说明，至少在 20 世纪 80 年代有一些非 EMS 成员与 EMS 成员有类似的通货膨胀经历。哈佛大学的苏珊·柯林斯（Susan Collins）教授的实证工作证明，20 世纪 80 年代 EMS 成员和其他工业化国家的通货膨胀率变化过程并未存在巨大差异。她认为，是否为 EMS 成员不是欧洲国家通货膨胀率下降的主要原因，其他研究也认为，EMS 成员身份和通货膨胀率下降不存在明确的关系，因此加入 EMS 带来的收益（如果确实存在的话）并不像支持 EMS 的政策制定者最初所说的那么大。

2. a. 名义汇率见表 A21-1。

表 A21-1

	1979 年	1985 年
德国马克/意大利里拉	0.002 2	0.001 6
德国马克/法国法郎	0.43	0.33
法国法郎/意大利里拉	0.005 1	0.004 8

b. 双边实际汇率见表 A21-2。

表 A21-2

	1979 年	1985 年实际值	如果没有调整
德国马克/意大利里拉	100	132	182
德国马克/法国法郎	100	107	140
法国法郎/意大利里拉	100	122	130

c. 通货膨胀率的差异和固定汇率会导致各国难以结成货币联盟。如果没有重新组合，意大利里拉对德国马克本来会升值 82%，意大利里拉对法国法郎本来会升值 30%，而法国法郎对德国马克本来会升值 40%。重新组合导致部分抵消了由通货膨胀率差异带来的升值压力，正如表 A21-2 所示，例如，法国法郎对德国马克的实际升值仅为 7%。

3. a. $0.25 \times 2.6 + 0.75 \times 2.8 = 2.75$。

b. 预期德国马克/英镑汇率贬值：$(2.75 - 2.8)/2.8 = -0.017\ 9$。所以，以英镑计价的证券所支付的利息比类似的以德国马克计价的证券高 1.79%。

c. $0.5 \times 2.6 + 0.5 \times 2.8 = 2.7$。

d. $-0.02 = \dfrac{0.5 \times 2.6 + 0.5 \times E - E}{E}$，得出 $E = 2.71$ 德国马克/英镑。

4. a. 更可行。因为语言和文化的差异使得魁北克和加拿大其他地区经济统一的可能性下降（特别是涉及劳动力流动）。这削弱了设立固定汇率区的可取性。就 GG-LL 图而言，与如果文化和语言更接近的情况相比，一体化的程度更小（和最初一样）。所以，在其他条件相同时，GG 曲线和 LL 曲线更可能相交于比实际一体化水平高的某一点。

b. 更不可行。因为魁北克和安大略之间具有高度的统一性，以至于在其他条件相同的情况下，GG 曲线和 LL 曲线的交点可能位于实际一体化水平的左边。如果是这种情况，则单一货币更为可行。

c. 更可行。因为相对于加拿大其他地区，对某些特定部门的冲击会对魁北克产生不同的影响。这使得单一货币不那么可行。导致魁北克的 DD 曲线移动的冲击，可能对加拿大其他地区的 DD 曲线产生不同影响。

d. 更可行。因为小规模的财政联邦制意味着，地区特有的冲击不太可能通过中央政府的转移支付得到缓解，而使用单一货币可能会加剧这些冲击的破坏力。这个问题可以用美国的例子作为参照。如果比较加拿大国内相对较高的转移支付和欧洲内部相对较低的国家间转移支付，你的答案可能会有所不同。

5. a. 这意味着与 Cyrillica 国相比，Scandia 国将从使用欧元中获得更大收益；Scandia 国的 *LL* 曲线位于 Cyrillica 国的 *LL* 曲线的左下方。

　b. 这意味着与 Cyrillica 国相比，Scandia 国将从使用欧元中获得更大收益；Cyrillica 国汇率的不确定性意味着它的 *GG* 曲线位于 Scandia 国的 *GG* 曲线的右下方。

　c. 这意味着与 Cyrillica 国相比，Scandia 国将从成为欧元区成员中获得更大收益；Scandia 国和欧元区的实际经济趋同要大于 Cyrillica 国和欧元区的实际经济趋同。

　d. 这意味着与 Cyrillica 国相比，Scandia 国将从使用欧元中获得更小收益；Cyrillica 国进行更多贸易的潜力，意味着其 *GG* 曲线位于 Scandia 国 *GG* 曲线的左上方。Scandia 国不同产业面临的与其他欧元区国家不对称的冲击的数量远远大于 Cyrillica 国面临的冲击数量。这意味着对 Scandia 国来说，不能使用汇率作为调整工具的损失是更为痛苦的事。

6. a. 预期在我们的模型中很重要，这一点会使得现有的投票程序在某种程度上存在问题。因为不存在权力中心，以及没有历史记录可以支撑，所以不同的投票者以及经济条件的改变都会迅速地改变预期。这种预期的改变可能会使得欧元在某种程度上不稳定。

　b. 在欧洲货币体系（EMS）中，所有的国家实际上都是钉住德国。更多的成员仅仅意味着有更多的国家追随德国。但是现在，新加入的成员稀释了现有成员的投票权，这可能会引起在位者的担心，因为它们对新成员的通货膨胀率偏好并不清楚。另外，新成员的投票会削弱执行委员会的能力，使得这个体系更加分散。

　c. 不能认为新的体系一定会带来低通货膨胀和稳定的货币政策。该体系的目的是在实现这些好处的同时，尽其所能实现低通货膨胀，但是投票体系可能会使得政治联合的变动导致政策上的巨大变化成为可能，而这项政策的变化仅是为实现某个国家的利益，而不是整个欧盟的利益。

第 22 章复习题答案

1. a. 绘图略。

　b. 在通货膨胀情况下，不可能存在 1∶1 的铸币税收入的增加。铸币税是货币的实际余额和通货膨胀率的乘积。通货膨胀率上升会增加铸币税收入，但同时由于费雪效应，预期通货膨胀率的上升会提高名义利率，以至降低货币需求。所以，通货膨胀率的上升会加强决定铸币税的某一因素的作用，而削弱另一因素的作用。我们可以通过比较尼日利亚和秘鲁的通货膨胀清楚地理解这一点，秘鲁的通货膨胀比尼日利亚高 10 倍，但是秘鲁铸币税占 GNP 的比例仅为尼日利亚的 5 倍多。同样，即使阿根廷的通货膨胀比秘鲁高 50% 多，秘鲁的铸币税也比阿根廷的高。

2. a. 黑市汇率的贬值程度将大于官方汇率。否则，由于可以从中央银行直接买到更便宜的外汇，黑市将失去进行交易的动力。

　b. 官方汇率贬值到黑市汇率水平将提高进口商品的价格，降低居民的生活标准（至少那些不能通过贬值提高竞争力来扩大出口的居民生活标准降低了）。这通常会影响城市居民的生活，而城市正是政府建立的基础，所以政府经常被迫放弃这样做。

　　c. 与黑市汇率相比，如果以官方汇率计算，出口商获得的以外币表示的单位本币价值将更少。这可以看成是对出口收入的一种征税，"税率"是不同市场汇率之差，即黑市汇率和官方汇率之差。

3. a. 发展中国家的许多特点使其不能和发达国家利用同样的技术。通常，因为各国气候不同，富国的农业或者药业发展难以转移到穷国。教育水平的巨大差异意味着大多数发展中国家缺乏能够使用富国先进技术的人才。另外，腐败和地下金融市场也使得投资者或者企业家不能完全获得新技术带来的所有收益，从而阻碍了新技术的使用。总的来说，关键性技术通常是以主要发达国家为中心发展起来的，并不是总能很好地转移到发展中国家。

　　b. 高速发展的亚洲国家能够避免其中一些问题，主要是因为它们拥有接受过高等教育的劳动力（或是能够培养出高质量的劳动力），而且这些国家的气候与发达国家类似，并积极鼓励在出口部门使用新技术。这些国家各有其特点，难以普遍化，但这些因素的确帮助一些高速发展的亚洲国家达到较高的生活水平，使得它们能够赶上一些发达国家。

4. 如果爬行钉住汇率体系在降低汇率贬值幅度的同时，通货膨胀率依然很高，那么实际汇率将升值，这使得外国资产更加便宜。如果人们认为外国资产会大幅贬值，以至外国资产持有者将获得巨大的资本收益，那么外国资产的吸引力将显著上升。所以，在缺乏长期可信度的爬行钉住汇率政策下，资本流量会增加。

5. 政治上的裙带关系会恶化道德风险。如果一些商人无论做什么都会得到支持，他们就会倾向于冒更大的风险，因为这样做他们能获得收益，且不用承担风险。这种风险承担机制以及与这些风险相关的政府担保，可能会导致许多公司和政府自身受到金融危机的冲击，这与印度尼西亚面临的问题非常相似。

6. 如果投资者的信息不充分，关于未来利润的潜在问题或汇率钉住的稳定性方面的信号可能会促使所有投资者一次性、大规模而且迅速地调整他们的预期。在我们的模型中，由于对汇率未来值的预期非常重要，因此预期的调整可能会带来理性危机。关于国家安全（A 国）的一个信号是，看上去与 A 国非常相似的 B 国，在金融方面开始出现困境。由于不知道 A 国的真实情况，因此投资者可能担心 A 国会遇到与 B 国类似的问题。所以，由于投资者不知道政府或者企业真实的金融状况，投资者可能只能利用他们拥有的信息，从而导致恐慌立即传播开来。

7. 对于国家来说，虽然恶劣的地理位置曾经是经济增长的障碍，但现在已不再成为问题。然而，我们依然能预期到收入水平的差异，显然，地理位置好的国家将优先提高生活水平。同时，当今科技的发展已经在很大程度上克服了地理位置对经济发展的阻碍，那些处于不良地理位置的国家开始以更快的速度向发展快的国家的生活标准靠拢。所以，地理位置不好的国家虽然相对贫困，但是它们的发展速度更快。从另一个角度来看，不良的地理位置和目前较低的收入水平会对建立健全的机构带来负面影响，所以尽管地理位置不再是发展的直接障碍，但它会产生间接的长期持续性影响。因此，地理位置不好的国家通常会更加穷困、发展会更加缓慢。

图书在版编目（CIP）数据

《国际经济学：理论与政策》（第十一版）学习指导 /
（美）保罗·R. 克鲁格曼，（美）茅瑞斯·奥伯斯法尔德，
（美）马克·J. 梅里兹著；朱含蓄，张然译. -- 北京：
中国人民大学出版社，2023.6
（经济科学译丛）
书名原文：Study Guide to Accompany
International Economics：Theory and Policy，11e
ISBN 978-7-300-31732-8

Ⅰ.①国… Ⅱ.①保… ②茅… ③马… ④朱… ⑤张
… Ⅲ.①国际经济学－自学参考资料 Ⅳ.①F11－0

中国国家版本馆 CIP 数据核字（2023）第 103430 号

"十三五"国家重点出版物出版规划项目

经济科学译丛
《国际经济学：理论与政策》（第十一版）学习指导
保罗·R. 克鲁格曼
茅瑞斯·奥伯斯法尔德　著
马克·J. 梅里兹
朱含蓄　张　然　译
《Guoji Jingjixue：Lilun yu Zhengce》（Di-Shiyi Ban）Xuexi Zhidao

出版发行	中国人民大学出版社	
社　　址	北京中关村大街 31 号	邮政编码　100080
电　　话	010 - 62511242（总编室）	010 - 62511770（质管部）
	010 - 82501766（邮购部）	010 - 62514148（门市部）
	010 - 62515195（发行公司）	010 - 62515275（盗版举报）
网　　址	http://www.crup.com.cn	
经　　销	新华书店	
印　　刷	北京七色印务有限公司	
开　　本	787 mm×1092 mm　1/16	版　　次　2023 年 6 月第 1 版
印　　张	14.25 插页 2	印　　次　2023 年 6 月第 1 次印刷
字　　数	329 000	定　　价　49.00 元

中国人民大学出版社经济类引进版教材推荐

经济科学译丛

20 世纪 90 年代中期，中国人民大学出版社推出了"经济科学译丛"系列丛书，引领了国内经济学汉译名著的第二次浪潮。"经济科学译丛"出版了上百种经济学教材，克鲁格曼《国际经济学》、曼昆《宏观经济学》、平狄克《微观经济学》、博迪《金融学》、米什金《货币金融学》等顶尖经济学教材的出版深受国内经济学专家和读者好评，已经成为中国经济学专业学生的必读教材。想要了解更多图书信息，可扫描下方二维码。

 经济科学译丛书目

金融学译丛

21 世纪初，中国人民大学出版社推出了"金融学译丛"系列丛书，引进金融体系相对完善的国家最权威、最具代表性的金融学著作，将实践证明最有效的金融理论和实用操作方法介绍给中国的广大读者，帮助中国金融界相关人士更好、更快地了解西方金融学的最新动态，寻求建立并完善中国金融体系的新思路，促进具有中国特色的现代金融体系的建立和完善。想要了解更多图书信息，可扫描下方二维码。

 金融学译丛书目

双语教学用书

为适应培养国际化复合型人才的需要，中国人民大学出版社联合众多国际知名出版公司打造了"高等学校经济类双语教学用书"系列丛书，该系列丛书聘请国内著名经济学家、学者及一线授课教师进行审核，努力做到把国外真正高水平的适合国内实际教学需求的优秀原版图书引进来，供国内读者参考、研究和学习。想要了解更多图书信息，可扫描下方二维码。

 高等学校经济类双语教学用书书目